臺灣歷史與文化研究輯刊

十七編

第 7 冊

日治時期屏東古典詩研究

陳凱琳 著

花木蘭文化事業有限公司

國家圖書館出版品預行編目資料

日治時期屏東古典詩研究／陳凱琳 著 ― 初版 ― 新北市：花木
蘭文化事業有限公司，2020〔民 109〕
目 4+214 面：19×26 公分
（臺灣歷史與文化研究輯刊十七編：第 7 冊）
ISBN 978-986-518-071-3（精裝）
1. 臺灣詩 2. 詩評
733.08   109000552

ISBN-978-986-518-071-3

臺灣歷史與文化研究輯刊
十七編　第 七 冊　　　　　ISBN：978-986-518-071-3

日治時期屏東古典詩研究

作　　者　陳凱琳
總 編 輯　杜潔祥
副總編輯　楊嘉樂
編　　輯　許郁翎、張雅淋　美術編輯　陳逸婷
出　　版　花木蘭文化事業有限公司
發 行 人　高小娟
聯絡地址　235 新北市中和區中安街七二號十三樓
　　　　　電話：02-2923-1455／傳真：02-2923-1452
網　　址　http://www.huamulan.tw 信箱 hml 810518@gmail.com
印　　刷　普羅文化出版廣告事業
初　　版　2020 年 3 月
全書字數　182730 字
定　　價　十七編 11 冊（精裝）台幣 22,000 元

日治時期屏東古典詩研究

陳凱琳　著

作者簡介

陳凱琳，現為國立中正大學中文所博士候選人，協助《恆春半島歌謠輯》、《屏東文學青少年讀本——民間文學卷》等書之采錄計畫；編著《我。文學時光——燦爛的閱讀》；獲 99 學年度科技部大專學生研究計畫、2015 年國立臺灣文學館臺灣文學傑出博碩士論文獎佳作；發表篇章有〈清代屏東地區恆春、東港竹枝詞書寫與空間閱讀析論〉、〈「品」花——1930 年代「品花專欄」中藝旦書寫的品味操縱〉、〈「臺灣褒歌」的文體功能：從口傳的即興創作到案頭文學的思考〉等。

提　要

　　日治時期是臺灣歷史上變化劇烈的年代；相對於清領，日治時期的文人對於傳統文化背負更多改革的使命，文人透過文學作品表現內心與反映時代的軌跡。1936 年，日本政府廢止私塾之後，詩社有如雨後春筍般的湧現，也成為文人雅士煮酒論詩的場所。以屏東而論，屏東礪社成立於 1917 年，為屏東首社，1931 年後九如、高樹、東港、林邊、潮州等地，亦發展出屬於當地特色的古典詩社。本論文第二章運用「外緣研究」進行分析，先論述日治時期屏東地區的地景變化、歷史沿革與文教發展。第三章探討屏東古典詩社的活動網絡，整理各詩社的起迄年代與發展背景，並從中比較各詩社經營理念與寫作態度等，以呈現日治時期屏東地區的古典文學網絡。第四章運用「內在研究」，透過相關的古典詩作歸類分析，探討各主題所呈現的特殊意義。第五章結合「人文地理學」與「空間閱讀」的概念，以時間為縱軸、空間為橫軸，探討日治時期的屏東文人如何透過景觀的選擇，彰顯屏東地方印象與人文價值。第六章為結論，整合各章節要述內容，論述屏東古典詩社在臺灣傳統文學的發展脈絡中，有何獨特的價值性，並對當前研究困難，提出解決之道。研究範圍主要以《臺灣日日新報》、《臺南詩報》、《詩報》、《風月報》等日治時期刊載古典詩作之刊物，整理相關詩社徵詩活動，以及黃石輝、蕭永東等在地文人相關作品為蒐羅範疇，期能建立日治時期屏東地區的詩作特色。

目

次

第一章 緒 論

第一節 研究動機與目的

一、研究動機

　　鍾嶸《詩品‧序》云:「照燭三才,輝麗萬有,靈祇待之以致饗,幽微藉之以昭告。動天地,感鬼神,莫近於詩。」〔註1〕文學體裁中,最能感動天地、鬼神莫乎於詩。日治時期詩社林立,詩興濃厚,文人以詩來歌功頌德、記錄時代或抒發情懷等,漢詩已徹底溶入人們的生活中,成爲交際往來、抒情言志的最佳出口;但歷代對於詩的鑑賞與評價,多出於直覺分析,以詩話或眉批箋註的方式來詮釋作品。張夢機於《鷗波詩話》提出,詩是文學作品中最感性且鑑賞層次最高,但鑑賞的條件必須具有清晰條理的表現,即使讀者與詩人心靈契合,在鑑賞的歷程中,仍需借重一套清晰而有系統的理論加以分析詮說,以印證其鑑賞批評之成立。〔註2〕可見,運用有系統的理論,可以讓研究的論述更加全面;因此本文將透過文學批評使用的「外緣研究」、「內在研究」,文人地理學中「空間」與「地方」的概念,及文學中的「空間閱讀」,來解讀、詮釋日治時期屏東古典詩作。

　　自有歷史記載以來,臺灣歷經荷西時期、明鄭時期、清領時期、日治時期,乃至國民政府時期。綜觀來看,殖民統治在臺灣歷史中是不可忽視的。臺灣人民每個時期在不同程度上皆被視爲化外之民,爲了控制人民的思想,

---

〔註1〕 鍾嶸著,徐達譯注:《詩品全譯》(貴陽:貴州人民出版社,2008年),頁1。
〔註2〕 張夢機:《鷗波詩話》(臺北:漢光出版,1984年),頁62。

文化教育的灌輸自始至終被當權者的政策主導，歷史的執筆者始終不是臺灣在地的作家。屏東古典文學的記錄可追溯至清領時期，當時臺灣大多是從大陸來台開墾的移民，相對於生活的急切性，文學作品大多難以開發，主要以宦遊人士的撰述為主；直到清中葉以後，才逐漸有本地作家的作品。日治時期，屏東地區的在地文人才開始活躍於文壇中。

臺灣過去因為特殊的政治因素和地理環境，此地的人民對於「臺灣本土」的風土民情或文史記載感到陌生，許多人認識歷史都經由史書而來，但是史書的記載觀點往往是當權者的政策手段，會因為紀錄者的個人觀點、環境壓力或資料來源差異而有盲點。反觀文學的記述，多為作者本身的生活印照，對於了解某個時代的背景，反而可以提供更多元的歷史文化解讀角度或時空演變的參考資料。

「臺灣文學」此名稱在八〇年代獲得正名，學科領域開始投入研究人力，九〇年代後逐漸嶄露頭角，成為顯學。但古典文學的研究成果，相較於臺灣現代文學的蓬勃仍是較薄弱，屏東地區的傳統文學更是不如其他地區來得耀眼。其中原始資料的散落與蒐羅上的不易，或為研究者卻步之因。屏東地區近年來雖有黃石輝與蕭永東等人相關的論述〔註3〕，然以時代為軸的研究論文仍是缺乏。在詩社蓬勃發展之際，地處國境之南的屏東，亦有許多傑出的傳統文人，其在詩壇上的貢獻仍是不可小覷。

屏東——位於臺灣南方的純樸城鎮，清領時期屏東地區空間書寫的詩作，主要記錄在《恆春縣志》、《鳳山縣志》、《重修鳳山縣志》、《重修臺灣府志》、《續修臺灣府志》、《重修福建臺灣府志》、《臺海使槎錄》等相關的清代方志中，呈現屏東空間書寫特色的詩作約計有 166 首；其中不乏有番社的地理位置或景觀，及鳳山八社各社的生活概況和各地的風土民情等。屏東在地文人創作時間主要集中在乾隆年間，相較於中國宦遊文人晚得許多，且文人大多仍是幕僚，並非當時的主要掌權者。

直至日治時期全臺詩社興盛，屏東詩社也逐漸嶄露頭角，文人雅士以當時有關屏東地景、歷史、人文入詩；故日治時期作家不論在地景記錄或風物書寫上，都比清領時期的在地文人成熟許多，描寫角度更加細膩。像是黃石

〔註3〕黃文車：《黃石輝研究》（嘉義：國立中正大學中國文學研究所碩士論文，2001年）。顏菊瑩：《蕭永東研究—以《三六九小報》為探討文本》（臺南：國立成功大學臺灣文學研究所碩士論文，2010年）。

輝眼中的下淡水溪即是一處景致優美之處：「清流一派望盈盈，入韻溪聲與鳥鳴。最好風輕波影靜，紅沙白石水中明。鐵橋橫水望無涯，綠樹移陰日正斜。一縷似雲煙起處，庭臨溪畔野人家。」〈下淡水溪即事〉〔註4〕其所記錄的下淡水溪，不論在主軸、觀點或情感上，都比清領時期文人描繪的〈淡溪秋月〉來得深刻。日治時期的文人在詮釋景觀時，除觀看角度不同，也加入了時代背景和人聲氣息的脈動，更突顯了作家對於在地關懷、傳統的使命。

　　總歸來說，日治時期在地文人，對於家鄉空間意象的詮釋與情感投射，都較清領時期文人來得濃厚。日治時期詩作中寄託情感的表現手法，已脫去了傳統的窠臼，不再像清代文人以景託情的手法來得頻繁，反而一語中的的切入主題；景觀的描寫上多了對土地的認同感，情感的寄託也不再縹緲不定。這些與屏東相關的古典詩作不僅記錄了自然特色與風土民情，也是屏東地區珍貴的史料與鄉土教材。筆者生於斯長於斯，對於屏東風土民情格外依戀，文學作品中的景觀描寫與文人脈動常常觸動於心，故選擇屏東地區為研究範疇，希望能對這片孕育我成長的土地，略盡棉薄之力。

二、研究目的

　　臺灣的古典詩相較於中國的唐詩宋詞來說，缺少了很多創作的文人與大環境的配合，因此對於研究者來說，也困難許多。臺灣的古典文學中，屏東地區尚屬較被忽視的區域；除了前述黃文車的《黃石輝研究》和顏菊瑩《蕭永東研究－以《三六九小報》為探討文本》對屏東地區的古典文學與作家較有系統的整理之外，其餘大多只是零星的散篇，仍未見有較完整與全面性的整理和探討。日本統治臺灣之時，扶植詩社，作為拉攏文人，駕馭臺灣居民的手段之一。在此政策下，古典詩因禍得福，成為文人抒發己懷、評論時事、應和酬唱的出口，因而留下了許多古典詩作。

　　本研究將對《漢文臺灣日日新報》、《臺南新報》、《詩報》、《風月報》等報刊雜誌；以及《瑞桃齋詩話》、《臺灣詩錄》、《臺陽詩話》、《臺灣文藝叢誌》、《臺灣詩薈》等古典詩話專著，做較全面的整理。配合時代環境與文士之間的互動來往，探究日治時期屏東地區文人的交友情況、關注視角等。透過同理的角度來探究當時文人面對時代的變遷、異族的統治，如何秉持民族的使命與自我的期許。在面臨新文學反傳統，禁止古典漢語的壓迫下，舊詩被視

〔註4〕《臺灣日日新報》，1920年5月6日，7149號。

為失去文學的價值與生動的創造力；而古典詩如何以伏流的形式繼續呈現？面對內心的依託與異族的壓迫和新一代的突破，古典詩又如何以再造的形式繼續完成它傳承的使命？都將是論文所探討的重點。

屏東地區的記載相較於台北、彰化、新竹、台南等地，的確還有許多補充加強的空間。若求歷史的完整性，就不能只注意在史書的記載上，透過文人的眼光可更全面地呈現時代的面貌，相信對於鄉土的教育上也是另一項不可或缺的素材。本文針對日治時期屏東地區古典詩的整理和閱讀，進行區域文化和空間意涵的研究，並期未來可拓展至鄉土教育方面。研究範疇之時間為日治時期，空間為屏東地區，在此時空的架構下，探究詩作中所反映的空間意涵和時代意義。期許達到下列研究成果：

（一）針對臺灣文學史而言

透過詩作的整理與歸納，期建構日治時期屏東地區古典詩在臺灣古典文學中之地位。

（二）針對區域文學特色而言

透過外緣與內在的研究，並以人文地理學中「地方感」的概念，期以空間閱讀的角度，呈現屏東文學之景觀特色與歷史脈絡。

（三）針對鄉土教育而言

透過屏東詩社及詩人的紀錄，建立屏東古典文學的網絡，並探討詩作內容分類、主題特色等，期落實屏東在地文學的傳播與教育。

第二節 研究範圍與方法

一、研究範圍

以日治時期為時間軸，屏東地區為空間界定，古典詩為研究材料，撰寫日治時期屏東地區古典詩之外緣背景與內在意涵。界定依據，時間方面從 1895 年至 1945 年止，政治為始政時期、同化時期、皇民時期。空間方面以日治時期屏東在政治地理上的劃分為主〔註 5〕，或詳列標註現今改制地名與地理範

〔註 5〕即大正 9 月 9 月前的阿緱廳，大正 9 年 9 月後隸屬於高雄州下的屏東郡、潮州郡、東港郡、恆春郡範圍。

圍。材料方面則透過日治時期發行之報刊雜誌、專書詩集、詩社徵詩集刊、文人手稿爲取材範圍。

本文以屏東地區作爲空間上討論的範圍，屬於區域文學的一環；而「區域性特色」如何在國族書寫的洪流中，彰顯其特殊之處？施懿琳、楊翠在《彰化縣文學史》〔註6〕中提到「土地」與「人民」的歷史記憶，將是突顯「區域性特色」的依據；「史」的觀念僅是輔佐，在歷史的脈絡下，作家對土地的省思與對地理的感觸，才是構成當地特色的重要環節。

然作家可能因求學、工作、家庭等各種因素遷移他方，區域作家的屬籍無法斷然定位，且作家的活動範圍、交友人際或有不同，無法將其局限於某地某社。因此本文在作家及文本的界定及選擇上主要歸類如下：

（一）作家活動範圍以屏東為主

屏東地區目前僅有黃石輝和蕭永東的詩作整理研究，其餘詩文皆散落於當時各大報刊；故作家的活動範圍界定，除以地名戶籍爲主外，報刊中所註明之作者籍貫，亦爲本文針對活動範圍界定的依據來源。若刊載之詩作，於不同時期的發表地點不同，則選取有標註「屏東」的詩作。簡言之，主要選取已刊載之詩作，且標名作品來源或作者身分爲整理依據，不另細究作家出身或成長之地。

（二）詩社創立地點為屏東

主要蒐羅屏東各地詩社的擊缽吟、社課或徵詩為主。

（三）寫作題材選取自屏東的人事物景

作家不一定爲屏東本地文人，然詩作標題或敘述內容觸及屏東相關地景、歷史、人物等，亦爲選取條件之一。

二、研究方法

基於日治時期屏東地區的古典詩缺乏完整的整理與歸類，本研究將首先在史料的蒐集整理上下功夫。如整理各詩社的擊缽吟詩作，以及日治時期的《漢文臺灣日日新報》、《台南新報》、《詩報》、《風月報》等報刊；及詩話詩文彙集叢刊，如《臺灣詩醇》《臺灣文藝叢誌》等。先探討日治時期屏東地區的歷史背景、文學概況，繼而賞析文人之作品，最後歸納出日治時期文人對

〔註6〕施懿琳、楊翠：《彰化縣文學發展史》（彰化：彰化縣立文化中心，1997年）。

屏東地區的貢獻。所採用之方法爲：

（一）外緣研究法

本研究第二章、第三章運用外緣研究法，藉由客觀的史料整理與環境分析，初步建構日治時期屏東古典詩的寫作背景。外緣研究主要是以文化史爲參考來研究文學思潮，透過歷史的軸線與作家生存的環境背景，作爲研究文學的基礎。日治時期是臺灣歷史變化劇烈的年代，因此本研究先將屏東既有的歷史資料作詳細的歸納與整理，探求作者之生平經歷、詩社運作，旁及時代背景與文學氛圍。客觀評鑑詩人所處的時代背景，從地理環境、歷史源流乃至文教發展，以期梳理出日治時期屏東地區特有的景觀、風物民情與人事交流。

（二）內在研究法

本研究第四章運用內在研究法，即是作品闡釋，依詩作內容主題分類，在外緣研究的前題下，蒐羅日治時期各大報刊，諸如《風月報》、《詩報》、《臺灣日日新報》等相關於屏東的詩作，輔以《蕭永東手稿》及前人研究成果。在知人論事的基礎上，以詩作本身之內容特色、思想精神等作分析，探究屏東文人在日治時期的活動概況，以及詩作表現的意涵和特色。在此，筆者欲建立當時屏東詩社的活動概況與文人之間的依存關係，嘗試以再現時代背景與文學紛圍，更進一步思索舊文人乃至古典文學與歷史之間的結合與矛盾。

（三）空間理論

在文學的領域中，「空間」一詞常與「地方」相比。兩者不同之處在於，空間乃是地圖上的一個座標，是一個與人情感缺乏意義與互動的領域；而當在這領域上，人們投注了有意義的關注，以某種方式依附其上，變成有價值的領域時，空間就會形成「地方感」。唯有對於某個領域產生地方概念，該領域的特性與價值才會在時空的軸線上顯現意義，被更多人關注。本研究第五章主要運用文學中空間理論的概念，並分爲時間與空間兩個部分，探討在時間的縱軸下，上推至清領時期，與日治時期相比較，屏東的空間如何被塑造地方情感；在空間的橫軸上，屏東文人如何與他地文人共同形塑屏東的景觀特色，並於其中放置「地方」的要素。

第三節　文獻回顧與探討

　　文獻回顧與探討主要以日治時期發行的報刊、詩社徵詩的詩錄或文人選錄的詩集，為研究的探討文本；再輔以相關的文學理論或研究方法，歷來學者對於文學史的論述，及區域文學的討論或單一文人的研究等。

一、與本文相關之報刊與詩集回顧

　　在屏東古典文學研究上，文本的蒐集確實相當不易。本研究主要以日治時期的報章雜誌為基本蒐羅範圍，從報刊中了解文人交流的動態，再參考已出版之古典詩話專著，以期呈現更完整的文學脈絡。因日治時期的報刊為主要整理對象，故下述先簡要的說明本研究選用的報刊，除整理起訖年代外，也會簡述該報於當時社會中的價值與意義。

（一）《漢文臺灣日日新報》

　　起訖年代為 1905 年 7 月 1 日至 1911 年 11 月 30 日。1898 年日人守屋善兵衛併購《臺灣新報》、《臺灣日報》合成《臺灣日日新報》；1905 年 7 月 1 日後，將原有漢文版的兩個版面，擴充獨立發行為《漢文臺灣日日新報》；1911 年 11 月 30 日後，又恢復成以往在日文版中添加兩版漢文版面。1937 年 4 月 1 日《臺灣日日新報》才全面廢除，為日治時期發行量最大的官方報紙，其史料價值在於記載了日治時期總督府施政及社會變遷。目前國內藏有《臺灣日日新報》原件的單位，以國家圖書館臺灣分館及國立臺灣大學為主，然微捲使用困難，現今已有數位化資料庫可供查詢。〔註7〕

（二）《臺南新報》

　　起訖年代為 1903 年至 1944 年 4 月。《臺南新報》前身為《臺澎日報》，1903 年改名為《臺南新報》，與臺北《臺灣日日新報》、臺中《臺灣新聞》並稱為日治時期臺灣三大官報。《臺南新報》的刊載內容多樣，涉及宗教民俗、音樂遊藝等各式活動，具有日治時期臺灣民情風俗與庶民生活研究的史料價值。1937 年廢止漢文令後，《臺南新報》停止漢文欄的發行，並改名為《臺灣

〔註7〕　《臺灣日日新報》（臺北：臺灣日日新報社，1918～1924）。《臺灣日日新報資料庫》，網址〈http://rrxin.library.ncnu.edu.tw/〉，檢索日期：2014 年 3 月 20 日。本研究詩作來源因有多處節錄自《臺灣日日新報》內容，為免出版資料的贅述，爾後引用該報內容，皆於《臺灣日日新報》後標註年分與頁數，不再詳列出版項目。

日報》；1944 年 4 月與臺北的《臺灣日日新報》、臺中《臺灣新聞》、臺南《臺灣日報》、花蓮《東臺灣新聞》、高雄《高雄新報》合併爲《臺灣新報》；1945年 10 月 25 日，《臺灣新報》由臺灣省行政長官公署接收，改名爲《臺灣新生報》。現已有數位資料庫可供查詢。〔註8〕

（三）《臺灣民報》

起訖年代爲 1923 年 4 月 15 日至 1944 年 4 月。《臺灣民報》前身爲 1920年創刊的《臺灣青年》，1923 創刊於日本東京，爲純漢文，號稱「臺灣人唯一的言論機構」，是日治時期臺灣各種社會運動的發聲園地，亦是臺灣新文學的推廣場所。1927 年將《臺灣民報》遷入臺灣；1930 年改名爲《臺灣新民報》，以日報的形式發行；1932 年正式發行日刊，足以與官方發行的《臺灣日日新報》抗衡。1937 年 4 月 1 日在《臺南新報》、《臺灣日日新報》、《臺灣新聞》的壓力下，漢文欄減半；6 月 1 日除漢詩外，其餘各版皆被迫廢止。1941 年改名爲《興南新聞》，1944 年與全臺六家日報齊一遭廢刊，合併爲《臺灣新報》。現已有國立臺灣歷史博物館與台南市立圖書館合作，將現存《臺南新報》1921至 1937 年間的報紙史料，整理出版。〔註9〕

（四）《詩報》

起訖年代爲 1930 年 10 月 30 日至 1944 年 9 月。爲古典詩半月刊，今研究學界封以「日治時期臺灣傳統文學大成」之雅稱；其創刊緣由可見於《詩報》第 4 號「本報主旨」一欄，文中寫道：

> 本島詩社林立，熱心漢詩文者不少。故各詩社課題吟會之詩選、個
> 人所發洩之吟稿，除發表各報外，泯失者甚多，嘔盡心血不見於世
> 誠可惜也。茲本報即欲集諸稿合刊紙上，名爲詩報。〔註10〕

「詞林」一版爲固定的古典詩專欄，主要刊登全島各地詩社社員資料或擊鉢、

〔註8〕 國立臺灣歷史博物館、台南市立圖書館：《臺南新報復刻本》（臺北：國立臺灣歷史博物館，2009 年）。《臺南新報》光芸社製微捲（臺北：漢鑫，1991）臺灣大學圖書館收藏。本研究詩作來源因有多處節錄自《臺南新報》內容，爲免出版資料的贅述，爾後引用該報內容，皆於《臺南新報》後標註年分與頁數，不再詳列出版項目。

〔註9〕 《臺灣研究資源》，網址〈http://59.125.121.246/TM/〉，檢索日期：2014 年 3月 21 日。

〔註10〕 龍文出版社編輯部：《詩報：日治時期臺灣傳統文學大成 1930～1944》第 4號（臺北：龍文出版，2007 年），頁 6。

課題、徵詩等作品；改爲「騷壇消息」後，主要以預告的方式告知全島各地
詩社活動，或詩文集的出版介紹等。《詩報》除刊載各地詩社投遞之稿件，也
會自己舉辦徵詩活動，在《詩報》的運作下，全島詩人得以在同一園地相互
切磋，因此該報是研究日治時期古典詩不可忽視的報刊。尤其 1934 年 4 月 1
日刊載的「全島詩社並代表者名錄」，初步記錄了日治時期 119 個詩社簡介，
更是一項可貴的研究資料。同年 8 月 1 日，由天籟吟社整理「臺灣詩人明鑑
目錄」，其中屏東詩人尤養齋也登錄其中，往後各期又陸續刊載「各社社友名
錄」，明確地紀錄下當時詩社的成立地點與組織成員，完整保留了日治時期古
典詩社的活動網絡。今《詩報》已有龍文出版社的復刻版，蒐羅自 1930 年 10
月至 1944 年 9 月，共 27 冊，對於研究日治時期古典詩更是一大助力。〔註11〕

（五）《風月報》

　　起訖年代爲 1933 年 5 月 9 日至 1944 年 3 月 25 日。爲戰爭時期少數的
中文雜誌之一，其編輯與顧問多爲臺北地區詩社的成員，也與《漢文臺灣日
日新報》中的編輯、發表者重疊。發刊期間曾有四次更名，最初 1935 年 5
月的半月刊《風月》，顧名思義以「吟風弄月」爲創刊理念，因此內容多與
藝旦介紹、寫真票選、消遣事物相關。文學表現包羅萬象，從漢詩、傳統漢
文、中國話文創作的新文學等，皆可看出新舊文人對於文學所持的態度。報
刊旨趣隨著時勢而逐漸轉變，起初《風月》主旨爲「維持風雅、鼓吹藝術」，
顯然爲舊文人的風雅消遣刊物。1937 年後停刊而改名爲《風月報》，置入現
代文藝的氣息，59 期至 89 期的封面標語「是茶餘飯後的消遣品，是文人墨
客的遊戲時場」，即是該報的精神所在。1939 年 90 期至 132 期封面標語「開
拓純粹的藝術園地，提倡現代的文學創作」，雖仍以漢文創作爲主，但帶有
皇國意識的作品逐漸增加。1941 年 133 期後改名爲《南方》，與同時期的《民
俗臺灣》表達了新舊文學於戰爭中的態度；同年 2 月，再改爲《南方詩集》；
1943 年 10 月停刊。《風月報》是戰爭時期發布禁止漢文令後，仍可從事古
典詩文及新文學的創作文藝雜誌，其中也有許多鄉土文學的研究，俗諺、民
間傳說等，不僅反映了當時新舊文學論爭情形，也保留了許多珍貴的民俗史

〔註11〕龍文出版社編輯部：《詩報：日治時期臺灣傳統文學大成 1930～1944》（臺北：
　　　　龍文出版，2007 年）。本研究詩作來源因有多處節錄自《詩報》內容，爲免出
　　　　版資料的贅述，爾後引用該報內容，皆於《詩報》後標註年分與頁數，不再
　　　　詳列出版項目。

料。今《風月》至《南方詩集》系列已於 2001 年臺北南天書局重版，在研究上便利許多。〔註12〕

綜上所述，《臺灣日日新報》是中、日文並刊的綜合性報紙，其中漢詩蒐羅廣泛，也是臺灣知識份子與日本政府之間的橋樑，透過報導來記錄當時的社會現象與政治，也包括民間文學調查的結果。《詩報》則記錄了日治時期詩社及詩人的動態交流，文人透過報刊的聯繫，發表輿論或抒發感懷。透過《詩報》查索可以更清楚地掌握住臺灣當時的詩社概況及活動。《風月報》中專闢的古典詩文發表專區，亦有許多當時詩社、詩人的作品發表；雖與《詩報》內容或有重疊，然作為漢文禁用時期，古典文學與新文學的重疊之證，亦是相當可貴的研究資料。另外《臺南新報》、《臺灣民報》等也都記錄了當時文人的寫作態度、文學發展，其中也不乏有許多社課徵詩或擊缽吟，內容反映當時文人的文學視角。報刊中的「文學欄」是日治時期文人舞文弄墨的天地，若剔除了此部分的資料，等於將文人間的交流及生活概況屏除不論；因此報刊上的文學作品、應酬對答、詩社交流，都將是研究屏東文人交友網絡與寫作態度的參考來源，亦為本文研究材料的主要來源。

除了參考詩報間文人的交流、詩社的活動作品，另外還參考《瑞桃齋詩話》、《臺灣詩錄》、《臺陽詩話》、《臺灣文藝叢誌》、《臺灣詩薈》、《臺灣詩醇》、及《臺灣詩海》等古典詩話專著。如：吳德功的《瑞桃齋詩話》〔註13〕中談論到清領時期、日治時期臺灣詩人的活動與其作品，記載當時代反應時事的詩作；吳德功為彰化地區士儒，本身對於漢詩文的講授分析上，有極高的成就與貢獻。因此部分內容可作為本研究探討當時臺灣詩壇實錄的啟蒙。陳漢光的《臺灣詩錄》〔註14〕則收錄了唐代至日治近七百位的詩人，且對每位詩人的生平都做了初步的介紹，作品多由方志、遊記等收錄而來。王松的《臺陽詩話》〔註15〕書中人物記載約有 228 人，以明鄭至日治時期為主，提供了社會風俗、地理、歷史等寶貴的資料；其中也收錄了中國詩人以及日本詩人

〔註12〕郭怡君、楊永彬編著：《風月・風月報・南方・南方詩集》（臺北：南天書局，2001 年。）本研究詩作來源因有多處節錄自《風月報》系列內容，為免出版資料的贅述，爾後引用該報內容，皆於《風月報》後標註年分與頁數，不再詳列出版項目。

〔註13〕吳德功：《瑞桃齋詩話》（南投：省文獻會，1993 年）。

〔註14〕陳漢光：《臺灣詩錄》（臺北：臺灣省文獻委員會，1984 年）。

〔註15〕王松：《臺陽詩話》【臺灣文獻叢刊 34 種】（臺北：臺灣銀行經濟研究室，1977 年）。

的作品，並將之視爲臺灣文化的一部分。《臺灣文藝叢誌》〔註16〕是屬於櫟社所發行的文物，該雜誌詩文並刊，在此部份亦可看出傳統舊文人面對新時代的到來，思想轉變的軌跡。連雅堂爲《臺灣詩薈》〔註17〕發行人，爲一保存臺灣先賢的著作，更延續了漢文化的傳統，振興當代的文學。《臺灣詩醇》〔註18〕與《臺灣詩海》〔註19〕皆爲賴子清所編，其原爲嘉義人，日治時期旅居臺北，任職於報社，因此對於當時古典詩作的流動，相當清楚。《臺灣詩醇》爲賴子清首編的臺灣傳統詩選集，南社社長將其譽爲「誠詩學之律梁，文獻之圭臬也。」《臺灣詩海》則是國民政府時期所編，距《臺灣詩醇》19年之遙，文中蒐羅馬關條約簽訂前後騷人墨客之佳作。上述報刊或詩集都爲本文研究之參考資料。

二、與本文相關之文學史研究回顧

臺灣文學史中，古典文學的研究雖不如現代文學來得活躍，但仍有許多珍貴的理論論述，供後學研究之用。如葉石濤《臺灣文學史綱》〔註20〕初步整理明末清初、日治時期、國民政府時期的文學發展概況。以下即列舉論述內容與本文研究範圍重疊性較高之作。

從文人分類的角度來論臺灣古典文學的發展論述，如施懿琳在《從沈光文到賴和：臺灣古典文學的發展與特色》〔註21〕一文中對於傳統文人面對時代的變革與創作環境的改變下，如何呈現不同面向，有很好的分類。當文學失去了復興的使命與改革的空間，傳統文人便不得不尋找另一個文學表達的方式。部份的傳統文人面對舊文學的缺失，選擇積極反省與改進；或有嘗試創作新文學，但最後仍以傳統文學爲依歸者；或有透過新舊文學的論爭，進而反省寫作的目的在於表達人民的心聲、與時代的使命，透過寫作對象的不同，而思索寫作的語言；或有在日本的教育體制下學習新文學者，然又具備

〔註16〕鄭汝南、蔡子昭等編《臺灣文藝叢誌》（臺中：臺灣文社，1919～1924）。
〔註17〕連橫主編《臺灣詩薈》（臺北：臺灣詩薈發行所，1924～1925）。
〔註18〕賴子清：《臺灣詩醇》【臺灣先賢詩文集彙刊第五輯】（臺北：龍文出版，2006年）。
〔註19〕賴子清：《臺灣詩海》【臺灣先賢詩文集彙刊第五輯】（臺北：龍文出版，2006年）。
〔註20〕葉石濤：《臺灣文學史綱（註解版）》（高雄市：春暉出版，2010年）。
〔註21〕施懿琳：《從沈光文到賴和：臺灣古典文學的發展與特色》（高雄：春暉出版，2005年）。

深厚的漢文素養，屬於跨越新舊文學的創作者。此部份對於本研究而言，在
處理文人的作品方面有極大的幫助，對於作品所呈現的面向，亦是很完整的
分類依據。

　　除了針對文人本身的創作歷程與態度有所討論外，也有對於詩社發展的現
象做為研究範圍。例如：黃美娥《古典臺灣：文學史、詩社、作家論》〔註22〕
中的單篇文章〈日治時代臺灣詩社林立的社會考察〉，對於臺灣詩社的發展有
非常詳細的討論。在政權的轉移下，臺灣詩社肩負起延續漢文化的責任，在
日本新式教育的體制下，以往依賴八股文取士的舊文人，一時間失去了發揮
的空間，轉而流連詩酒，互吐心聲。私塾的取締，使漢文失去傳授的空間；
反觀詩社在日治時期是一種合法的組織，富有民族意識的文人們，便更加依
賴詩社之間的活動與交流。此篇文章中，便很清楚地將詩社的興起源由與分
布情形，和詩社間的活動交流做很詳細的討論。對於本文的第三章而言，是
很珍貴的前驅研究。

　　另有針對詩文的發展脈絡作整理，例如林文龍的《臺灣早期詩文作品編
印述略》〔註23〕。內容以傳統文學作品的詩文集作主軸，加以探討各階段不
同的印刷方式對於詩文創作的影響。江寶釵《臺灣古典詩面面觀》〔註24〕從
清領前期論至日治時期，透過不同關懷角度與歸類，探討文本的各個面向。
在日本當局的鼓吹下，作品逐漸以歌功頌德的應酬詩及遊戲詩為主流；其第
三章討論的「日本在臺的文化政策及其影響」與「臺灣古典詩的馴化現象」
皆屬大時代的論述範疇，本文既為區域文學一環，當然不容忽視整個時代背
景的影響及脈動。此兩節於本文而言，尤針對外緣研究是相當有力的前述資
料。

　　針對古典詩中地理、自然景觀的相關論述，如許玉青《清代臺灣古典詩
之地理書寫研究》〔註25〕論述清代臺灣古典詩的定位與價值，在於反映明鄭
至清領時期的社會樣貌，文本中的空間，存在著豐富的歷史資料與社會意
涵，藉由詩歌的分析，探究當時詩人面對的時代壓力。蔡清波《臺灣古典詩

〔註22〕黃美娥：《古典臺灣：文學史・詩社・作家論》（臺北：國立編譯館，2007 年）。
〔註23〕林文龍：〈臺灣早期詩文作品編印述略（1684～1945）〉，《臺灣古典文學與文
　　　　獻》（臺北：文津出版，1999 年）。
〔註24〕江寶釵：《臺灣古典詩面面觀》（台北：巨流圖書公司，1999 年）。
〔註25〕許玉青：《清代臺灣古典詩之地理書寫研究》（桃園：國立中央大學中文研究
　　　　所碩士論文，2005 年 6 月）。

自然寫作研究——明鄭時期至清領時期》〔註26〕同樣針對自然景物爲研究範圍，探討人與自然的互動。此兩篇碩論針對地理書寫的研究手法亦爲本文參照。

三、與本文相關之區域文學研究回顧

近年來針對區域文學史的研究逐漸蓬勃發展，宜蘭地區有陳麗蓮《蘭陽地區傳統文學研究（1800～1945）》〔註27〕；花蓮地區有顏崑陽和黃憲作等人《花蓮縣文學史資料蒐集整編與撰述計劃》〔註28〕；基隆地區有吳淑娟《臺灣基隆地區古典詩歌研究》〔註29〕；臺北地區有黃美娥《日治時期臺北地區文學作品目錄》〔註30〕；新竹地區有武麗芳《日據時期竹塹地區詩社研究》〔註31〕；苗栗地區有王幼華《日治時期苗栗縣傳統詩社研究——以栗社爲中心》〔註32〕、高雪卿《臺灣苗栗地區古典詩研究》〔註33〕；臺中地區有施懿琳、許俊雅、楊翠等著《臺中縣文學發展史》〔註34〕；彰化地區有施懿琳、楊翠著《彰化縣文學發展史》〔註35〕；雲林地區有鄭定國編《日治時期雲林縣的古典詩家》〔註36〕；嘉義地區有江寶釵《嘉義地區古典文學發展史》〔註37〕；南投地區有張淑玲《臺

〔註26〕蔡清波：《臺灣古典詩自然寫作研究——明鄭時期至清朝時期》（高雄：國立中山大學中國文學研究所碩士論文，2005年）。
〔註27〕陳麗蓮：《蘭陽地區傳統文學研究（1800～1945）》（宜蘭：佛光大學文學研究所博士論文，2007年）。
〔註28〕1996年顏崑陽和黃憲作等人應花蓮縣文化中心之邀擔任諮詢委員，並主持爲期一年的「花蓮縣文學史資料蒐編計畫」。1997年完成「花蓮縣文學史資料蒐編計畫」總結報告，建構古典、現代文學作家、作品、社團、刊物史料數百筆。
〔註29〕吳淑娟：《臺灣基隆地區古典詩歌研究》（臺北：中國文化大學中國文學研究所碩士論文，2003年）。
〔註30〕黃美娥：《日治時期臺北地區文學作品目錄》（臺北市：北市文獻會，2003年）。
〔註31〕武麗芳：《日據時期竹塹地區詩社研究》（新竹：玄奘大學中國語文研究所碩士論文，2004年）。
〔註32〕王幼華：《日治時期苗栗縣傳統詩社研究——以栗社爲中心》（臺中：國立中興大學中國文學系碩士在職專班碩士論文，2000年）。
〔註33〕高雪卿：《臺灣苗栗地區古典詩研究》（臺北：中國文化大學中國文學研究所碩士論文，2005年）。
〔註34〕施懿琳、許俊雅、楊翠：《台中縣文學發展史》（豐原：臺中縣立文化中心，1995年）。
〔註35〕施懿琳、楊翠：《彰化縣文學發展史》（彰化：彰化縣立文化中心，1997年）。
〔註36〕鄭定國：《日治時期雲林縣的古典詩家》（臺北：里仁書局，2005年）。
〔註37〕江寶釵：《嘉義地區古典文學發展史》（嘉義：嘉義市文化中心，1998年）。

灣南投地區傳統詩研究》〔註38〕；臺南地區有施懿琳〈臺南府城古典文學概述（上）、（下）〉〔註39〕、龔顯宗《台南縣文學史》〔註40〕、龔顯宗《安平文學史》〔註41〕；高雄地區有《日據時期高雄市詩社和詩人之研究——以旗津吟社爲例》〔註42〕；屏東地區有王玉輝《清領時期屏東古典詩研究》〔註43〕；澎湖地區有葉連鵬《澎湖文學發展之研究》〔註44〕等。上述所列針對區域文學史之研究，對於地方文化的深化與整理都有相當大的貢獻；雖與本文研究範圍不同，然其建構區域文學之研究方法，仍可爲本文所納，期在前人的理論論述上，更臻完整。

　　另外，某些區域文學研究除針對地域性的文史資料，其所帶入的研究方法亦爲本文酌參。呂素美《日治時期的草山地景與漢詩書寫》〔註45〕一文透過草山相關的古典詩作分析，並結合區域地理的概念，探討日治時期草山地區的地景風貌及人文歷史。文中第三章至第八章以草山爲中心，針對其周邊之景與文人活動詳細列述，彰顯草山地區的書寫特色。取材雖偏向自然之景與旅遊環境，然針對自然景觀面向的研究方法，仍爲本文參考之處。謝崇耀《日治時期臺北州漢詩文化空間之發展與研究》〔註46〕中以「文化空間」的概念來詮釋日治時期臺北地區古典詩的內涵，透過區域文學研究範圍的整理，探討文化空間形成之因，並將日治時期臺北州的古典詩分期論述，強調古典詩在各時期發展的特殊性，最後擴及到整個日治時期的文學脈絡。文中

〔註38〕 張淑玲：《臺灣南投地區傳統詩研究》（臺北：文化大學中文研究所碩士論文，2003 年）。

〔註39〕 施懿琳：〈台南府城古典文學概述（上）〉，《國文天地》第 187 期（2000 年 12 月），頁 56～60。施懿琳：〈台南府城古典文學概述（下）〉，《國文天地》第 188 期（2001 年 1 月），頁 57～61。

〔註40〕 龔顯宗：《台南縣文學史》（臺南：台南縣政府出版，1996 年）。

〔註41〕 龔顯宗：《安平文學史》（臺北：五南圖書公司，1998 年）。

〔註42〕 王玉輝：《日據時期高雄市詩社和詩人之研究——以旗津吟社爲例》（高雄：國立中山大學中國語文研究所碩士論文，2003 年）。

〔註43〕 王玉輝：《清領時期屏東古典詩研究》（高雄：國立高雄師範大學研究所博士論文，2014 年 6 月）。

〔註44〕 葉連鵬：《澎湖文學發展之研究》（桃園：國立中央大學中國文學研究所碩士論文，2000 年 6 月）。

〔註45〕 呂素美：《日治時期的草山地景與漢詩書寫》（臺北：國立臺灣師範大學臺灣文化及語言文學研究所在職進修碩士論文，2009 年）。

〔註46〕 謝崇耀：《日治時期臺北州漢詩文化空間之發展與研究》（嘉義：國立中正大學中國文學研究所博士論文，2010 年 1 月）。

認爲漢詩文化在日治時期是社會多元文化中的重要的一環，且在當時是居於主流文化的地位；更認爲「每個區域的漢詩活動都視爲一個文化空間來全面性的加以觀察和評價……」〔註47〕此將古典詩視爲日治時期社會文化之觀念，亦是本文探討日治時期屏東古典詩價值的方法之一。

　　或有針對日治時期有舉足輕重的詩社做較詳細的介紹。例如：鍾美芳《日據時代櫟社之研究》〔註48〕，在第二章的部份亦有對日治時期詩社的成立與發展做初步的介紹；另外還附有日治時期臺灣詩社的成立年表，除了對詩社的活動有很充足的認識外，也對本研究在詩社的歸納與屏東詩人的蒐集上有很大的助益。張端然《日治時期瀛社之研究》〔註49〕的研究範圍雖限於瀛社此文學場域，然其透過瀛社詩人詩作的整理，歸結詩歌表現形式、題材內容與藝術手法，進而擴及到日治時期詩人的共通特色。瀛社社員活動範圍廣大，吟詠臺灣各地的景觀風貌及人文歷史，對於社會現況的記錄及抒發，亦是本文參考的來源之一。或有針對特定區域的詩社活動，藉以了解詩社的成立宗旨與成員概況。例如：吳毓琪《臺灣南社研究》〔註50〕探討日治時期居於台南地區的文人，藉由詩社的成立，延續保衛漢學、保存傳統文化的責任。以南社的創立使命及發展爲主，探究南社在歷史上的定位。該詩社的活動以擊缽吟爲主，因此有許多與鄰近縣市的詩人互動的機會；此外該詩社的成員亦經常參加社外的聯吟活動，與屏東等地的詩社互動性高，藉此可探究屏東詩人與其他地區詩人的互動，在本研究上亦是不可缺少的一環。

　　在屏東區域文學的研究方面，有黃文車《黃石輝研究》〔註51〕、〈共相乎？

〔註47〕原文談到「……漢詩文化空間活躍於日治時期，顯然是舊文化與新社會交錯後所重新生產出的文化空間……一個文化空間，必然是受到該文化於整體社會中的發展，並受所屬族群之階層因素所左右，進而重新組合、分配而產生的結果，才能進一步去探討其中的時代現象與歷史意義。」因此漢詩不單單只是文人附庸風雅的表現，其中所蘊含的意義有其文化的背景，亦是日治時期空間環境的呈現方式。謝崇耀：《日治時期臺北州漢詩文化空間之發展與研究》（嘉義：中正大學中國文學研究所博士論文，2010年1月），頁8。

〔註48〕鍾美芳：《日據時代櫟社之研究》（臺中：東海大學歷史研究所碩士論文，1985年）。

〔註49〕張端然：《日治時期瀛社之研究》（臺北：中國文化大學中國文學研究所碩士在職專班碩士論文，2003年）。

〔註50〕吳毓琪：《臺灣南社研究》（臺南：國立成功大學中國文學研究所碩士論文，1997年）。

〔註51〕黃文車：《黃石輝研究》（嘉義：國立中正大學中國文學碩士班碩士論文，2001年）。

殊相否？——清代臺灣古典詩中的屏東書寫〉〔註52〕，顏菊瑩《蕭永東研究
——以《三六九小報》為探討文本》〔註53〕以及邱春美《六堆客家古典文學
研究》〔註54〕。黃石輝以傳統文人的身分，跨越到以臺灣話文為寫作基準的
臺灣文學，關注屬於民間的文學，創作具有濃厚鄉土色彩的詩歌；另因為地
緣的關係，以及詩社的活動，與位處九曲堂的鄭坤五、東港蕭永東結為好友。
黃文車在《黃石輝研究》中提到他的交友情況、參加屏東礪社與其他詩社的
活動等。對於黃石輝的漢詩作品，在內容部份也做了詳細的分類與說明，並
針對修辭手法和詩作風格加以論述與探究；除了附表中清楚記載黃石輝的漢
詩作品與參加詩社的情況外，也因地緣關係與本研究密切，是極有幫助的參
考資料。〈共相乎？殊相否？——清代臺灣古典詩中的屏東書寫〉中對清代屏
東地區的詩作做了初步的整理，主要探討鳳山八景詩、番社紀錄和竹枝詞；
其對於文人作詩態度之演變，可作為本文對照之用。顏菊瑩《蕭永東研究——
以《三六九小報》為探討文本》對蕭永東的詩作作了概要式的分類，另外附
有蕭永東參與詩社活動的詩作，對本文文獻的整理上有很大的幫助。邱春美
《六堆客家古典文學研究》研究範圍以古典文學為主，且著重於客家文化，
然六堆除前堆之美濃不在屏東地區內，其於探討地區皆與本文研究範圍有多
處重疊；其針對文化意涵的分類，亦相當紮實，都為本文參酌部分。

四、與本文相關之文學理論回顧

「外緣研究」與「內在研究」為本文分析文本之方法，在蔡源煌《從浪漫
主義到後現代主義》〔註55〕一書中提到，外緣研究「是以文化史為參考來研究
文學思潮……大多以考察某一個特定時代的文學為主」（129 頁）例如史畢耶
（Robert Speaight）以莎士比亞的生平傳記為底，逐條分析其劇作與十四行詩；
或奚爾（Christopher Hill）以十七世紀的政治思潮，來分析彌爾頓的作品與時代
背景的關係，可見詩人的生平、其所處的年代氛圍、政治歷史、地理環境等都
會影響作品內容。然也有另一派新批評家認為「作品具有自主性……文學研究

〔註52〕黃文車：〈共象乎？殊象否？ 清代臺灣古典詩中的阿猴城書寫〉，《城市與文
　　　　學：青年學者臺灣古典詩學術研討會》，2010 年 7 月。
〔註53〕顏菊瑩：《蕭永東研究——以《三六九小報》為探討文本》（台南：國立成功
　　　　大學臺灣文學碩士班碩士論文，2010 年）。
〔註54〕邱春美：《六堆客家古典文學研究》（臺北：文津出版，2007 年）。
〔註55〕蔡源煌：《從浪漫主義到後現代主義》（臺北：雅典出版社，1989 年）。

當務之急便是要考察作品的內在條件」（130 頁），他們認爲作品往往是作家虛構而來，因此不一定與其生平或生存環境有一定的關係。蔡源煌則總結認爲「文學研究的最高理想乃是內在研究與外緣研究兼容並蓄」（131 頁），因爲外緣研究牽涉的研究面太廣，從「傳記、心理學、歷史背景、政治與文化思潮、思想主流等」（131 頁）；尤其涉及思想史的範疇時，外緣研究的掌握則更不易，因此需要與內在研究相互補足、相輔相成。故本文專闢三個章節，分別以「外緣研究」、「內在研究」的角度切入，期許呈現更周全的詩作分析。

　　人文現象的分佈、移動等變化雖然受到自然環境的制約和影響，但與經濟、政治、社會文化等因素也息息相關；因此人文地理學可說是地理學中一門社會人文科學，其主要在處理人地關係的研究，包含經濟地理學、政治地理學、社會地理學及文化地理學。其中文化地理學是研究人類文化的空間組合，主要針對人類活動而創造的文化研究，從人類社會的定型活動、對景觀的開發及規劃、在生態環境中形成該區區域性的文化特色。文化地理學是人文地理學的重要分支，其研究素材、對象與社會地理學又有許多不謀而合之處；並在文化的空間組合下，來解釋各種文化條件如何使不同地區具有特殊的區域特徵。

　　就屏東古典文學如何在日治時期傳統文學的歷史脈絡下呈現特色與價值，本文導入人文地理學中的文化地理學概念來論述。英國地理學家 Mike Crang《文化地理學》〔註56〕一書清楚定義「文化」一詞，說明文化地理學以關注空間被利用的方式，及人群在空間中的分布；並以人群、地景和時間爲軸線，將文化鑲嵌於現實的生活中，在特定的時空背景下加以理解。透過不同研究取向，先探討文化如何散佈於空間，空間與地方如何被人詮釋與利用，如何讓此地的空間具有意義；再導入「文學地景」的概念，論述文學中的空間意涵。夏鑄九《空間的文化形成與社會理論讀本》〔註57〕從臺灣歷史角度說明臺灣的空間結構被安排的方式與其經濟、政治和文化問題有相當密切的關係。在傅柯理論中，殖民區即是眞實空間與想像空間的異質空間，而日治時期的臺灣正屬於此範疇內。從人文地理學、文化空間與文學地景等論點切

───────────

〔註56〕Mike Crang 著，王志弘、余佳玲、方淑惠譯：《文化地理學》（臺北：巨流圖書公司，2003 年）。

〔註57〕夏鑄九、王志弘：《空間的文化形式與社會理論讀本》（臺北：明文出版社，1900 年）。

入討論，使得屏東單一的地理空間，能運用多元的視角，釐清屏東古典詩在日治時期傳統文學中的地位。

除針對文化如何在區域性的環境中被塑造，另外需要釐清的是「空間」與「地方」意義的不同。針對屏東古典詩作對地方性的價值而言，本文藉由段義孚對「地方」一詞的定義，討論文人如何透過文本，闡述對屏東地區的鄉土意象。段義孚《經驗透視中的空間和地方》〔註58〕與 Cresswell Tim《地方：記憶、想像與認同》〔註59〕都以空間來對比地方，認為能夠成為「地方」的場所，必須是與人類相關且有意義的空間，人以某種方式依附其中。並為地方勾勒了明確的基本面向：區位、場所、地方感，其中「地方感」便是「人類對於地方有主觀和情感上的依附」〔註60〕換句話說，一個空間與人產生的新關係，人在其中有所依靠，有情感與主觀的依附時，「空間」的概念便會被「地方」所取代。

透過以上整理的文獻，可以很清楚的歸納出某些特點。作品的蒐集與整理方面，多來自詩社與詩社之間的活動作品，部分是屬於某特定詩社所發行的刊物；或有以文學史的論述方式加以探究，蒐羅了各地的文人概況與文學脈動。然就整體的大方向來概括，對小地區而言難免會有忽略的情況。在針對特定的地區或文人的研究方面，除了《黃石輝研究》、《蕭永東研究－以《三六九小報》為探討文本》、《六堆客家古典文學研究》等碩論有直接談論屏東地區之外，大多只有零星提到詩社與屏東詩人的關係；雖然整體上文學的內容呈現了多樣性，但若單就屏東地區而言，仍是呈現零散不一的狀態。

第四節　研究局限與解決方法

在蒐羅整理詩作的過程中，筆者發現屏東地區的詩風鼎盛，文藻氣息濃厚，並非想像中的淺薄；但由於文獻上只有零星記載，史料的蒐集與考證上均屬不易。因此本文將先行針對報刊雜誌中的詩文發表年代做初步整理，配

〔註58〕段義孚（Yi-Fu Tuan）著，潘桂成譯：《經驗透視中的空間和地方》（臺北：國立編譯館，1998年）。

〔註59〕Cresswell Tim 著，王志弘等譯：《地方：記憶、想像與認同》（臺北：群學出版社，2006年）。

〔註60〕「地方」相關概念整理自 Tim Cresswell 著，王志弘等譯：《地方：記憶、想像與認同》（臺北：群學出版社，2006年），頁14～36。

合屏東縣志及各鄉鄉志歷史文獻的比對，再輔以發表之相關學位論文或期刊雜誌論述。為保留即將消逝的歷史記憶，本研究將以保存地方文獻的角度出發，試將日治時期有關屏東地區的古典詩歸納、整理、分析，從詩作所記錄的地景與人文，再建日治時期屏東的自然風貌，探究其歷史與風俗文化，呈現屏東特有的地方特色。

本研究在論述的過程中，主要的困難處在於文獻史料的不足或不齊全，因此蒐集的過程非常棘手，加上屏東的古典文學向來不發達，在報刊雜誌或是詩話專著上多只是零星的散篇，且研究的相關資料也多只專注在個人文學的表現上，較無全面探討到整個屏東古典文學的發展。因此在解決困境方面，嘗試透過以下方法。

（一）善用網路資源

目前各大圖書館、研究單位已投注相當大的心力，建構電子數位系統，將日治時期或珍貴的史料整理於網路平臺上，可供後學、研究者方便使用。如《日治時期期刊全文影像系統》〔註61〕、《國立公共資訊圖書館數位典藏服務網》〔註62〕、《臺灣漢詩數位典藏資料庫》〔註63〕、《文化部國家文化資料庫》〔註64〕等。本研究在正式進入文本之前，主要先初步整理網路上可見的詩作與詩人資料。

（二）整理日治時期報刊雜誌

第二步主要翻查紙本或專書內容，如《詩報》、《風月報》等，再參考《臺灣詩薈》、《臺灣詩醇》等書中被提及的屏東文人，從中補足數位資料庫上的不足與勘誤。

（三）蒐羅文人手稿

日治時期目前可見的手稿為《東港蕭永東先生遺稿》，手稿中有諸多詩作尚未發表，可補足上述二項缺漏的內容。

〔註61〕 《日治時期期刊全文影像系統》，網址：〈http://stfj.ntl.edu.tw/cgi-bin/gs32/gsweb.cgi/login?o=dwebmge〉，檢索日期：2014 年 3 月 25 日。

〔註62〕 《國立公共資訊圖書館數位典藏服務網》，網址：〈http://stfj.ntl.edu.tw/cgi-bin/gs32/gsweb.cgi/login?o=dwebmge〉，檢索日期：2014 年 3 月 25 日。

〔註63〕 《臺灣漢詩數位典藏資料庫》，網址：〈http://140.125.168.74/literaturetaiwan/poetry/04/04_02/04_02_01.htm〉，檢索日期：2014 年 3 月 25 日。

〔註64〕 《文化部國家文化資料庫》，網址：〈http://nrch.moc.gov.tw/ccahome/index.jsp〉，檢索日期：2014 年 4 月 1 日。

　　透過蒐集、整理、比對、分析等歷程，將日治時期屏東地區古典詩做初步的歸納與分類，藉由文學描寫，結合文化地理學的概念，增進對日治時期屏東地區自然地景、歷史人文的認識，進而落實地方教育。再整理日治時期屏東地區詩社發展概況，以作爲日後研究屏東古典文學的基本素材；並運用文學中的「空間」與「地方」思維，分析日治時期屏東地區的人文、歷史、自然景觀書寫等特色。期待屏東地區傳統文學未來的發展，更臻完善，並借本文拋磚引玉，提供未來研究者在日治時期屏東古典詩研究上的基礎。

第二章　日治時期屏東地區外緣研究

第一節　日治時期屏東地區之地理環境與產業發展

　　屏東位於臺灣最南端，東隔中央山脈與臺東為鄰，北隔下淡水溪與高雄為界，西臨臺灣海峽與福建遙望，南接巴士海峽與菲律賓相隔。屏東古地名為阿猴，原是西拉雅族的居住地，鄭氏時期阿猴一帶歸為萬年縣管轄，清領時期隸屬於鳳山縣，日治時期則歸屬為高雄州。歷經不同政局的轉換，屏東的地理位置已不再是為人趨之若鶩的蠻荒之地，日治時期反而成為當局政府經濟產業的發展重地。以下即略述屏東的地理環境與氣候，及產業的發展，並以日治時期文人的詩作加以佐證。

一、地理環境與氣候介紹

　　屏東位於臺灣最南端，擁有相當完整的梯形沖積平原，為臺灣第二大平原。東為中央山脈南段，直逼平原邊緣為本縣屏障；西為一片沃野，連接下淡水溪之域，自然傾斜，灌溉全縣沃土。平原由下淡水溪、美濃溪、隘寮溪、東港溪、林邊溪、枋山、楓港、四重溪等沖積流域組成，腹地廣大，為屏東地區發展的精華地帶。西部地域擁有豐富的地下水層，在無需仰賴人工的水利建設下，便可以供應廣泛的稻作、甘蔗和蔬果等農業，水源豐富加上氣候溫和，適合種植熱帶水果，因此也成為日治時期熱帶植物的栽培重鎮；北側為荖濃溪及隘寮溪的沖積平原，旗山為屏東、高雄兩地之分水嶺。北部地域

居於濱海及河流下游地區，為平埔族「鳳山八社」〔註1〕的活動範圍；河流上游的潮州斷層與大武山系，為高山原住民的活動空間。山地與平地分界明顯，自北而南以垂線劃分兩種地形。山地鄉為三地、霧台、泰武、春日、獅子、牡丹、滿州，車城及恆春之東九鄉，與西部平原迥然不同。

清領時期，屏東地區被記寫的景觀主要以恆春、下淡水溪、小琉球為主，如有詩題〈琅嶠潮聲〉、〈淡溪秋月〉、〈球嶼曉霞〉，分別為描寫恆春的浪潮、下淡水溪的月色和小琉球的曉霞，透過浪潮、溪水、島嶼三種不同的自然景觀，組合出屏東的空間意象。可見早在清領時期屏東的開發地帶便主要以海洋、溪水為主；而當時東港地區因仍屬瘴癘之地，少有人煙。

日治時期下淡水溪不僅為屏東平原灌溉的主流，其溪流的自然景觀，也是最被文人關注的區域。如屏東聯吟會的課題中，〈淡溪垂釣〉一題。以王炳南所作為例：

> 淡水煙波好，垂綸傍石堤。颱風蘆葦響，逐浪鷺鷗啼。
>
> 逸趣王侯傲，忘機物我齊。不關魚得失，興盡夕陽低。〔註2〕

文中描述下淡水溪旁煙波瀰漫，蘆葦隨風搖曳，鷺鷗逐浪之景，於此垂釣可忘心機，最後再點出夕陽西下，盡興而歸。下淡水溪的遼闊、寧靜之感，與清領時期描寫〈淡溪秋月〉之題，有不謀而合之處。〔註3〕

日治時期東港地區的繁榮與開發，乃因其有東港溪、林邊溪、後寮溪經過，形成大片潟湖，曾為日軍飛機的停放地點；且東港近海漁獲量豐盛，港灣寬廣，更為日治時期屏東外銷貿易的集散地，許多高雄地區的貨郊商人，都來此地開設分店，人口因此逐漸繁榮。當地的詩社多次開設擊鉢，內容也與東港的地理環境息息相關。如1942年9月東林吟社課題〈漁家〉〔註4〕、

〔註1〕 鳳山八社為清領時期巡臺御史黃叔璥平埔族分類下「南路鳳山番三種」的其一，指位於今萬丹鄉上社皮的上澹水（又名上淡水或大木連）、位於今萬丹鄉下社皮的下澹水（又名下淡水、麻里麻崙）、位於今屏東市的阿猴、位於今里港鄉塔樓村的塔樓（又名搭樓）、位於今南州鄉萬華村的茄藤（又名奢連）、位於今林邊鄉水利村的放緣（又名阿加）、位於今里港鄉武洛村的武洛（又名大澤機、尖山仔）、位於今崁頂鄉力力社村的力力。整理自黃叔璥《臺海使槎錄》【臺灣文獻史料叢刊第2輯】（臺北：大通書局，1987年），頁95、143。

〔註2〕 《詩報》，1941年10月12日，258期，頁9。

〔註3〕 相關清領時期屏東地區〈下淡水溪〉詩作論析，可參見筆者〈屏東地區的古典詩書寫與空間閱讀(1683～1945)〉(99學年度「大專生參與專題研究記畫)。

〔註4〕 《詩報》，1942年9月1日，279期，頁14。

1942 年 1 月興亞吟社課題〈漁父〉〔註5〕等。

屏東地處北迴歸線以南，屬亞熱帶氣候；但因臺灣海峽、巴士海峽的環繞，夏季海洋性熱帶季風的吹拂，常有可觀的降雨，不止調節了炎熱的氣溫，也帶來豐沛的水源。如廖學昆〈旅屏東雜詠〉：

寒流吹不到屏東，常夏花開爛熳紅。春日已無霜雪影，薰人欲醉木瓜風。〔註6〕

文中描述屏東溫暖如常夏的氣候型態，大地一片花開爛漫，才剛到春天已不見霜雪的影子，迎風吹來的是令人陶醉，伴隨著木瓜香氣的薰風。木瓜是原產於熱帶美洲，清末時期引進臺灣培育，因屏東氣候和暖，適合種植，為屏東特產之一。

屏東因位處臺灣南端，氣候溫和，流域廣泛，造就的產業發展大多以農、漁業為主；且日本當局對外銷產業的依賴，也間接帶動了屏東開發。

二、產業發展介紹

景觀的改變，除了主政者的主觀意識外，更多是來自於經濟發展重心的遷移；執政當局對於城市規劃的不同，導致人口聚集與產業發展也不斷變化，加上人為景觀的取代等，都是日治時期屏東地區地理景觀轉變之因。下表為日治時期屏東地區產業發展年代列表，日治時期間，總督針對屏東的產業發展主要以培育熱帶植物為主。

表 2-1　日治時期屏東地區產業發展列表〔註7〕

年　代	事　件
1902（明治 35 年）	恆春縣下置熱帶植物殖育場，於豬勝東開設第一號母樹園，又於高土佛山地設第五號母樹園。
1903（明治 36 年）	恆春熱帶植物殖育場，在港口設立第二號母樹園。
1904（明治 37 年）	恆春熱帶植物殖育場，在龜子角山地開闢第三號母樹園。
1906（明治 39 年）	恆春熱帶植物殖育場，在龜山角西方，增設標本園。
1909（明治 42 年）	日本移民 450 人至阿緱，成立臺灣製糖株式會社。恆春設殖產局附屬種畜場。恆春支廳併入阿緱廳。

〔註5〕　《詩報》，1942 年 1 月 1 日，263 期，頁 24。
〔註6〕　《風月報》，1939 年 2 月 15 日，80 期，頁 29。
〔註7〕　表 2-1〔日治時期屏東地區產業發展列表〕，整理自鍾桂蘭、古福祥：《屏東縣志》（臺北，成文出版，1983 年），頁 145～352。

1911（明治 44 年）	恆春熱帶植物殖育場成立殖育局，附屬林業試驗場。
1932（昭和 7 年）	總督府改設機構爲糖業試驗所於臺南，設甘蔗圃於萬丹庄。
1940（昭和 15 年）	鵝鑾鼻地區開始捕鯨
1941（昭和 16 年）	萬丹熱帶園藝試驗所著手研究鳳梨塊莖之澱粉工業化。臺灣製糖株式會社（屏東糖廠）因空襲受害嚴重。

　　透過上表整理可知，日治時期屏東地區的產業發展，主要集中於熱帶植物的培育，與製糖產業的發展，且多集中於日治初期，1911 年以前。當時屏東地區爲日本當局蔬果農業的發展重鎮，蔗糖的產業不僅帶動了屏東經濟的發展，也使得外銷的貿易更加頻繁。1920 年代以前，執政者的重心發展與城市規劃多集中於港灣或河口流域，像是東港、萬丹、阿里港或阿緱等市集繁忙之地；因此這些地區的人民也會有較足夠的經濟背景，從事詩文創作或教育等相關行業。就上表資料來看，阿緱地區於 1909 年，湧入大量移民，成立臺灣製糖株式會社，爲屏東地區經濟發展重地。

　　豐富的水資源加上充足的陽光，恰好爲植物的生長所需，因此屏東地區的農業、漁業等經濟發展相當良好。以農業來說，因地下水源豐沛，又有肥沃的沖積扇平原，稻米品質遠勝馳名，日治時期更引進香蕉、鳳梨等外銷的經濟作物。試舉，廖學昆〈旅屏東雜詠〉：

> 插秧氣暖小寒天，犁起蕉園播稻田。圳水不多深鑿井，清流源出地
> 中泉。〔註8〕

文中提及的產業有稻米、香蕉。日治時期香蕉外銷產量大，多仰賴屏東平原的種植。詩句末段寫到此地的水源之所以豐沛，仰賴於地下泉水的輸送，在種植技術成熟下，產物的品質是相當看好的。東港的興亞吟社擊鉢〈暴風蕉〉一題，也詳盡地記錄了在颱風季節來臨時，蕉農如何戰戰兢兢度過整夜的漫天風砂，描繪出狂風橫掃後的園林，滿目瘡痍的景象；以及當時日本政府如何賤價收購香蕉，外銷至日本，造成蕉農血本無歸。

　　除了農業以外，漁業產值也是帶動屏東經濟的來源之一。漁業發達乃因屏東環海地形，四周環臺灣海峽、太平洋、巴士海峽，「地形狹長，海岸線長達146 公里……東港、枋寮、枋山、琉球、恆春，皆是漁業的集散區。」〔註9〕

〔註8〕《風月報》，1939 年 2 月 15 日，第 80 期，頁 29。
〔註9〕蘇義峰：《屏東縣農漁牧百科——屏東風物誌》（屏東：屏東縣屏東市阿猴城城鄉綜合發展研究協會，2001 年），頁 113。

又臺灣海峽寒暖流的聚集交會，帶來了許多營養的微生物質，形成漁群群聚的場所，因此漁業的天然資源相當豐富，東港地區尤爲日治時期屏東漁港發展的首鎮。

　　一個發達的港灣不僅能造就漁業產業，帶動經濟繁榮，更與當地人口流動息息相關。屏東地區港灣主要位於東港、琉球、枋寮等地。東港之港口，是開臺以來臺灣南部與大陸的交通海口，海岸線綿長，是魚群聚集之地，漁產豐富，亦是本縣唯一商業港口；同時便於和對岸福建、廣東等省進行漁業貿易，移民搬遷也透過此管道來到臺灣。在清領時期文人卓肇昌的眼中，對於東港的描繪尙已此地的職業、地理景觀爲主；但到了日治時期，東港港口已成爲貨物貿易的集散地，例如高雄州下聯吟會擊鉢，陳家駒〈東津海市〉一題：

　　　　蟹火招沽酒，東津入畫圖。蜃樓看縹緲，鮫室認虛無。
　　　　蚌蛤爭交易，魚蝦善競趨。百川歸聚會，得地勝當壚。〔註10〕

文中描述東港的魚蝦產業豐富，爲多條河川出海的匯聚地。日治時期因詩社成立的地理關係，也使得當地的產業成爲課題書寫的題目之一，諸如稻米、香蕉、漁業等；而較靠山區的檳榔經濟作物，則較少有詩文的描寫。

　　綜上所言，屏東平坦的平原與溫暖的氣候，造就了此地豐富的經濟農作與漁業；又因港口的開發，貨運的貿易也爲日治時期的發展之一。因此，日治時期相關於的屏東古典詩作，通常以四季如夏的氣候環境、豐沛的地下水源、熱帶經濟作物、漁產、貨貿等關鍵詞彙爲主，作爲空間位置上的提示標號。

第二節　日治時期屏東地區歷史沿革與文教概況

　　談完地理環境與產業發展後，外緣研究的重點乃在於歷史的沿革，一個社會的運作方向與人民風情的培養，與其歷史背景息息相關。此節即分爲兩大部分，分別從地名的緣起、墾殖歷史與日治時期屏東的文教發展概況，討論日治時期地域性文人的形成之因。

一、墾殖歷史與地名緣起

　　目前臺灣在歷史上的記載最早始於宋朝，當時臺灣尙稱小琉球，宋時於

〔註10〕《詩報》，1940 年 11 月 17 日，260 期，頁 20。

澎湖置巡檢司，為中國海防之一，隸屬於泉州。金人入主中原時，沿海居民多覓島嶼避難，此時是漢人遷徙至臺灣的第一波人潮，此後移民者漸多。荷蘭占領時期，開發區域以臺南為中心，乃至清領時期臺灣西部平原及南部平原，皆屬統治當局開闢之區域。

1661 年 5 月，鄭成功改臺灣為東都，改赤崁城為承天府，置天興（嘉義）、萬年（鳳山）二縣，屏東當時即隸屬於萬年縣，時稱「阿猴」。又當時行軍旅屯田之制，南至琅嶠（恆春），北至雞籠（基隆）皆有墾拓。1983 年 8 月（康熙 22 年）清廷佔領臺灣，行政地區就明鄭時期之制稍加修改，設臺灣府隸於福建省行政區，下設臺灣、諸羅、鳳山三縣；並將行政區域改承天府為臺灣府，天興州為諸羅縣，萬年州為臺灣縣與鳳山縣。屏東當時即隸屬於鳳山縣，時稱「為猴」，又設土番十一社。康熙初年設治竹田鄉及新埤鄉，並於山地鄉設通事處理山政；後廣東移民至下淡水溪左岸之大武山平原開拓之地，屬今萬巒鄉及內埔鄉；閩南沿海居民張、林二族移居之地屬今車城鄉；南澳總兵藍廷珍率漳泉士兵墾拓之地，為今之里港。雍正年間廣東省潮州府移民開拓於現屏東縣潮州鎮。1757 年（乾隆 22 年）閩人於林邊鄉開拓。

1875 年（光緒元年）設官築城於琅嶠，在此設縣，並改名恆春。1895 年 4 月（明治 28 年），正式進入日本統治時期，屏東地區佳冬鄉、長治鄉皆因抗戰而有眾多傷亡。日本政府於阿里港設置憲兵屯所，並將其改為阿猴廳阿里港支廳，提高了里港地區在日治時期的行政地位。後實施地方官制，將今之新埤鄉納為茄苳鄉角區，餉潭村則獨立為一區。1896 年（明治 29 年）將潮州劃屬為鳳山縣內埔辦務署潮州庄，並設恆春支廳。1901（明治 34 年）年改正地方官制，設立恆春廳。1905（明治 38 年）年將阿猴廳之「猴」改為「緱」，是阿緱廳。原隸屬萬巒區之四林，編入潮州區；隸屬佳佐區之五溝，編入萬巒區，民國至今仍為沿用。1909 年（明治 42 年）恆春支廳併入阿緱廳。

由上政策及地域劃分的方式可知，明治以前，推至清領時期、鄭氏時期，屏東地區的發展多以軍事要地為主；尤其清領時期撫番政策的實行，日治初期軍屯的設立，可見當時屏東地區尚未能談上文化教育事業的開發，而多以軍事重地為主。

就早期人民墾拓的歷史來說，屏東地區在漢人未移入之前，為高山族與平埔族分領各地。高山族主要散居於平原河流的上游及大武山系上；平埔族則居於濱海及河流下游地區，兩大族群各占一方，常年以來過著自給自足的

生活。漢人至屏東平原一帶開發的階段大致可分爲清康熙中葉後，與康熙末年。這些墾拓的先民原是明鄭以後至臺南一帶開墾的居民，因人口過剩而向南移居屏東。〔註11〕

　　綜上述所言，以政策的發展來說，明治以前，即日治初期屏東各區域的發開主要以軍屯爲主，尚沒有危險或利益關係的區域則少有政府的力量介入。就人民的墾拓來說，位居屏東平原上的族群相當複雜，因開發需要，族群間曾有爭地奪糧的現象；但到了日治時期各部落與各族群的立足區域大抵已劃分清楚，反而因經濟的互利而相互融合，這些對於屏東平原的開發都有正面的效應。以下先整理屏東各鄉鎮的地名沿革資料，再分述數項地名較具特色的鄉鎮。

表 2-2　屏東縣 33 鄉鎮地名沿革表〔註12〕

鄉鎮市名	清領時期	日治時期	戰後至今
屏東	阿猴（阿緱）	屏東街、屏東市	屏東市
長治	長興	長興庄	長治鄉
麟洛	麟洛（落）	隸屬長興庄	麟洛鄉
鹽埔	鹽埔	鹽埔庄	鹽埔鄉
九如	九塊厝	九塊庄	九如鄉
里港	阿里港	里港庄	里港鄉
高樹	高樹下	高樹庄	高樹鄉
三地門	「番」社	「番」地	三地門鄉
霧臺	「番」社	「番」地	霧臺鄉
潮州	潮州	潮州庄、潮州街	潮州鎮
竹田	頓物潭	竹田庄	竹田鄉
內埔	內埔	內埔庄	內埔鄉
萬巒	萬巒	萬巒庄	萬巒鄉
新埤	新埤（陂）頭	新埤庄	新埤鄉
枋寮	枋寮	枋寮庄	枋寮鄉

〔註11〕相關於屏東平原的墾殖歷史，參見趙康伶：《我的家鄉——屏東》（屏東：屏東縣政府，2002 年）。
〔註12〕表 2-2〔屏東縣 33 鄉鎮地名沿革表〕，節錄自廖忠俊：《臺灣鄉鎮舊地名考釋》（臺北：允晨文化，2008 年），頁 388。

枋山	枋山	枋山庄	枋山鄉
獅子	獅頭「番」社	「番」地	獅子鄉
春日	「番」社	「番」地	春日鄉
來義	「番」社	「番」地	來義鄉
泰武	「番」社	「番」地	泰武鄉
瑪家	「番」社	「番」地	瑪家鄉
東港	東港	東港街	東港鎮
新園	新園	新園庄	新園鄉
萬丹	萬丹	萬丹庄	萬丹鄉
崁頂	崁頂	隸屬新園庄	崁頂鄉
林邊	林仔邊	林邊庄	林邊鄉
南州	溪州	隸屬林邊庄	南州鄉
佳冬	茄苳腳	茄苳庄	佳冬鄉
琉球	小琉球	琉球庄	琉球鄉
恆春	瑯嶠、恆春	恆春庄、恆春街	恆春鎮
滿州	蚊率（蒙率）	滿州庄	滿州鄉
牡丹	牡丹「番」社	「番」地	牡丹鄉
車城	柴城	車城庄	車城鄉

由上表整理可看出，在屏東 33 個鄉鎮市名中，有 8 個地名皆以「番」社或「番」地概括，可見當時政府對於屏東當地的原住民區域，並沒有投注太多的資源與心力。在屏東的地名源起中，又可分為源於產業、原鄉地名、動植物之名、歷史事件或開墾者、地形或居住環境、氣候等因素。以下即分列數項與本研究相關的屏東各鄉鎮地名緣起，透過地名的更易，亦可看出當地居民的生活背景與墾殖脈絡。〔註13〕

（一）源於產業

萬丹鄉古地名為「興化廍」，因閩粵人稱採蔗煮糖工廠為「蔗廍或糖廍」，興化乃福建省舊府名，移民來台開設蔗廍，久之乃為「興化廍」。另有一說也與產業相關，即清同治年間東港溪沿岸的港口經常萬舟雲集，日治時期後因

〔註13〕 屏東地名緣起相關內容整理自趙康伶：《我的家鄉——屏東》（屏東：屏東縣政府，2002 年）；廖忠俊：《臺灣鄉鎮舊地名考釋》（臺北：允晨文化，2008 年）；鍾桂蘭、古福祥：《屏東縣志》（臺北市：成文，1983 年）；屏東縣政府編：《重修屏東縣志》（屏東：屏東縣政府，2010 年）。

高雄港與東港的闢建，及港灣的淤積，導致萬丹港口的落沒，「萬舟」雲集之景不復存在，因此改為「丹」字。

（二）源於原鄉地名

潮州位於屏東平原的地理中心，開拓於 1726 年（雍正 4 年），原為廣東省潮州府府名，先民移臺後，因思鄉愛土，為紀念故鄉而沿用原名。在廣東潮州有韓文公廟，屏東潮州亦有之。日治時期稱為潮州庄，後稱潮州之廳，又改為潮州街，民國後廢除日治時期劃分制度，改為現今潮州鎮。

（三）源於動、植物之地名

原於動物地名的如麟洛，據傳約於 250 年前，嘉應州人徐俊良於此開墾時，發現許多大龜，所謂「有龜必有麟」是吉慶祥瑞之兆，故命名為麟洛。又如今滿州鄉古地名「蚊蟀」，此地為原住民居住地；因飛禽走獸群生其間，族人獵取容易，但食之不盡，棄之原野，導致此處散發惡臭的腐蝕味，便將原住民語臭氣音譯為「蚊蟀」，久之為地名。日治時期地方自治改正後，因蚊蟀字義不雅，遂改為滿州庄。

原於植物地名的如高樹，古地名原為「大車路」，因此地路寬，可同時容納多輛牛車行走。改名為「高樹」一名，乃有二說：一說為聚傳當地原有一株木棉樹，樹身高大，形狀就如一個大車，因樹得名；二說為漢人開墾初期，於「高」位河階處建立聚落，又因此地屬於河川網路縱橫區，水量充沛長滿高大的「樹」林，故稱「高樹」。同樣以植物為名的如今佳冬鄉古地名「茄苳腳」，因開拓最初該鄉周圍茄苳樹生長繁茂，日治時期簡化地名時，由於臺語「茄苳」與日語「佳冬」相近，故改名為「佳冬」。

（四）源於歷史事件或開墾者

九如，古地名為「九塊厝」，該庄據說三百年前由廣東遷戶至此的數目為九戶，故有此稱。後取三多九如之義，改為九如。另有里港，舊名為「過港仔」，相傳在清康熙年間，有名為「阿里」者居住於此，以販賣冷飲為生，商業逐漸繁榮，人口增加，故稱阿里港；乾隆年間此處即稱「阿里港」，日治時期設阿里港之廳，後簡化地名「阿」字，為屏東郡里港庄，民國後改為里港鄉。又如車城，此地三百年前原為原住民所居，鄭成功領臺後，漢人移居於此與原住民發生激烈衝突；為防禦侵犯，便於社東及社南處建築城門，東南方與西南方築城垣，名為福安城；並於東北方與西北方豎立柴木，稱為柴城；

後因受番人侵擾，改以牛車布置於外圍禦敵，爲誌戰功，改名「車城」。

（五）源於地形、居住環境

屏東，清領時期古地名稱爲「阿猴社」，後因地勢以東爲層巒疊嶂，是爲東海颶風之屏障，故在書院的命名上便以此意命爲「屏東書院」。1920 年（大正 9 年）阿緱廳併入高雄州，將阿緱廳改名爲屏東郡。又有一說爲日人以爲屏東位於半屏山之東，故有此稱。同因山脈成名的有萬巒，1688 年（康熙 27年）在廣東福建兩省居民移居墾拓之初，因有萬重疊嶂爲一天然屏障，故有此稱。

另有因農村環境而名的，如竹田，清康熙初年由廣東居民移居自此，古地名爲「頓物」、「屯物」，乃因本鄉以前有一條街道，路旁商家囤積商品於此，因此爲名。日治時期因爲是竹園多於水田的鄉村，改爲「竹田」，竹爲農村，田爲農田；是該地四周圍繞著竹園與水田，故有此稱。又如新園，約 300 年前由福建省龍溪人黃上房等四人攜眷於此定居，並在下淡水溪邊原野墾殖爲田園，故曰新園。再舉林邊，因早期是林木茂盛的原野，因此古地名爲林仔邊，清乾隆年間，閩人趙瓊勳率族渡臺，於此開拓田園，遂成村落；因居民在「林」區「邊」緣建立部落，日治時期以「林邊」統一稱呼。

或有以港灣溪邊爲名的，如東港，原爲平埔番群居地，曰放縤社。明末清初渡海而來的先民漸漸增多，和福建生意往來興盛，後福建人移居於此，定居海濱，經營漁業，成爲漁村；原址於新園鄉烏龍村之東，後因洪水汜濫潰堤，轉徙現址，因當時帆船停靠的港區就在百姓定居地東邊，位於港灣之東，名曰東港，日治時期亦稱「東津」，取「津」爲海邊之意。又如南州，位於本縣屏東「溪洲」溪「南」岸地帶，古地名爲溪州，隸屬於林邊鄉，後來分出成爲溪州鄉。原有南北兩溪流，因渠道曲折，沙土推積而成村落，故曰溪州；民國後因全臺溪州地名使用頻繁，考量其位於國土之南，1956 年改名爲南州。

亦有與生活環境周邊水利設施相關，如隸屬今萬巒鄉的頭溝水、二溝水、三溝水、四溝水及五溝水；乃爲開墾時，灌溉農地之圳水輸送次序，久之乃爲地名。又如新埤、老埤兩地，分別隸屬於屏東縣新埤鄉及內埔鄉。「埤」爲灌溉用的蓄水池，新埤與老埤等地皆屬當時貯水灌溉之處，久之乃爲地名。新埤爲廣東客家移民，墾荒初期，爲灌溉田園築一座大埤圳，古地名曰「新埤頭」。

（六）源於氣候

恆春，位於今屏東縣恆春鎮，古地名「瑯嶠」，源自原住民排灣族語的漢譯，意指此地爲遍生蝴蝶蘭之植物景觀。清朝光緒元年設縣，沈葆楨來臺設防，認爲恆春地理位置重要，上奏改瑯嶠爲恆春，意指此地四季如春，風光明媚。

透過地名的整理，可看出屏東各鄉鎮發展的特色；尤其以地理環境爲名的鄉鎮，其在景觀的書寫上更容易呈現當地的「地標」價值，賦予地方情感。如臨近海港邊的「東港」，東有層層疊嶂爲屏風的「屏東」等，這些都成爲日治時期文人寫作的素材之一。

二、文教發展概況

明鄭時期，1665 年首建明倫堂，後命各社興立學校，凡 8 歲即入小學，授以經史文章，並於各府各縣先後創儒學，學校制度於此開始。1684 年（康熙 23 年），鳳山縣內建儒學，1710 年（康熙 49 年），鳳山知縣宋永清建書院於縣北文廟旁，1733 年（雍正 11 年），鳳山縣設社學八社〔註14〕，1736 年頒發書院規則。

臺灣書院設立時間起自 1683 年（康熙 22 年），屏東書院則於 1815 年（嘉慶 20 年）由鳳山知縣吳性誠及淡水縣丞劉蔭棠，邀集當時地方人士所建，位在阿猴街，是屏東當時的教育指標、講學及考課的場所。日治時期將其改爲孔廟，後拆遷至今屏東勝利路上。1877 年（光緒 3 年）雪峰書院建於阿里港孔子廟旁，同年在恆春籌建恆春儒學，未成，另有蔡崇美於潮州創立潮陽書院。1734 年（雍正 12 年），劉銘傳於夷社設立夷學堂。清朝時期，各廳、縣單位雖建立儒學，以辦理教育行政，然卻沒有實質的教育內容，因此培育人才的工作，便由書院擔任；故書院於清朝時期，是科舉制度中舉足輕重的教育場所。屏東縣內即有阿猴社、力力社、加藤社、上淡水社、下淡水社、放縤社、搭樓社、武洛社八處。

1895 年（光緒 21 年）日本統治臺灣，廢除科舉考試，引進新式的教育制度，傳統書院教育首當其衝；然當時民間認爲日本領臺只是一時的，所以仍有許多保守的人將學子送進書房就讀。日治中期後，雖公學校已普遍設立，

〔註14〕八社爲力力社、加藤社、放縤社、阿猴社、淡水社、下淡水社、搭樓社及五洛社。

但書房因可提供失學民眾繼續就學，且許多人深怕子弟受日本教育而忘本，透過書房教育學習傳統的儒家思想，故書房於部分地區仍繼續經營。書房的存在，對日本在推動教育政策上，無疑是一大阻力，甚至早期設立的「國語傳習所」也難以和書房競爭。因此 1898 年（明治 31 年）發布「臺灣公學校令」，設立 6 年制公學校以取代國語講習所，並頒「關於書房義務規程」將書房納入管理，使其成爲公學校教育的輔助單位。〔註15〕

初等教育設爲公學校及小學，分別給臺灣人及日本人就讀，不僅在資源及教育灌輸上有所不同，中等教育及高等教育亦限制臺灣人就讀數量，有意以普通教育爲臺灣人受教之主體。1932 年（昭和 7 年）爲配合時勢因而實施臺日人共學制，1943 年（昭和 18 年）改爲義務教育制，然此時以臨近統治末期，其成效不彰。

《重修屏東縣志》將日治時期的教育制度分爲四個階段：草創時期、鎮壓時期、標榜同化時期及改革時期。

日治初期，屬於草創時期教育制度。日本對臺灣的教育方針以一貫的殖民地策略執行，對於教育制度並未投注過多的心力與資源。直至 1898 年（明治 31 年）兒玉總督上任，才開始有系統地制定教育規範；主要以日語學校爲基礎，藉由日語的傳授，導入其文化、習慣等思想；後又將初等教育分爲公學校及小學。

1907 年（明治 40 年）年改制公學校學科及年限，爲鎮壓時期教育制度。科目主要以日本語、手工、農業或商業等實用課程，對於臺人及日人的教育政策更是壁壘分明。公學校之上的中等學校只招收日本學生，雖在 1915 年（大正 4 年）年設臺中中學教育公學校，但其科目仍與日人就讀的一般中學有所不同。對於臺灣子弟的知識灌輸，主要以養成基層人才爲目的，對臺灣的教育政策及知識養成是標準以殖民手段統治。

標榜同化時期教育制度由田健次郎總督於 1920 年（大正 9 年）實行地方

〔註15〕 1895 年日本統治臺灣，於臺灣總督府下之民政局分設學務部爲全臺最高教育行政機關，下設教務、編纂二課辦理教育。隔年並於臺北縣芝山岩設立日語學校，培養通譯人員，研訂初等教育辦法。翌年發布臺灣總督府日語學校及附屬學校規則，並設立師範部及語學部，訓練基本師資，培養從事公私等業務人員。語言的統一爲日本殖民的第一步驟，透過日語的普及進而影響殖民地人民之習慣、風俗文化等思想。整理於張豐緒：《屏東縣志》（屏東：成文出版社，1954 年）。

自治開始，推廣臺人與日人共學政策。中等學校以下皆改爲公立，分由各州
管轄，公學校及小學校則由市、街、庄管轄；但高等學校除所設立的醫學外，
加設的高等農林、高等商業等專業學校皆以日人爲主，臺人若欲受中、高等
教育，仍需資付龐大的教育費用，並非一般家庭所能負擔。由此可見，教育
政策雖已開放臺、日共學，但其教育資源仍以日本子弟爲主，普遍的臺灣學
生在知識的接受上依然處於封閉的狀態。

至 1922 年（大正 11 年），臺灣總督府公布新的臺灣教育令，爲改革時期
教育制度開始。公學校與小學校一樣修學年限爲 6 年，廢止公立高等普通學
校，改爲公立中學，開放臺灣學生入學就讀；雖有經濟能力入學者仍是屈指
可數，但對於臺灣子弟的教育已出現一線曙光。此時日本當局的教育政策逐
漸轉往社會教育；透過國民精神涵養、日語普及、公民精神養成等，將殖民
的同化策略植入其中。日人在臺教育，乃隨著殖民政策改變與政治局勢改變，
在不同時期皆有不同程度的同化策略與壓制。以下即就各教育階段，討論日
人在臺教育政策的變化。〔註16〕

（一）學前教育

1897 年（明治 30 年）年臺南教育會設立幼稚園，以官員及富家子弟爲招
收對象，後因經費與保姆人選困難停辦。至 1944 年（昭和 19 年）全臺約有
95 所幼稚園，其教導宗旨在保育身心健全發育、培養日常習慣禮儀，與日語
對話。

（二）國民學校教育

原爲日語學校、國語傳習所，後分爲臺人就讀的公學校與日人就讀的小
學校，另有專爲山地學生設立的教育處所。1895 年（明治 28 年）於全臺各地
設立 14 所國語傳習所；同年 9 月於鳳山縣，即清領時期屏東縣隸屬範圍及恆
春縣開所，於豬勝束（山地）設分教場；1896 年（明治 29 年）於鳳山縣內埔
設立分教場。〔註17〕1897 年（明治 30 年）年臺灣省總督府公佈「臺灣公學校

〔註16〕各階段教育内容整理自鍾桂蘭、古福祥：《屏東縣志》（臺北市：成文，1983
　　　　年）；張豐緒：《屏東縣志》（屏東：成文出版社，1954 年）；屏東縣政府編：《重
　　　　修屏東縣志》（屏東：屏東縣政府，1993 年）。
〔註17〕傳習所及分教場均分爲甲、乙兩種。甲種對具有漢文素養的成年男子每週授
　　　　以日語、讀書及作文；乙種針對兒童授以普通教育，授課内容以日語、讀書、
　　　　作文、習字、算術及漢文。甲種修業 1 至 3 年，乙種修業 4 年。

規則」，以地方經費設立六年制公學校。恆春及臺東縣以外，一律將國語講習所改制為公學校。除教員薪資由地方撥付，其餘經費皆由各區域內的住民負擔，由此壓縮對臺籍子弟的教育資源。

全國就讀率以 1904 年（明治 37 年）為分水嶺，之前教育學子的工作仍是書房為主，雖總督企圖以「關於書房義塾規程」將書房納入管理，強迫其增設日語、算術等，然大多書房仍舊守成規。直至 1904 年（明治 37 年）後，公學校的學生數漸超越書房，書房教育與傳承傳統文化的功能，才漸被取代。1919 年（大正 8 年）起總督府致力於公學校的增設，屏東地區於 1919 年（大正 8 年）年至 1921 年（大正 10 年）間公學校增設分校及分校獨立為公學校的數量明顯增加許多。至 1945 年（昭和 20 年）全臺學生就學率已超過 8 成，許多學齡兒童皆有機會接受初等教育。〔註 18〕由此可知日治中後期興起的文人，多已是接受新式教育的子弟，其對於傳統文學的熟稔性，已不如日治初期。

就屏東地區而言，1899 年（明治 32 年），設立「阿緱公學校」，最初暫借屏東市媽祖廟一隅上課，以屏東、公館、社皮、麟洛、老埤、鹽埔等地為學區。1916 年（大正 5 年）增設農業實業科，1922 年（大正 11 年）改制為高等科。1921 年（大正 10 年）應本市地名變更，「阿緱公學校」更名為「屏東公學校」，1923 年（大正 12 年）設立第一分教場〔註 19〕，1924 年（大正 13 年）設立公館分校，〔註 20〕1925 年（大正 14 年）設立海豐分校〔註 21〕，1935 年（昭和 10 年）設立林子內分校〔註 22〕。1937 年（昭和 12 年）重新規畫學區，1941 年（昭和 16 年）變更學制，改名為屏東市黑金國民學校，1945 年（昭和 20 年）原校舍遭空襲摧毀，同年 9 月遷校於現址，定名為屏東市第一國民學校，隔年改名為屏東市中正國民學校〔註 23〕。上述阿緱公學校、屏東女子

〔註 18〕吳文星將日治時期全國就學率統計如下：「1919 年，首任文官總督田健治郎開始致力於公學校之增設：翌年，學齡兒童入學率約 25%，1930 年增為約 33%……至 1940 年學齡兒童入學率更增為 58%。因此，1943 年總督府正式實施六年制義務教育，該年入學率約 66%，1945 年則超過 80%……」節錄自吳文星：〈日治時期臺灣的教育與社會流動〉，《臺灣文獻》第 51 卷第 2 期（1990 年 6 月），頁 165。

〔註 19〕翌年 4 月獨立為屏東女子公學校（現仁愛國小）。

〔註 20〕1932 年獨立，現為公館國小。

〔註 21〕1930 年獨立，現為海豐國小。

〔註 22〕1940 年獨立，現為大同國小。

〔註 23〕1968 年 9 月政府實施 9 年國民教育，更名為屏東縣中正國民小學。

公學校及公館分校、海豐分校、林子內分校等五所，皆爲日治時期創立於屏東地區的公學校。

從日語學校、國語傳習所至公學校，課程教育原則維持不變；日語教授的時數由原本的 9 小時升爲 14 小時，1918 年（大正 7 年）增加地理科目，將農業、商業、手工合併爲實業，漢文改爲選修科別。太平洋戰爭爆發後，爲拉攏臺灣人民的支持，於 1941 年（昭和 16 年）將公學校及小學校改爲國民學校，期以平等的待遇，獲取臺灣人民的認同；但其授課內容卻仍有身分上的差別。另外於國民學校設立高等科修業 2 年，此爲限制臺灣學生進入中等學校的管道措施。國民學校多於偏鄉地區增設分教場，針對山地學生設立教育所，其授課課程以第 1 號表、第 2 號表及第 3 號表爲區分，教育所之教員由警察擔任。課程分類雖於「習字」方面有差異，然就教學者的身分來看，其欲灌輸的思想內容仍有差異。1937 年（昭和 12 年）正式廢除漢文科，1943 年（昭和 18 年）全面實施義務教育，即使如此，日人子弟的就學率仍占 99.62%，比臺灣學生就學率 71.17%高。

（三）中等學校教育

中等學校教育介於初等教育與高等教育之間，日治時期全臺中等學校教育分爲公立中學校、高等女學校及實業學校。中學校最初乃專爲日籍學生所備，嚴格限制臺籍學生就讀，故設置高等女學校及實業學校代之。本附設於臺北日語學校；1900（明治 33 年）年改稱中學部，於 1944 年（昭和 19 年）獨立爲臺北中學校；另有 1914 年（大正 3 年）於臺南設立五年制之臺南中學校，皆是專屬日人的升學管道。1915 年（大正 4 年）臺灣學生請願設立臺中中學校，1922 年（大正 11 年）改稱公立大學，臺籍學生、日籍學生皆可入學，然臺籍學生入學人數仍不到 20%。1945 年（昭和 20 年）配合戰時需要，全臺學校皆須參與糧食增產、防空訓練、國防建設等工作。當時全臺公私立中學校數爲 22 校，屏東縣內於當時僅有屏東中學校與屏東高等女學校二所。

（四）職業、高等、社會教育

職業教育的設立乃專爲臺籍子弟而設，目的在於學習基層中的基礎工作，以技能實用性爲主。是爲配合日本殖民政策，一方面以開發資源爲目的，另方面防止臺籍學生擁有過多知識技能，以此養成基層人才，輔佐高階身份的統治者。

　　高等教育爲 1899（明治 32 年）年設立臺灣總督府醫學校，是日治時期臺灣高等教育的開始；然受教的資格仍以日人爲主，對於臺籍學生入學審核嚴格限制。

　　社會教育初期以日語講習所爲中心，主要學習日語與日本的風俗文化，後期則是強迫學習日語，禁絕使用漢語及台語或各方言，並訓練青年投入日本化運動的推行。社會教育團體的設立本由民間主動招集，日治時期則有意識地在各地普遍設立青年會及青年團，以控制青年思想及行動爲目的。

（五）書房義塾

　　自清領以來，書房乃爲民間傳授漢語及其文化的私塾，課程以讀書習字爲主，灌輸大中華思想與人文道德等意識，或學習經史文章、詩詞韻賦、人際應對、習俗禮節等，學生多爲貧家子弟。日治初期書房義塾的學子甚爲廣大，仍是臺灣學生學習生活常規、知識禮儀的主要場所。至 1898 年（明治 31 年）發布書房私塾規則後，因受地方監督，授課內容必須加入日語、算術，且思想內容受日本當局箝制，數量銳減。1943 年（昭和 18 年）頒布廢止私塾令後，書房義塾所擔負的文化傳承與教育使命，便正式退出臺灣教育歷史。

　　綜上所述，不論是清領時期或日治時期，對於臺灣的文化教育皆以統治的角度出發，目的在於便利管理各地區。清領時期投注於屏東的教育資源相當缺乏，且多以當時港口、市街爲中心，如屏東市、里港、潮州等；直到 1734 年（雍正 12 年），才設立夷學堂，然用意也只是希望番夷歸化管治。到了日治時期，引進新式教育，但對於臺人及日人的教育資源上也有相當程度的不平等，即使到了日治末期合併教學，仍使用不同編號的課表進行教學。在日本當局的教育規劃上，臺灣人民很明顯地只能受制於政策的擺弄，從一開始的語文教育到後期的文化改革，臺灣人民始終是被操弄的角色，只能被動性地吸收當局給予的知識內容。在有意識的挑選特定教育內容與教化下，日治時期的臺灣人民與日治初期，甚至清領時期的文人，對時代、歷史已有不同的理解。以下即整理歷年來屏東地區文教發展概況：

表 2-3　清領時期至日治時期屏東地區文教發展列表〔註 24〕

年代	事件
1710 年（康熙 49 年）	鳳山知縣宋永清建義學（書院）於縣北文廟左
1724 年（雍正 4 年）	鳳山知縣蕭震移建義學校城東廟內，設講堂二間，左右齋舍
1733 年（雍正 11 年）	鳳山縣置土番社學入社，以受教化。
1736 年（乾隆元年）	頒發書院規則
1746 年（乾隆 11 年）	鳳山知縣呂鐘琇增建義學後堂講堂
1757 年（乾隆 22 年）	鳳山知縣丁居信重修義學講堂
1762 年（乾隆 27 年）	鳳山知縣王瑛重修義學講堂
1876 年（光緒 2 年）	鳳山縣建築考試場
1877 年（光緒 3 年）	阿里港建雪峯書院、恆春縣建儒學
1896 年（明治 29 年）	於恆春設日語傳習所分教場——放猪勝東社，為番人受日本教育之始。
1898 年（明治 31 年）	鳳山國語傳習所於內埔昌黎祠設內埔分教場，11 月改為內埔公學校。 11 月於東港東隆宮設東港公學校。
1899 年（明治 32 年）	4 月潮州庄設立公學校 7 月石光見設立公學校，並在茄苳腳三山國王廟設校。 8 月車城公學校創立 9 月萬丹公學校創立 9 月於屏東市媽祖廟一嶼設阿猴公學校
1900 年（明治 33 年）	2 月石光見公學校遷址，改名為茄苳腳公學校。 8 月里港鄉孔子廟（雪峯書院原址）設立阿里港公學校 9 月東港公學校增設琉球嶼分教場 10 月恆春公學校創立
1902 年（明治 35 年）	車城公學校增設楓港分教場
1903 年（明治 36 年）	阿猴廳枋寮庄設立枋寮公學校

〔註 24〕表 2-3〔清領時期至日治時期屏東地區文教發展列表〕，整理自鍾桂蘭、古福祥：《屏東縣志》（臺北，成文出版，1983 年），頁 145～352。

1905 年（明治 38 年）	滿州公學校創立、望美番童教育所創立，並於力里村實施日化教育，恆春設立高士佛社番童公學校。
1906 年（明治 39 年）	4 月楓港分教場升格爲楓港分校，茅芝萊典公學校創立。潮州庄公學校改爲潮州公學校，並於 7 月創立佳佐分校。
1907 年（明治 40 年）	東港公學校琉球分校設立，車城公學校之楓港分校獨立，名爲楓港公學校。 7 月龍泉水公學校創立
1908 年（明治 41 年）	阿里港公學校增設東振新分校，東港公學校增設林邊分校。
1910 年（明治 43 年）	阿緱公學校設立社皮分校（今萬丹鄉）
1913 年（大正 2 年）	東振新分校升格爲東振新公學校，林邊分校升格爲林邊公學校。 12 月設立四年制教育所於佳平，收容 8～15 歲之山胞，授以日常日語會話。並於力里實施日化教育。
1914 年（大正 3 年）	三地門社教育所設立，瑪家村設立乙種番童教育所，德文村設立乙種番童教育所。
1915 年（大正 4 年）	阿緱公學校麟洛分校設立（今長治鄉），社皮分校改爲六年制社皮公學校。
1916 年（大正 5 年）	茄苳腳公學校新埤頭分校創立，四重溪乙種番童教育所創立。頓物分校獨立爲頓物公學校，牡丹社教育所由警察人員兼辦國語傳習所。阿緱公學校併設農業實業科，專收公學校畢業生，並每隔兩年舉辦教育訓練。
1917 年（大正 6 年）	3 月阿里港公學校鹽埔分校成立。 6 月牡丹社設立番童教育所，教員由當地警察擔任。
1918 年（大正 7 年）	楓港設立外麻巴教育所；阿里港公學校增設九塊厝分校。佳佐分校升格爲佳佐公學校；麟洛分校獨立爲麟洛公學校；阿緱廳組織日語普及會。
1919 年（大正 8 年）	楓港公學校增設枋山分教場。社皮分校改爲社皮公學校；新埤頭分校升爲新埤頭公學校。因地方制度改正，將茄苳腳公學校改爲佳冬公學校。
1920 年（大正 9 年）	長興公學校麟洛分校借鄭成功廟正式上課。阿里港公學校鹽埔分校獨立爲鹽埔公學校；九塊厝分校升格爲九塊厝公學校。林仔邊公學校設立竹仔腳分校；東港公學校增設溪州分教場；東港公學校設立仙吉分校；內埔公學校增設新北勢分校；潮州公學校增設崁頂分校。瑪家村乙種番童教育所改爲甲種番童教育所。

1921 年（大正 10 年）	林仔邊公學校改名爲林邊公學校。竹仔腳分教獨立爲竹仔腳公學校；溪州分教場改爲溪州公學校；崁頂分校改爲崁頂公學校；琉球嶼分校升爲琉球公學校；新北勢分教改爲新北勢公學校。恆春公學校增設二年簡易農校；萬丹公學校增設萬丹農業補習學校。因地名變更阿緱公學校改名爲屏東公學校；頓物公學校改名爲竹田公學校。東振興公學校位於高樹部落，更名爲高樹高學校，並增設吶埔分教場。長興公學校增設番仔寮分教場；萬巒公學校增設五溝水分教場；茄苳腳公學校設立昌隆分教場。設立甲種番童教育所於泰武村。
1922 年（大正 11 年）	麟洛分校改爲麟洛國民學校；牽芒萊典公學校改名爲牽芒公學校。阿里港公學校增設土庫分校；內埔公學校設立老埤分教場，東港水產補習學校創立。
1923 年（大正 12 年）	內埔公學校在老東勢成立內埔第二公學校；東港公學校設立大潭新分教場；枋寮公學校增設北旗尾分教場。
1925 年（大正 14 年）	海豐成立分校。牡丹社乙種番童教育所改爲甲種番童教育所。
1926 年（昭和元年）	萬丹公學校設立新庄分教場。四重溪乙種番童教育所改爲甲種番童教育所。萬巒公學校五溝水分教場獨立爲五溝水公學校。
1927 年（昭和 2 年）	新園公學校設立烏龍分教場。沙漠教育所設立，爲四年制專收沙漠海山胞。
1928 年（昭和 3 年）	老埤分教場改爲老埤公學校。好茶教育所成立，四年制，所長教員皆由當地警察擔任。屏東市民生路設立屏東農業補習學校。
1929 年（昭和 4 年）	阿禮番童教育所成立。
1931 年（昭和 6 年）	烏龍分教場獨立爲烏龍公學校；海豐分校改爲海豐公學校。潮州公學校增設四林分校。
1933 年（昭和 8 年）	公館分校改爲公館公學校；昌隆分教場升格爲昌隆公學校。屏東市設立高雄州立屏東高等女學校，多是日人女子就讀。
1934 年（昭和 9 年）	西勢分教場改爲西勢公學校。東隆公學校創立。高雄州羌埔溪山地農業講習所設立。阿緱廳設立高雄州教化聯合會。
1935 年（昭和 10 年）	高樹公學校於舊寮增設分教場；枋寮公學校於水底寮增設分教場。林子內分校成立（今屏東市大同國民學校）。
1936 年（昭和 11 年）	四林分校升爲四林公學校。萬丹農業補習學校改爲萬丹農業修學校。高士佛社番學校，改爲高士佛公學校。內埔鄉設立皇國農民學校，爲農村勞動補習教育機關。

1937 年（昭和 12 年）	屏東女子公學校增收男生，實施男女生共學制，並更名爲屏東市大宮公學校。番仔寮分教場改爲番仔寮公學校；北旗尾分教場改爲北旗尾公學校；東港水產補習學校改爲東港實業國民學校；水底寮分教場升爲水底寮公學校。長治德協創立屏東郡農業專修學校；佳多農業專修學校創立；屏東市竹園公學校創立；屏東實踐商業學校創立，附設於屏東小學。
1938 年（昭和 13 年）	舊寮分教場改稱舊寮公學校；土庫分校改爲土庫公學校。公立屏東中學校創立。
1939 年（昭和 14 年）	後庄公學校創立。新庄子分教場改爲新庄子公學校。
1940 年（昭和 15 年）	日進公學校創校；臺灣總督府屏東師範創立。林仔內分校改爲大武公學校。
1941 年（昭和 16 年）	新埤公學校增設餉潭分教場。屏東公學校改名爲屏東市黑金國民學校；後庄公學校改爲後庄國民學校；田子公學校改爲田子國民學校；四林公學校改爲四林國民學校；新北勢公學校改爲新北勢國民學校；枋寮公學校改爲枋寮國民學校；萬丹公學校改爲萬丹國民學校；東港公學校改爲東港國民學校；竹仔腳公學校改爲竹仔腳國民學校；德文公學校改爲德文國民學校；率芒公學校改爲須本公學校；東港實業國民學校改爲東港實業專修學校。
1942 年（昭和 17 年）	潮州淑德女學校設立；錦國民學校設立。恆春公學校改爲恆春國民學校，並設立恆春第三國民學校。
1943 年（昭和 18 年）	塩埔國民學校增設振興分校。餉潭分教場改爲餉潭國民學校。恆春第四國民學校設立。
1944 年（昭和 19 年）	東港實業專修學校改爲東港農業專修學校；淑德女學校改爲潮州農業實踐學校；振興分校改爲振興國民學校。
1945 年（昭和 20 年）	恆春國民學校受空襲炸毀，移四重溪上課。社皮公學校改爲社皮國民學校；三地門社教育所改爲三地國民學校。楓港國民學校枋山分教場加祿分所一班設立。高雄州立恆春女子農業實踐學校雖有創校，但因空襲轟炸，終未開學。黑金國民學校因空襲炸毀化爲烏有。

　　透過上述資料整理可發現，教育之於清代，乃是一種擠身社會高層的途徑，爲能求取功名，不論達官子弟或市井小民，莫不鼓勵學子朝仕途發展。日治時期，引進西式的教育制度，是爲臺灣教育史的一大改革。然教育的目的，只是日本殖民臺灣的手段之一，因此教育制度朝令夕改、內容與品質更與日籍學子有天壤之別，以現代化的取向，企圖同化及改變臺灣傳統的社會模式。最初以日語講習所爲第一宣傳平臺，爾後在初級教育階段實施分級教育，差別待遇，中等教育設立之初更是建立不平等的入學門檻排除臺籍學生

的學習，最後才開放以實業學校為主的中、高等教育。且臺人所接受的初、中等教育與日本學生全然不同，僅是總督府為開發殖民地的實業、技術教育與同化政策的日語教育。對於日本來臺的學生則照日本國內的小學校及中學校教育形式與內容，便其回國可續接受高等教育。

　　1919 年（大正 8 年）以前教育體制都仍未成形，僅因急於替換、取代傳統書房為要目的，草草定案；並以日本人、臺灣人與原住民分為三個教育系統。1920 年（大正 9 年）與 1921 年（大正 10 年）明顯積極擴大教育範圍，設立分校，並將運作完整的分校獨立為公學校。1922 年（大正 11 年）頒布新的臺灣教育令以前，臺灣人的教育機會仍受許多限制，修業年限與教育內容、程度皆低於日本國內的同級學校；直至頒布新的「臺灣教育令」後，除了師範學校外，中等以上的教育機關才取消臺、日的差別及隔離教育，於各地紛設中學校、高等女學校、職業學校及職業補習學校。然共學的結果臺籍學生反而更處弱勢，因此能進入高等教育機關學習的人數日漸減少。日治末期，總督府為推動「皇民化運動」，1941 年（昭和 16 年）大規模將公學校、小學校改稱為國民學校，但課程內容仍有 1、2、3 號表之分，並讓實施「日語家庭生活」的臺籍學生比照日籍學生教育內容，使用 1 號表課程。

　　透過上述日治時期各階段的教育政策與學習方針，在語言教育，文化風俗的影響下，淺移默化地使臺灣人民成為日本國的一份子。民族融合的成果，明顯地展現在人民對於日本文化的接受度上；其中以教育傳播者為身分的舊文人，在日治初期仍有許多復興中華文化的抱負，但隨著時間的消磨與日本當局的懷柔政策下，滿腔的志向也逐漸退去。在老者的凋零後，繼之而起的文人，因成長過程中接受教育的不同，思維想法的轉變，使得新一代的文人對於漢學的傳承已有了不同的見解。當局者的教育導向，確實會影響文人對於時代、文化，乃至於文學的陳述面向。

小結

　　第二章主要針對屏東地區的地理環境，與影響的產業發展，歷史沿革與文化教育等面向，探討日治時期文人養成的環境背景。屏東因位處於臺灣南端，屬亞熱帶氣候，全境溪流流域廣泛，因此地下水源豐沛，使得屏東地區在日治時期成為當局熱帶經濟作物的發展重地；加上三面環海的環境，漁業發達，東港港口的開發，帶動當地的外銷、貨貿等產業型態。詩文中常見文

人以稻米、香蕉、漁貨等常民生活為創作題材；尤其林邊、東港的東林吟社、東港興亞吟社的擊鉢課題，更常以農村、漁村所見之景為題，可見屏東詩社對於當地風土民情的重視。在文化教育方面，清領時期屏東隸屬鳳山縣管轄，當局對於文化教育的置入多以「教化」為目的，文人的書寫也多來自於宦遊文人；日治初期新式教育的引進與「國語」政策的推行，則主要以宣導國策為主，積極地將臺灣人民成為日本國的一份子。由此可說，在大環境下，臺灣人民於不同時期皆有不同程度的「被教育」的過程。

第三章 日治時期屏東地區的古典詩社

第一節 日治時期全臺詩社林立概述

　　文人因興吟詠，而組織成社，自古有之。晉朝王羲之修禊蘭亭、盛唐李白於桃李園設宴，皆為文人唱和美談。詩社原是屬士階層的官紳文人以文會友、相互切磋詩藝的結社組織；日治初期，詩社成員主要仍以士階層為主，隨著時代的改變，成員的組成及組織方式也逐漸多元發展。

　　臺灣傳統詩社最早可溯源於 1685 年（康熙 24 年），明臣遺老沈光文及諸羅縣令季麒光等人所組的「東吟社」〔註1〕。清道光後，因科舉制度興盛，士紳文人漸增，各式詩酒之會、文人雅集層出不窮；〔註2〕像是竹塹林占梅設文

〔註1〕 東吟社為遊宦文人所組成，以明太僕寺卿沈光文為首；亦稱為「福臺新詠」，屬於詩社性質，但運作時間不長，隨即銷聲匿跡。清初時期，因清朝取士以八股文為原則，讀書人為了應試，多參與文社。當時文社附設於各地文昌祠內，是讀書人以文會友的據點。日治時期，因日本的教育政策，廢除科舉，書院的功能不復從前，因此紛紛轉型為詩社，然其性質依然具有傳承文化的意義。林文龍：《臺灣的書院與科舉》（臺北：常民文化，1999 年），頁 114～115。

〔註2〕 咸豐以前的宦遊文人及本地文人，即有許多是以詩聞名，於方志藝文中，便可見不少士紳的詩文作品；然此時因官員經常調動，社會型態尚未定型，難有固定場所及時間聚會，因此鮮少有詩文雅集的彙編。咸豐以後，出現以名園為中心的聚會，如新竹鄭用錫之北郭園、林占梅之潛園等，詩會雅集也漸增加。此類風雅的發展，確實由俱有科舉成就者，或地方權貴所主持，與功名成就關係密切。

酒之會於潛園、彰化林高全等設鐘毓詩社等。光緒年間則有許南英於台南設崇正社、唐景崧主持的斐亭吟會、蔡振豐所創的竹梅吟社等。足見在日治時期以前，全臺詩文社已於各地盛行。尤日本領臺後，科舉制度廢除，詩社如雨後春筍般紛紛嶄露頭角，其意義也從純粹的吟詠性情轉而維繫漢文化根源命脈，地位於文人心中更爲重要。總歸來說，日治時期全臺詩興濃厚，各地詩社紛紛創立，造成此文學氛圍之因可略分爲以下數點。

一、科舉制度廢除，文人託志

　　1895 年（明治 28 年）日本統治臺灣，引進新式的教育制度，在日本殖民的教育體制下，舊式的科舉制度已不適用於新式的教育內容；加上「國語政策」〔註3〕的推動，漢文學不再是當局認可的正統文學。在舊時代，只需要熟讀儒學經典、八股文便可透過科舉考試，取得功名、光耀門楣的風光已不復存在，因此八股文的使用失去了現實層面的重要性，不得以只能黯然退場。正如賴雨若〈有感〉「臺灣割後竟如何，漢學儒生落拓多，八股文章無用處，大都個個變詩魔。」〔註4〕清末時期的科舉制度固然提高了八股文章的重要性，但在政局轉換，科舉廢除後，舊有的禮遇制度〔註5〕及功名如同一張廢紙，傳統的四書五經也派不上用場；因此只能將所學投於詩作中，用以排遣鬱悶、寄託感懷。再以「文學表現是一個士紳文人最重要的身份認同象徵，藉由吟詩來顯示自己的文采風雅，透過相互唱和來交際酬酢。」〔註6〕由此可證，詩

〔註3〕起初設立「日語講習所」，然當時大多數的民眾仍將子弟送進書房學習傳統漢文、四書五經教育，其對於科舉制度的復興仍有一定的期望。但在 1898 發布「臺灣公學校令」，並設立 6 年制公學校取代國語講習所，頒布「關於書房義務規程」將書房納入管理，使其成爲公學校教育的輔助單位後，書房的地位便逐漸沒落。此時傳統文學的傳授場所，也因政策上的壓迫而逐漸退場。

〔註4〕賴雨若〈有感〉，收於林文龍：《臺灣詩錄拾遺》（臺中：臺灣省文獻會，1979年），頁 208。

〔註5〕李世偉：《日據時代臺灣儒教結社與活動》論述到：「……在舊王朝統治下的士紳們享有種種的特權，如免賦權、免役權、居鄉享受特殊的禮遇，甚至可以奔走公門包攬訴訟、蓄養奴婢、子孫可以繼承官位，特別是擁有受教育之權等……」李世偉：《日據時代臺灣儒教結社與活動》（臺北：文津出版社，1999 年 6 月），頁 25。

〔註6〕引自李世偉：《日據時代臺灣儒教結社與活動》（臺北：文津出版社，1999 年 6 月），頁 23。

作成爲「士紳階層」〔註7〕最重要的身分認同及文化傳承；不僅藉由詩來表現自身的文采，更在相互唱和中達到交際應酬的目的，形成一股上流社會的風尚。另方面，在清朝時期，因八股取士，在重文輕詩下造就了許多文社組織，讀書人爲了應試，創立的社團幾乎都爲講究文理的文社，擊鉢唱和的詩社在清領時期並非主流；然廢除科舉制度後，文人擺脫過去科舉的束縛，隨心吟唱、抒情永懷，文人的社群逐漸發展。因此日治時期，文社逐漸頹廢，詩社取而代之。其中不乏有部分是沿襲清代文社改制爲詩社者，或借吟詠以抒抑鬱之氣，而創詩社〔註8〕。

二、日本當局籠絡政策

　　詩社大盛之因，一方面除詩社結社歷史淵源流長，對社會文化的制約性有潛移默化的功能；更重要的是政府當局攏絡政策的推動，使得日治時期傳統古典詩成爲當時文學主流。在清朝科舉致士的政策下，讀書人不僅具有領導階層的權力，於當時的社會中，更有傳承文化、宣揚傳統的作用。因此日本總督府延攬舊時文人，賦予他們在政治、經濟及教育上的特權，更從精神方面攏絡人心。這些士紳在清領時期，「他們的立場多與朝廷一致，成爲朝廷的中介，宣導忠君愛國的觀念。朝廷有效控制士紳，即有效控制社會。士紳集團無形中成爲執政者追求政治穩定最重要的依賴力量。」〔註9〕因此日本總督透過安撫前朝社會的領導階層，運用他們對社會的影響力來維持社會風氣；另方面首批來臺的官員多具有深厚的漢學素養，善於漢詩文的寫作，因此能與臺灣士紳階層溝通有無，交歡酬唱。在日本官員的推動下，古典詩的創作自然成爲一種時代風潮。〔註10〕1895（明治28年）年易朝之際，是許多

〔註7〕士紳，來自科舉制度的社群者。他們是經由科舉考試，或納捐而獲取功名，有的是地位較低的生員、例貢或監生；有的是地位較高的官吏、進士、舉人或貢生，但都是清代社會中「士紳型」的領導階層，對於當時社會、政治及文化上有整合、協調或推展的作用。朝廷透過參與、獎賞等控制行爲，讓他們在社會上享有崇高的地位，因此這些士紳們立場通常與朝廷一致，成爲朝廷與社會溝通的媒介，宣導忠君愛國的思想。
〔註8〕林文龍於《臺灣的書院與科舉》一書中，列有「日治時期臺灣詩（文）社一覽表」詳細記錄詩社名稱、詩社所在鄉鎮、設立年代，及重要代表人士。林文龍：《臺灣的書院與科舉》（臺北：常民文化，1999年9月），頁118～122。
〔註9〕江寶釵：《臺灣古典詩面面觀》（臺北：巨流圖書，2002年3月），頁38。
〔註10〕「始政之後，各官廳更是迫切需要此種人才，以作爲上下交通及行政諮詢之用。就在具有漢學素養的日臺官紳之間，開闢了官紳薈萃的雅集交際模式……

舊文人夢碎之時，屏東文人尤養齋即是其一。1898 年（明治 31 年）臺灣總督
兒玉源太郎仿效清代鄉飲酒禮之制，希望藉由敬老尊賢的漢人思想，招待 80
歲以上有名望的長者，以示尊重。透過地方上德高望重者的影響力，收攬民
心。至 1900 年（明治 33 年）止，共舉辦了 4 次饗老典。當年更邀請清領時
期曾獲進士、舉人、貢生、廩生功名者舉行「揚文會」，向這些士紳階層表露
善意。在科舉廢除後，這些表揚，對於舊儒們無疑是在新時代中重新找到定
位。尚且不論日本當局攏絡文人背後的統治目的，單就仕紳來說，反而在攏
絡的政策下，以嶄新之姿繼續傳承舊文學。據李世偉《日據時代臺灣儒教結
社與活動》中強調「在文化攏絡方面，最主要的便是透過吟詩酬酢來進行。」
〔註 11〕像是兒玉源太郎及後藤新平，便常常以文人雅士的身份與臺灣文士唱
和；兒玉源太郎更曾廣邀文士在自家別墅開雅集，唱和者眾，絕響一時。在
執政者的帶領下〔註 12〕，詩社的結集在日治時期成為合法的結社組織，除臺
人外，日人亦在臺成立詩社，像是玉山吟社、淡社等。整個日治時期至少有
370 餘個詩社，在臺灣的上流社會中形成一種名流風氣。

三、報章雜誌的發達

　　日治時期臺灣的媒體傳播日趨發達，各種報章雜誌層出不窮，主要刊載
新聞及評論，是社會輿論的工具，對於政治、經濟及文化有著深遠的影響。
1895 年（明治 28 年）日人領有臺灣，翌年 6 月當局在臺北發行《臺灣新報》，
1898 年（明治 31 年）後，合併它報，改為《臺灣日日新報》。當時的報紙大
多由日人主編，為統治階層發聲的管道；文字使用，多以日文為主，提供了

此外，始政日、天長節等各種日本節日，或官廳首長就職、去職等，臺紳也
多成為日本官員的座上賓，在大開酒宴之餘，已漸生出吟詠的雛形，漢詩文
實際上已成為當時日臺官紳間溝通交遊、表達意見的工具。」詳細討論見楊
永彬：〈日本領臺初期日臺官紳詩文唱和〉，《臺灣重層近代化論文集》（臺北：
播種者文化，2000 年），頁 113～114。

〔註11〕引自李世偉：《日據時代臺灣儒教結社與活動》（臺北：文津出版社，1999 年
6 月），頁 26。

〔註12〕李世偉於《日據時代臺灣儒教結社與活動》中舉例：「以玉山吟社為例，其成
員包括：水野大路、士居香國、櫻井兒山、磯背唇城、村上淡堂、石川柳城、
館森袖海等……。相對的，日人參加臺籍人士所成立的詩社及活動亦相當頻
繁，如臺南集芸吟社……很清楚的看出日人欲透過這種詩酒吟唱以籠絡士
紳……」節錄自李世偉：《日據時代臺灣儒教結社與活動》（臺北：文津出版
社，1999 年 6 月），頁 28～29。

文人發表的平台。漢文的發表場地則有臺灣始政周年創刊的《臺灣新報》「漢文欄」及專為漢詩發表而設的「文苑」。《臺灣日日新報》中也不乏有詩社、詩人作品的發表；另外還有《詩報》、《南方》、《風月報》、臺灣文社發行的《臺灣文藝叢誌》、連雅堂《臺灣詩薈》等。不論是婚喪喜慶、擊鉢吟會、應酬答和都可見蹤跡，古典詩也成為日治時期應酬往來的主體表現。古典詩於日治時期，相較於其它文類而言，確實多了許多發表的管道，且刊載的詩作隨處可得。1937 年（昭和 12 年），中日戰爭爆發，日本當局全面推行「皇民化運動」，對於漢文出版品更是嚴格管制，強迫廢止各大報章雜誌的漢文欄，企圖根絕漢文化的流傳；然此時仍有兩大報刊在此管制之外，即是《詩報》與《風月報》，依然按期出刊，刊載各地詩社擊鉢、文人雅士應酬對答之詩作，是日本在禁用漢文後僥存的中文文藝雜誌。由此可知，日本當局認為詩社的運作及活動，並不影響皇民化運動的推行。從徵詩詩題和擊鉢吟題目來看，如〈總動員徵發〉、〈從軍行〉、〈千人針〉、〈志願兵〉、〈總力戰〉、〈吟詩報國〉、〈新春捷報〉等，都對皇軍的期許、征戰的使命有諸多討論，仕紳們在長期的利誘之下，詩社集會與詩作內容反而有利於殖民統治的思想傳播，這便是當局為何在皇民化運動如火如荼實行之時，給予「古典詩」特別禮遇之因。

　　經上述所論，便可釐清為何全臺古典詩活動於日治時期如此蓬勃發展，不論是當局政策或報章媒體的推行等外緣關係，或是舊儒透過詩歌傳承文化使命等內部因素，都對古典詩的創作及詩社的成立有推波助瀾的效果，古典詩於日治時期儼然成為臺灣社會各階層普遍的文學交流形式。

　　李世偉將日治時期臺灣詩社依其性質及成立動機不同，分為自遣寄情型、振興漢文型及風雅游藝型三類〔註 13〕。自遣寄情型形成的主要緣由是因改朝換代後，科舉致士之路斷絕，然又不願為新政權所用，因此寄情詩文，透過吟詩唱和來抒發內心的抑鬱；此類型的組成成員大多是清領時期在社會上具有身份地位的文士或富豪，因此擁有足夠的財力來進行詩社活動。振興漢文型則為有心保留漢文化之人士組成，多附設於書房，結社目的具有傳播漢文化、宏揚儒學經典；1917 年（大正 6 年）創立的屏東礪社即屬此類。此兩者屬於日治初期創立詩社的類型，與時代變異、歷史改革相關。然自古文

〔註13〕詳見李世偉：《日據時代臺灣儒教結社與活動》（臺北：文津出版社，1999 年
　　　　6 月），頁 31～33。

人組織結社乃因排遣性情、附庸風雅、切磋詩藝、以文會友,因此風雅游藝型屬於普遍詩社的組織類型,尤其面臨政權變革、科舉廢除的日治時期,文人藉由詩作避世忘憂、抒發不得志;後期詩社的組織類型,多以風雅游藝型為主,是當時文風主流。

就詩社的聚會形式而言,又可分為社內小集、社際聯吟及全臺聯吟﹝註14﹞。社內集會規模最小、形式自由簡單、次數頻繁,常是社員一時興起或社規所訂之固定集會。社際聯吟則由數個往來密切的詩社,合作舉辦,主要是相互切磋、交流意見。全臺聯吟則由區域性的詩社聯吟會擴展而成,是詩社活動中規模最大,形式盛重。

日治初期因政權變易,舊文人藉詩來明志、感懷,主要將詩作為傳承舊文化的工具,然至後期,詩社的傳統功能為游藝性質取代。但大抵來說,日治時期臺灣的詩社皆有定期的集會吟詠,其中又以詩鐘或擊鉢形式為要。日治時期是傳統詩社蓬勃發展的年代,集體創作「擊鉢吟」、「課題」、「徵詩」成為常態性的文學活動。「徵詩」透過報章雜誌的發表,其公開的性質,參與者廣且眾,是當時文人雅士交流的一大平台;所響應的文化活動與徵詩內容,也足以彰顯日治時期古典詩活動鼎盛景況。

第二節　屏東詩社活動網絡介紹

據王文顏《臺灣詩社之研究》﹝註15﹞載日治時期屏東詩社分別有東港詩會、屏山吟社、礪社、臨溪吟社、溪山吟社、新和吟社、屏東詩會、東林吟會、潮聲吟社、興亞吟社、二酉吟社、蕉香吟室、六和吟社、東山吟社、東津吟社、研社共十六社。其中礪社﹝註16﹞及六和吟社﹝註17﹞都各有相關的專論或研究篇章。本節將先列述日治時期屏東古典詩社概況,下表整理依據,主要先統整林文龍《臺灣的書院與科舉》、許俊雅《臺灣寫實詩作之抗日精神

﹝註14﹞ 分類參考李世偉:《日據時代臺灣儒教結社與活動》(臺北:文津出版社,1999年6月),頁34。

﹝註15﹞ 王文顏:《臺灣詩社之研究》(臺北:國立政治大學中文所碩士論文,1979年)。

﹝註16﹞ 詳見王玉輝:〈屏東礪社的發展始末〉,《臺灣文獻》第63卷1期(2012年3月31日)。

﹝註17﹞ 詳見邱春美:《六堆客家古典文學》(臺北:文津出版社,2007年7月),第一章第五節。

研究》〔註18〕與賴子清〈古今臺灣詩文社（二）〉〔註19〕等相關於本地詩社之名稱、地理位置、設立年代與主要成員等資料；再翻查《臺灣日日新報》、《臺南新報》、《詩報》、《風月報》、《南方》等相關報刊加以佐證查實。為書寫版面清晰整齊，故將詩社簡要以附註方式呈現。若列表內容經筆者考證有需說明或疑慮處，則以附註考察內容為主。

表 3-1　日治時期屏東地區詩社設立年表

設立年代	名　稱	位　置	成　員
1917（大正 6 年）	礪社〔註20〕	屏東市	尤養齋等 20 餘人
1921（大正 10 年）	東港吟社〔註21〕	東港鎮	林玉書等數 10 人
1923（大正 12 年）	屏山吟社	屏東市	屏東市街人士共創
約估為 1925（大正 14 年）	東山吟社〔註22〕	屏東市	郭芷涵等人

〔註18〕 許俊雅：《臺灣寫實詩作之抗日精神研究：一八九五——一九四五年之古典詩歌》（臺北：國立編譯館，1997 年）。

〔註19〕 賴子清：〈古今臺灣詩文社（一）〉，《臺灣文獻》第 10 卷 1 期（1959 年 9 月 27 日），頁 74～100。

〔註20〕 位於今屏東市，設立於 1917 年，成員以尤養齋為首。尤養齋逝世後，蘇德興為礪社主要人物，提倡白話詩文，參加者眾，極盛一時。但因社團意識逐漸脫離傳統的古典詩社，走向左派思想，成員黃石輝、蘇德興、楊華等人，皆名列《臺灣督府警察沿革誌》中，具有強烈的社會批判意識，因此遭日人所忌；該社受於箝制與壓迫，不久即解散。社員編入他社，持續吟詠之風，後改為屏東聯吟會，涵蓋東港、潮州、林邊諸處。據賴子清《古今臺灣詩文社》、廖雪蘭《臺灣詩史》、王文顏《臺灣詩社之研究》等所載，礪社成立年分為 1924 年，詩社主持人以尤養齋、蘇德興為首。然礪社相關活動記錄，因資料付之闕如，迄今仍未見。幸由王玉輝翻查當時詩報，並以專論探討礪社發展緣由。於王玉輝的考察中，成立年分之疑慮已撥雲見日，並否認其 1924 年成立之說，確定為 1917 年。相關討論，於下「屏東詩社活動」另闢小節論述。礪社設立年代，乃王玉輝於《屏東礪社的發展始末》一文中，整理歸結所得之論。詳見王玉輝：〈屏東礪社的發展始末〉，《臺灣文獻》第 63 卷 1 期（2012 年 3 月 31 日），頁 103～107。

〔註21〕 賴子清稱「東港詩會」，位於今東港鎮，成立於 1921 年，成員有林玉書等人。民國 1935 至 1936 年間，公開徵文於報章雜誌上，其社前茅作品，皆為佳作，可惜已毀於二次世界大戰；如今尚存篇章則散落於詩報中，甚為珍貴。詩題有〈蛛網〉、〈嚴子陵〉、〈紙鳶〉等。

〔註22〕 估計創社時間為 1925 年，位於屏東市，東山吟社乃為礪社分裂後出走社員所創，社長為礪社退隱的副社長郭芷涵任之，公開聲明退社的王松江、陳家駒及吳玉琛等人任東山吟社理事。

1926（昭和元年）	六合吟社〔註23〕	萬巒鄉	陳芳元、李洪九等人
1931（昭和6年）	臨溪吟社〔註24〕	九塊鄉	許庚墙、朱銀票等人
1934（昭和9年）以前	東津吟社〔註25〕	東港鎮	蕭永東等人
1934（昭和9年）	溪山吟社〔註26〕	新園鄉	李子儀、楊炯堂等數10人
1936（昭和11年）	新和吟社〔註27〕	高樹鄉	薛玉田、蘇德興等數10人
1937（昭和12年）	屏東詩會〔註28〕	屏東市	陳家駒、薛玉田等人
1938（昭和13年）	東林吟會〔註29〕	東港鎮、林邊鄉	陳寄生、蕭永東等數10人

〔註23〕 位於今萬巒鄉，設立時間推測爲 1926 年所創，由李洪九主持。萬巒鄉爲客家六堆之一，蓋以「六堆」隱含之意，命名爲「六合」。六合吟社一曰「六和吟社」，然應以六合較爲準確。詩社的命名一般以地名，如「東港吟社」;或詩社位址之特殊景色，如「臨溪吟社」爲立名依據;而「六合」隱含「六堆」之義，故爲六合。日治時期因政權壓迫而中輟詩社活動，並於光復後，1967 年復社，舉辦吟詩徵文，並以中秋節爲課題。設立年代的依據則以邱春美《六堆客家古典文學》中針對六合吟社創立地點、時間及創立人疑慮之考察爲參考。詳見邱春美：《六堆客家古典文學》（臺北：文津出版社，2007 年 7 月），頁 26～27。

〔註24〕 位於今九如鄉，設立於 1931 年，成員有朱銀票等人。每月固定課題一次，擊鉢兩次，由郭芷涵、黃石輝、陳秋波等成立擊鉢吟會，因位處於下淡水溪旁，故命爲臨溪。「九塊鄉」爲九如之舊名，本研究第 2 章第 2 節所論地名源起之內容，因該庄三百年前遷戶至此之數目爲九戶，故爲此稱。後取三多九如之義，改爲九如。

〔註25〕 位於今東港鎮，一曰「東津吟會」。據賴子清等人載其創立年代不詳，然依 1934 年 4 月 1 日《詩報》第 78 號所整理的「全臺詩社并代表者名錄」中已出現東津吟會相關記載，因此其創立年代應於 1934 年以前。

〔註26〕 位於今新園鄉，設立於 1934 年，成員有林子儀、楊炯堂等人。原先於新園鄉越溪村（舊名過溪子），設置溪山詩學會，運用通信的方式命題，會員在自己的居所，輪流徵詩，直至 1935 年才正式成立溪山吟社。

〔註27〕 賴子清稱「新和吟會」。位於今屏東市，設立於 1936 年，以薛玉田爲首數 10 人。4 月 15 日於福興樓舉行成立典禮，由薛玉田、蘇德興等人主持，擬題〈雷聲，七絕東韻，出席者 20 餘人，得詩 40 餘首。詩題有〈畫梅〉、〈妬花雨〉、〈秋雁〉、〈秋曉〉、〈新春言志〉、〈夜市〉、〈冰人〉、〈問月〉、〈日蝕〉、〈水源地〉、〈流行曲〉、〈月下美人〉、〈雨聲〉等。

〔註28〕 位於今屏東市，設立於 1937 年，由陳家駒、薛玉田等人廣邀文人創立，屏東文人幾乎都有參與其中，如歐子亮、陳福清、吳炳松、許先堂等數 10 人。賴子清所載該社詩題有〈盆栽〉、〈農場女〉、〈情海風波〉、〈冬雨〉、〈愛林〉等，應是與「屏東聯吟會」活動相互混淆。因「屏東詩會」與「屏東聯吟會」的參與人員、徵詩地點、主持人員重疊，因此在報刊上詩題的發表也常有混淆的現象，就目前可見資料，尚無法確切區分爲詩會或聯吟會的內容。

〔註29〕 東林吟會由東港鎮及林邊鄉兩地文人合創，設於 1938 年，推佳冬鄉陳寄生爲會長，由兩地輪流開會擊鉢。會員有黃靜軒、蕭永東、陳志淵、鮑樑臣等數 10 人。

1939（昭和 14 年）	潮聲吟社〔註 30〕	潮州鎮	黃福全、尤鏡明等數 10 人
1940（昭和 15 年）	興亞吟社〔註 31〕	林邊鄉	陳寄生、陳添和等 20 餘人
1941（昭和 16 年）	二酉吟社〔註 32〕	里港鄉	張其生等數 10 人
1943（昭和 18 年）	蕉香吟社〔註 33〕	林邊鄉	鄭玉波等二十餘人
年代不詳	研社吟社	東港	創立者不詳

　　綜觀上表整理，屏東詩社主要分布於屏東市、九如鄉、高樹鄉、里港鄉、萬巒鄉、潮州鎮、林邊鄉、東港鎮、新園鄉等地。設立年份從 1917 年至 1943 年，尤其多集中於 1931 年後。其中礪社為日治時期屏東首創詩社，具有復興中華的使命；然 1927 年結束活動後，有近四年的空窗期屏東尚未出現詩社組織，僅以高雄州下聯吟會與屏東聯吟會的活動為主，詩人的交流場所多以外地詩社為主，且為個人形態。直到 1931 年臨溪吟社成立後，緊接著新和吟會、東林吟會、潮聲吟社、興亞吟社、二酉吟社等都逐漸嶄露頭角，也可見外地詩人與屏東詩社的互動。尤其興亞吟社的組織成員，為日治末期屏東詩社中最為浩大，其經營理念也逐漸融合日本文化的思想，不再以傳統漢學為依歸，其中的轉變莫過於日本當局皇民化運動的影響。除了礪社與興亞吟社在寫作態度上有明顯的特色外；另有以詩社地理位置、景觀命名的臨溪吟社、潮聲吟社；或有連結兩地詩人，以相對位置命名的東林吟社等，其不論在經營手法、詩作內容或活動網絡上都各有獨特之處。

　　就筆者翻查日治時期報章雜誌來看，屏東各時期的詩社都能在詩壇上嶄露頭角，能見度都相當活躍，不論擊鉢或徵詩內容都可見於當時報刊；只可惜尚未有人全盤整理，因此屏東詩社的研究力仍有不足。本節即以拋磚引玉之姿，整理日治時期屏東數個具有價值性且資料尚可見的詩社，以主題劃分為四大類；主要依詩社取名特色或寫作態度而分，下述即以「創社理念」、「地

〔註 30〕位於今潮州鎮，設立於 1939 年，由黃福全、尤鏡明、陳雍堂等人創立。詩題有〈問春〉、〈醉花〉、〈旭日東昇〉等。

〔註 31〕位於今林邊鄉，設立於 1940 年，由陳寄生、陳添和等人組成。於社長林又春保險樓中開設創立擊鉢吟會，來賓有鄭坤五、蕭永東、張覲廷等人，擬題為〈興亞吟社創立紀念〉。其餘詩題有〈春日小集〉、〈春雨〉、〈畫梅〉等數十題。

〔註 32〕位於今里港鄉，設立於 1941 年，成員有張其生、連祖芬、許夢熊、陳步青、陳步蟾等人。詩題有〈雁字〉、〈訪梅〉、〈藝菊〉、〈寄征衣〉等數十題。

〔註 33〕賴子清稱「蕉香吟室」。位於今林邊鄉，設立時間不明，唯見該社自 1943 年起於詩報刊載課題及成員詩作。詩社成員有鄭玉波、林榮祥、陳清海、林默梅、陳添和等餘人。課題有〈蕉雨〉、〈歲暮書懷〉等。

理景觀」、「相對位置」，及未能歸屬，然在當時對於屏東詩社的運作有所影響的「其它」，共分四類。

一、以創社理念爲名

（一）屏東礪社

日治時期，全臺擊鉢盛行、遍地吟詠不絕，屏東地區亦不落人後，據王文顏《臺灣詩社之研究》一文所載，日治時期屏東新創詩社即有 16 社。礪社，堪說是日治時期屏東地區的先鋒，爲首創的古典詩社。然礪社的成立時間，於賴子清《古今臺灣詩文社》、廖雪蘭《臺灣詩史》、王文顏《臺灣詩社之研究》等所記皆爲 1924 年（大正 13 年）年。從賴子清《古今臺灣詩文社》於 1960 列述以來，40 年間並無人提出質疑，爾後專書凡提及「礪社」之成立時間及說明，大多遵循此說法而無異議。

王玉輝於 2012 年對於此說提出質疑，並經過考察及爬梳，最終確認礪社確實爲日治時期屏東創立首社，非 1920 年成立的東港吟社，成立年代也在賴子清等人的說法上往前推移了 7 年，爲 1917 年。其判斷來源以《臺南新報》及《臺灣日日新報》爲據。

王玉輝於文中舉出 1919 年（大正 8 年）的《臺灣日日新報》第 6991 號，是目前最早可見關於礪社的報導，文中所述「去年該街尤養齋氏，倡設一屏東礪社……」據報導年份往前推，應是 1918 年（大正 7 年）。然此份報導年份仍有誤差，因此再舉其它兩則報導交叉推論。其一爲 1922 年的《臺南新報》「屏東礪社自創設以來，星霜已越五週……」來推知礪社創立時間爲 1917 年（大正 6 年）；其二爲 1924 年的《臺灣日日新報》，載「屏東礪社，自大正六年八月由社長尤養齋創設，垂七星霜矣，然而當時不立社規……」此則報導更明確點出礪社確實創立於 1917 年 8 月。另外在 1920 年到 1924 年間，亦可從《臺灣日日新報》及《臺南新報》中查詢到多起礪社課題擊鉢及徵詩消息，故可推論礪社成立於 1924 年的說法並不正確。

礪社創社人爲尤養齋，本名尤和鳴，字養齋，生於 1867 年（清同治 6 年），卒於 1925 年（大正 14 年）。曾是清末廩生，日治時期曾爲阿緱公學校教師，學識淵博，誨人不倦。自幼學習於父親與兄長，且師於陳鳴陽先生，擁有深厚的漢學根柢。1984 年，17 歲參與童試未有所成，後年砥礪進學，如願考取廩生資格。但未因此滿足現狀，於 1889 年及 1894 年皆參與鄉試，未第，本

欲重來，然隔年 1895 年山河易主，日本引進新式教育體制後，滿腔抱負付諸東流。尤養齋曾於四十歲時回憶此生功業，感嘆滿腹，試舉尤和鳴《四十歲旦厤溯生平有感手稿》：

> 曾幾何時，故人半歸淹沒。即予也字孩提以降，忽而幼穉，忽而青年，又忽而到今，數十載光陰，等一場春夢。旋將視茫茫、髮蒼蒼，諺所謂莫笑他人老，終須還到我矣。然垂老而剩有爲之身，猶可說也。垂老而剩無用之身，不可言也。〔註34〕

文中描述自身年老體衰，又無可說之功名、貢獻，因而備感唏噓。1895 年日本領有臺灣之時，尤養齋正值 28 歲壯年，原是而立之年的階段，本想在下一次鄉試中砥礪奮發，卻沒想到十幾年的歲月與努力，如繁華一夢；轉眼已是不惑之年，然對於人生的未來卻仍存在著不安定與未知，回顧此身功業，若垂老之身有可用，還能拿來說嘴，但如今朝代更迭、山河變易，垂老之身無法挽救時勢。19 年後，1925 年尤養齋與世長辭，享年 59 歲，終究沒有機會等到復興。其失志的忿忿不平，也如尤和鳴手稿《四十歲旦厤溯生平有感手稿》中末句所提：

> 惜夫大邑通都，萬傑千俊，其負屈於小知短馭，埋沒於荒煙蔓草間者，指不勝屈，尤不勝浩歎也。〔註35〕

惋惜有志之人，萬千俊傑，如今只能趨附於日本的政權下；即使相信日本的占領不會太久，但是人又有多少青春年華可以等待、消耗？往昔的功名一夕間變成廢紙，那些曾爲棟樑之材、卓絕之人，滿腹才學與抱負如今都只能埋沒於荒煙蔓草間。這些因時代變異的滄海遺珠，指不勝屈，不勝唏噓、哀嘆。鄭坤五曾寫〈輓礪社長尤養齋先生〉一首，文中肯定尤養齋對於復興漢學的努力，並感念在漢學頹靡之際，失去了一個領航的舵手。

　　尤養齋因有感於在新式教育的體制下，漢學傳統日益衰微而創礪社。王玉輝寫道「社團成立後，除尤氏之外，復有郭芷涵和陳育三兩位塾師加入課業陣容，每月初 1、5 日固定指導社員習作……」〔註36〕，可見當時郭芷涵與陳育三等人，亦爲礪社創社初期功不可沒的功臣，然陳育三的詩文於日治時

〔註34〕節錄自尤和鳴：《四十歲旦厤溯生平有感手稿》。
〔註35〕節錄自尤和鳴：《四十歲旦厤溯生平有感手稿》。
〔註36〕王玉輝：〈屏東礪社的發展始末〉，《臺灣文獻》第 63 卷 1 期（2012 年 3 月 31 日），頁 106。

期的各報刊中甚爲少見，反而是郭芷涵直至日治中後期，仍有相當可觀的詩作，甚至多次爲高雄州下聯吟會、屏東聯吟會、臨溪吟社等擊鉢詞宗，可見郭氏在日治時期屏東古典詩壇的重要性與影響力。

礪社建社之初，以培養漢學精神，教授古典詩爲主，具有私塾的功能及性質；直到尤養齋逝世後，才發展爲賴子清所載以白話文爲主體，且帶進了左翼思想。初期參加者眾，據王玉輝〈屏東礪社的發展始末〉所察，礪社徵詩的活躍時期集中於 1921 年至 1924 年，其中多達 10 餘期的課題徵詩、詩鐘；直至 1924 年 8 月後，徵詩頻率才逐漸趨緩，或與尤養齋年老力衰、心有餘而力不足有關。礪社除社內例行的課題習作外，亦積極與它社聯吟，切磋詩藝。其中因地緣相近，與東港的研社社際聯吟活動最早，經常舉行雅集或聯合徵詩，以 1920 年至 1922 年最盛。礪社的詩題多以詠物爲主，如〈柳眼〉、〈星橋〉、〈苔痕〉、〈酒旗〉、〈秋燕〉、〈雪花〉、〈菊枕〉、〈魚苗〉、〈種桃〉、〈柳風〉、〈急雨〉、〈義路〉、〈鬢雲〉、〈孤鴻〉、〈舌劍〉、〈心花〉、〈秋水〉；其它尚有〈老妓〉、〈大雨時行〉、〈秧鍼〉、〈詩鐘體素〉、〈樵歌〉、〈歲暮〉、〈苦寒〉、〈曉春〉、〈思潮〉、〈秋寒〉、〈秋色〉、〈啞僧〉等，多發表於《臺灣日日新報》和《臺南新報》，詞宗人選大多以尤養齋、郭芷涵、黃石輝、陳月樵、蘇德興、陳家駒、王松江等人擔任。在眾多詩題中，也可發現礪社社員對於「秋」的意象特別有感觸，除詠物的〈秋燕〉、〈秋水〉外，尚有〈秋寒〉、〈秋色〉等題，皆以「秋」爲主題；下述試舉〈秋燕〉、〈秋水〉、〈秋寒〉、〈秋色〉各一代表詩作：

> 呢喃幾度別柴扉，露濕雲襟帶冷飛。萬里秋光何處宿，香巢留得待春歸。〈秋燕〉（蘇德興）〔註37〕

> 楓江月夜水痕青，一派七流冷欲碎。雪練時翻秋影碎，情多宋玉轍生憎。〈秋水〉（尤鏡明）〔註38〕

> 西風含朔氣，橫寒雁聲愁。帽子休吹落，霜威怕到頭。〈秋寒〉（黃石輝）〔註39〕

> 大地蕭條感不窮，金風玉露老梧桐。遠楓只認霞升處，飛鷺幾疑雪下空。張翰一帆盧白外，陶潛三徑月明中。征人觸目更惆悵，遲暮

〔註37〕《台南新報》，1922 年 9 月 16 日，第 7378 期，頁 5。
〔註38〕《台南新報》，1925 年 9 月 18 日，第 8476 期，頁 5。
〔註39〕《台南新報》，1924 年 10 月 11 日，第 8134 期，頁 5。

英雄宋玉同。〈秋色〉張清泉〔註40〕

礪社的課題、擊鉢多以絕句、律詩為主,又以七絕為多。上述列舉的詩題恰包含了七言絕句、七言律詩、五言絕句,可見礪社初期主要以傳統詩社為主,且多方面地鍛鍊古典詩歌的創作形式。人的生活乃脫離不了時間的縱軸、空間的橫軸,對於生活的體察,也必定在時空交集的某個點上進行;詩歌中往往運用時空交叉、對立的性質,透過巧妙的安排,增加詩歌中意境的美感,故「傷春悲秋」乃是自古文人寫作常使用的意象之一。秋天的意境與詩作的氛圍,與春天有莫大的不同;秋天沒有春日遊玩踏青的氣氛,多以蕭瑟、悲涼、寒冷等意象,來呈現凋零、惆悵之感。人憑著感官的刺激,與宇宙萬物的相通,因此在秋天氣候蕭殺的氣氛中,詩人呈現的情感自然而然充滿哀傷與感慨,而在情感的主觀意念下,又會選擇符合當下情境的寫作材料,來加深內心的哀淒。上述列舉的詩作中,即有此特色,雖詩題都以「秋」為主,分別描寫秋天下不同的感受、物象,然呈現的氣氛卻如出一轍,甚至帶入的典故、氣氛的營造也有異曲同工之妙。

在蘇德興〈秋燕〉一題中,首句以燕的呢喃聲帶出話別的不捨,帶著濕冷的寒氣遠行南下,尋找棲身之地,唯有到了春天才能歸來。燕為小型候鳥,隨季節變化遷徙,通常成雙成對,在古典詩詞中的使用相當頻繁,主要為渲染離愁、寄託相思、感傷時事等。同樣描寫動物來呈現秋天意象的有黃石輝〈秋寒〉一題,首句點出西風蕭瑟含朔氣,第二句寫大雁聲聲哀愁。雁為一種長年居於北方的大型候鳥,每到秋季便會南遷避寒,在古典詩詞中,大雁代表歸鄉遊子的懷鄉之情,與旅居外地的羈旅傷感。此外也帶進宋玉的典故,加強秋天悲蕭之感,宋玉〈九辨〉曾寫「悲哉秋之為氣也,蕭瑟兮草木搖落而變衰」,後代文人因此常藉宋玉一詞,以表情愁。如尤鏡明〈秋水〉、張清泉〈秋色〉是也。

1923 年,陳錫如等人所組的高雄旗津吟社,聯合鳳山鳳崗吟社和屏東礪社,共同組成「三友吟會」,是日治時期高雄州下第一個出現的定期聯合吟會。三社定期每兩個月輪流主辦雅集,並於 1925 年加入東港吟社,名為「四美吟會」。礪社更於 1925 年春參加由臺南南社主辦的全島詩人聯吟大會,使其能見度提升至全國。試舉 1922 年 8 月《臺南新報》擊鉢訊息刊登內容:

> 屏東礪社去 30 日午后 3 時,開催擊鉢吟會,來賓即旗津二名、鳳岡
> 六名、東津二名……遠自臺南之許子文氏,是日亦來參會,會員並

〔註40〕《台南新報》,1924 年 11 月 06 日,第 8160 期,頁 5。

本社員陳家駒氏提議三社聯合事由。……詞宗擬題爲〈苔痕〉（七絕
元韻），限定每名二首。……至7時零，始相率到福興樓晚宴，觥籌
交錯，盡歡至八時餘，復聚集原所，重整旗鼓，拈題爲〈柳眼〉（七
絕青韻），詞宗爲鄭坤五、王松江兩氏……。〔註41〕

此則訊息刊登時間在「三友吟會」成立之前，文中提及礪社成員陳家駒提議
共組三社聯吟，1923 年因地緣臨近高雄旗津吟社、鳳山鳳崗吟社、屏東礪社
先組成「三友吟會」，1925 年加入東港吟社，名爲「四美吟會」。試舉連雅堂：
《臺灣詩薈雜文鈔》中三友吟會的活動紀錄：

鳳岡吟社（鳳山）以一月二十日假龍山寺開會，並邀礪社、旗津吟
社社友賁臨。該社與礪、旗二社均高雄轄內，因名曰三友吟會。〔註
42〕

上文所述礪社與旗津吟社、鳳岡吟社皆爲於高雄州內，三社聯誼，名爲「三
友吟會」，報導紀錄完整，將開會地點，參與團體，組織名稱羅列在內。

由此可見礪社不僅是屏東第一個古典詩社，具有領頭羊之姿，且積極對
外聯吟發展，帶領屏東古典詩社擠身於日治時期傳統文學領域。然礪社的風
範指標，在社長尤養齋逝世後，逐漸式微。礪社的發展型態，大致以尤養齋
爲前期、後期的分水嶺。

起初礪社於 1917 年創立時並未設立社規，以尤養齋爲首，積極從事古典
詩的創作與社際聯吟，社內砥礪氣氛良好。平日除了固定的雅集外，凡遇婚
喪喜慶等特殊情事，也會舉辦臨時雅集，社員紛紛賦詩祝賀；或遇社員遠行，
擊鉢唱和。如〈心花〉一題，即是祝賀社員黃石輝氏令郎週歲紀念擊鉢。除
此之外，對於社會也投注相當大的關注。1924 年在社長尤養齋的提倡下，社
員慷慨解囊賑災，善舉於《臺南新報》及《臺灣日日新報》皆有記錄〔註43〕。
同年 8 月設立社規，於慈鳳宮召開會議舉行社內選舉，共推尤養齋擔任社長，
由建社之初的課業塾師郭芷涵擔任副社長，另有理事、幹事、會計各職；礪
社組織大抵定型，並於 10 月 13 日成立義塾，開設「漢文研究會乙組」開學
儀式。

〔註41〕《臺南新報》，1922 年 8 月 4 日，第 7335 號，第 5 版。
〔註42〕連雅堂：《臺灣詩薈雜文鈔》（南投：臺灣省文獻委員會，1992 年），頁 62～
64。
〔註43〕詳細整理論述詳見王玉輝：〈屏東礪社的發展始末〉，《臺灣文獻》第 63 卷 1
期（2012 年 3 月 31 日），頁 112～113。

1925 年尤養齋辭世，礪社頓失靈魂人物，社內組織也跟著搖搖欲墜，礪社的發展進入了有別以往的面貌。其實早於尤養齋逝世前，礪社社員王江松、吳玉琛、陳家駒三人即於《臺南新報》和《臺灣日日新報》中聲明退社，爲礪社分裂的開端。此三人皆爲礪社漢學研究會的講師，亦爲礪社創社之初元老級人物。據王玉輝〈屏東礪社的發展始末〉整理，起因之人爲蘇德興（維吾）。尤養齋在世時，蘇德興即因行徑乖張而不得人心，社內皆有所聞。尤養齋或能適時責其不是，然於 1924 年 8 月創立社規後，尤氏身體每況愈下，蘇氏於社長病篤乏力操心社務之際，排擠副社長郭芷涵，欲得掌權之位；陳家駒等人因不滿其行，選擇離退詩社。尤氏去世後，蘇氏變本加厲，幾乎攬大權於一身，無視於副社長郭芷涵，多數社員無法容忍選擇退社，導致礪社最終走向分裂一途。離開礪社的社員們，先後組成東山吟社及乾惕吟社。其中東山吟社社長即爲從礪社隱退的副社長郭芷涵，理事爲 1924 年公開聲明退社的王松江、陳家駒、吳玉琛；至此礪社已失去以往和諧相互切磋的氣氛。楊爾材曾在〈輓尤養齋先生〉一詩中，悼念這位百世之師，原文詩作如下：

> 少微星忽墜屏東，遍地鵑啼盡落紅。遠浦鷺鷗悲舊侶，滿園桃李泣春風。文壇虎將名猶在，礪社鴻儒命竟終。差喜書香能繼起，孫賢子肖亦詩工。〔註44〕

尤養齋曾爲前清時期廩生，故首聯以士大夫之位「少微星」呼之；面對這位德被四方大雅君子的殞落，遍地哀傷不盡，連杜鵑都爲此啼血，以表詩友們的哀慟之心。頷聯帶入「遠浦」之景，呈現出如同等待歸航漁船之婦的冀盼與惆悵，然等待與希望終究是落空的；因爲即使名聲廣播，人的生命終究會走到盡頭。尾聯則帶出了楊爾材對於礪社未來發展的期許，盼子孫賢才能繼續發揚，才能不愧尤養齋對於漢學的堅持。然期許並未能重整礪社已分崩離析的現況，尤養齋逝世後，社團內分裂的形態越趨明顯。

分裂後的礪社，由蘇德興、黃石輝爲首，其發展也大不如前，詩社逐漸式微，失去教育傳統文學、傳播漢學的功能；其中更有多起醜聞，大毀礪社形象。加上社團活動變質，不再單純吟詩唱和；置入了打破舊式書房教育制度，提倡「男女平等、結婚自由、男女共學、神聖戀愛」等新式觀念和思維，有別於傳統詩社的活動及宣傳理念。其前衛的作法，雖將礪社帶向新的里程，但也使其於傳統漢學間失去立足點，最後左派思想的導入，被當局貼上

左翼社團的標籤，認爲礪社不再是單純的文學組織，成爲執政者打壓的對象而遭解散。1927 年，礪社附屬的漢學研究會亦遭當局解散，原以復興傳統漢學的研究會，在蘇德興、黃石輝等人的領導下，逐漸走向「提倡革新文明教育」〔註45〕，被定爲鼓吹新文化運動的場所，最終當局以「有關風紀」爲由，強迫解散。

作爲屏東創始詩社，礪社有著披荊斬棘的使命，也成爲延續傳統漢學的舵手，不論是尤養齋以復興漢學爲使命的時期，乃至蘇德興新式觀念時期。礪社都兼具了延續漢學及開創新文明的角色，爲「屏東首創」之名，實至名歸。

（二）興亞吟社

興亞吟社是日治末期成立於屏東林邊鄉的傳統詩社，雖其組織時間較晚，但其成員都早是文壇中名聲遠播的佼佼者。如社長林又春，本是日治時期林邊望族，曾爲《風月報》經理顧問、日滿華三國書道教授、東京泰東書道院委員。幹事陳寄生爲書香世家後代，父親爲清朝秀才，亦爲林邊大家，早於 1938 年便與蕭永東等人成立東林吟會，陳寄生即爲該社社長，具豐富的社團經營經驗。顧問吳紉秋爲日治時期「臺灣三大詩社」、「北臺第一社」——瀛社社員，並曾加入天籟吟社，與彰化應社、聲社、苗栗栗社、嘉義鷗社、臺南綠社、學甲吟社等往來密切〔註46〕，亦曾擔任《藻香文藝》編輯。

興亞吟社位於屏東林邊，1940 年由林又春、陳寄生、陳添和等人廣邀地方人士成立。據同年 2 月 18 日《詩報》所載藝苑消息：

> 林邊興亞吟社於去八日，即舊元旦午前十時起，在社長林又春氏保險樓中，開創立擊鉢吟會。社員全部出席，來賓有鄭坤五、蕭冷史、張覲廷三氏。題擬〈興亞吟社創立紀念〉，七絕一先。公推鄭坤五、蕭冷史二氏爲左右詞宗，限午後一時交卷。而吟友鉤心鬥角，構思

〔註45〕 原文：「屏東礪社漢文夜學研究會，蘇、黃二講師爲提倡革新文明教育，主張神聖戀愛，慫恿男女平等，亂吹法螺，弄出種種壞事。邇來醜狀愈露，時與女生攜手迸肩，散步公園，雖受街衆指摘，恬不爲怪。幸而當局察其有關風紀，立將該研究會於去十日命以解散，街衆聞知，莫不稱快。」《臺灣日日新報》1927 年 7 月 14 日，第 9774 號，第 4 版。轉引自王玉輝：〈屏東礪社的發展始末〉，《臺灣文獻》第 63 卷 1 期（2012 年 3 月 31 日），頁 138。

〔註46〕 顧敏耀、薛建蓉、許惠玟等著：《一線斯文——臺灣日治時期古典文學》（臺南市：臺灣文學館，2012 年 11 月），頁 169。

攤箋。屆時先後交卷，得詩四十餘首，錄呈左右詞宗評取。共赴朝
日樓開宴，紅裙侑酒，騷客飛觴。宴罷榜發，雙元均被張覲廷氏獨
占。於春氣和靄之中，始各盡歡而散，歸途蕉樹羃煙，夕陽西下，
洵雅人之韻致也。右之役員順此介紹。

社長：林又春

顧問：鄭進登、吳紉秋

幹事：陳寄生、陳清海、曹恆捷、黃建懷

社員：鄭進來（靜峯）、陳添和（逸民）、林明江（逸樵）、許青木、
黃進庚、林榮祥、黃增乾（小鬟）〔註47〕

文中資料顯示，來自九曲堂的鄭坤五、東港蕭永東、溪洲張覲廷三氏爲興亞
吟社座上之賓。第一次擊鉢吟題擬〈興亞吟社創立紀念〉，鄭氏、蕭氏兩人爲
左右詞宗，此擊鉢吟詩作亦爲興亞吟社初試啼聲；自此，興亞吟社正式加入
日治時期古典詩的創作行列。

　　興亞吟社成立時間雖已是日本殖民末期，且處於戰爭活動期間，較於東
港溪以北的詩社來說，成立時間晚了許多；然此詩社的活動相當密集且蒸蒸
日上，在《風月報》及《詩報》等報刊中，皆可見其活躍性。自1940年2月
至1942年4月，共發表了39篇詩題〔註48〕，除上述所舉的〈興亞吟社創立
紀念〉外，還有配合季節、時令的〈迎春〉、〈送春〉；描寫自然景物的〈春雨〉、
〈蟾蜍〉、〈夏蘭〉、〈白蓮〉；運用歷史典故的〈明妃出塞〉、〈諫筍〉。此外還
有記寫屏東田園風光的〈種荣〉、〈暴風蕉〉，其中〈暴風蕉〉體現了屏東地區
特有農作——香蕉，道盡了蕉農的困苦生活。試舉吳紉秋〈暴風蕉〉：

作絲已感價低昂，作惡颱颶勢更張。摧折綠天庵外路，葉堆懷素寫
書忙。〔註49〕

〔註47〕詳細內容載於《詩報》，1940年2月18日，第218號，頁1。

〔註48〕據筆者所查，興亞吟社自成立起於《詩報》、《風月報》、《南方》等報刊皆載
有詩作，詩題以發表時間依序如下：〈興亞吟社創立紀念〉、〈迎春〉、〈春日小
集〉、〈春雨〉、〈蟾蜍〉、〈畫梅〉、〈送春〉、〈月鏡〉、〈夏蘭〉、〈泥痕〉、〈明妃
出塞〉、〈聽蟬〉、〈白蓮〉、〈畫蝶〉、〈夏雪〉、〈書道〉、〈酒星〉、〈祝行酒〉、〈詩
興〉、〈蛙鼓〉、〈種荣〉、〈銷夏詞〉、〈祝壽詞〉、〈暴風蕉〉、〈竹樓〉、〈煙草〉、
〈秋望〉、〈花草〉、〈楷書〉、〈遠遊〉、〈婺星〉、〈慰問劇〉、〈雲箋〉、〈鬼門關〉、
〈玉人〉、〈漁父〉、〈未婚妻〉、〈瘦詩〉、〈諫筍〉共計39篇。

〔註49〕《詩報》，1941年4月18日，第246期，頁18。

日治時期臺灣在總督府農事試驗場的推廣下，引進了香蕉、鳳梨、柑橘等作物，然半數的瓜果都以賤價出口至日本本國。1925 年臺灣青果株式會社成立，獨佔全臺香蕉的販賣運輸。臺灣栽種的香蕉品種多樣，其中「北蕉」品種容易感染萎縮病，且臺灣氣候全年濕潤，尤其颱風季節的侵襲，使得香蕉的收成大受影響。〔註 50〕詩作破題點出香蕉行情價錢的低迷，在愁雲慘霧之際，颱風的肆虐讓作物的收成不敷成本。「綠天庵」為唐僧懷素故居，位於湖南零陵縣東門外。〔註 51〕懷素自幼學佛，精專狂草，因貧困無紙，故習字於芭蕉葉上。末兩句引入古代文人的典故，更使詩作增添文人氣質。

另看陳寄生筆下的〈暴風蕉〉更顯憐憫：

> 誰云警報是荒唐，頃刻飛砂勢更狂。極目羌園遭浩劫，老農生計已淒涼。〔註 52〕

陳寄生，屏東縣佳冬鄉羌園村人，家世顯赫，家族本身從事農業生產，種植香蕉，對於農業經營頗有手腕；因此對於風災造成的損害，相比其他文人，更可看出其感同身受的悲憫。首句點出颱風警報的發布，對沒有從事相關產業的人們來說，風災的警訊無關痛癢，於生活沒有太大的影響，自然感觸也不深刻。但頃刻間的漫天風沙，看在蕉農的眼裡侷促不安。風災後的羌園，慘不忍睹，斷枝殘葉狼藉滿地，蕉園盡是一片慘淡的景象，老農的生計也被這漫天風沙吹得淒落潦倒。在陳寄生的眼裡，僅有對受到暴風摧殘而滿目瘡痍的家鄉、蕉園的憐惜，不見文人的浪漫。

由此可見，文人的身分與經歷，會呈現出不同的關心視角。早期活動範圍以北部為主的吳紉秋，與屏東土生土長的陳寄生，兩人對於颱風造成的災害書寫角度有所不同，尤其詩作後兩句的情感抒發，一者回到文人的軌道上，論古今先賢；一者則更深入寫出風災後，蕉農茫然的前途。來自不同地區的文人，因經驗而選擇不同的書寫角度，亦是興亞吟社詩社活動交流的一大特色。

興亞吟社可說是日治末期屏東地區活動最為頻繁的詩社，其中的交際應酬更不可免，詩社舉辦的擊鉢吟有不少詩題都與歡迎、祝賀、送別相關。歡迎類別的擊鉢如歡迎陳志淵、鍾武德二氏擊鉢〈煙草〉等，試舉歡迎陳釣璜、

〔註 50〕鄭毓溱：《臺灣產的香蕉研究》（臺中：國立中興大學圖館，數位典藏與學習國家型科技計畫後設資料工作組，2010 年 9 月。），頁 1～4。

〔註 51〕詳參《中國古代地名大辭典》，網址：〈http://www.gg-art.com:8080/dictionary/〉，檢索日期：2013 年 4 月 5 日。

〔註 52〕《詩報》，1941 年 4 月 18 日，第 246 期，頁 18。

何夢酣、盧懋清詩友到來的擊鉢〈夏雲〉：

> 殘春已去未經秋，大抵人情一片浮。且莫東寧嗟熱帶，化霖端待濟時憂。（陳釣璜）

> 揮扇爭欣汗不流，看來一片落瓜州。熱天蒼狗人情幻，莫怪嵇康懶到頭。（吳紉秋）

> 隨風蕩漾遍神州。細佈甘霖籠渡頭。都願不歸巫峽去。消炎滌暑且勾留。（鄭進登）

> 苦煞行人煩汗流。平空靉靆熱無休。枯苗待汝瀟瀟下。解得農家萬斛愁。（黃小髯）〔註53〕

此組擊鉢吟的詩作表現特色大抵可分為兩大部分：一為運用聯想、引用古典；二為描述夏季炎熱、大雨淋漓之感。前者舉例為陳釣璜、吳紉秋之作；後者舉例為鄭進登、黃小髯。前者多以夏雲而聯想至「蒼狗」一詞，即使不同作者，文中亦屢次出現「蒼狗」。「蒼狗」原引自杜甫〈可嘆〉詩中「天上浮雲如白衣，斯須改變如蒼狗。」為杜甫感嘆朋友王季友的遭遇而寫，後「白雲蒼狗」用來比喻世事變幻無常。陳釣璜的第二句「大抵人情一片浮」、吳紉秋第三句「熱天蒼狗人情幻」等，皆為表示世事無常、滄海桑田之感。另一特色即是以「東寧」表南臺灣，「東寧」一詞為明鄭時期臺灣舊名，又專指南臺灣地區一代，因南明延平王鄭成功所建立的鄭氏王朝，1661年至1683年間乃以今臺南赤崁為政治、經濟、教育中心。後者則敘焦沙爛石、大雨惱人之景。鄭進登一詩描述夏雲帶來滂沱大雨、夏雨欲人，消去了蒸騰的暑氣。黃小髯一詩則描述夏日驕陽如火，行人汗流浹背，枯萎的秧苗等帶著淋漓的降雨，以解農家之愁。

　　興亞吟社於重大事項時，也會廣邀詩集，向全島詩人徵詩或舉行擊鉢祝賀，像是興亞吟社長林又春氏徵詩〈楷書〉、祝陳寄生中部書道展新聞賞擊鉢吟會〈書道〉、祝賀社長林又春榮任東京泰東書道院參事擊鉢〈雲箋〉。試舉1940年10月刊登於《詩報》上祝興亞吟社長林又春氏徵詩廣告：

> 林邊興亞吟社長林又春氏，客冬拜命日滿華三國書道教授，今同由臺南林春江先生之推薦，再拜命東京泰東書道院委員。故欲向島內諸騷人墨客，徵求珠玉，荷蒙不吝，為幸。

〔註53〕《詩報》，1940年10月1日，第233期，頁12。

詩題：楷書、體七絕、韻不拘

期限：新十一月十五日截止

詞宗：未定

贈品：左右各拾名均有薄贈

交卷：東港郡林邊、興亞吟社長林又春收〔註54〕

上述爲興亞吟社社長林又春榮任書道教授之徵文內容，透過徵詩讓全臺各地詩人看見興亞吟社的活動內容與榮耀，不失爲一種有效果的宣傳方法。除社長外，緊接著1940年11月，幹事陳寄生亦有殊榮表現。試舉祝陳寄生中部書道展新聞賞擊缽吟會〈書道〉擊缽說明：

> 興亞吟社幹事陳寄生氏，者番出品中部書畫協會，主催全國書畫展覽，榮獲臺灣新聞社賞。諸社員及其親朋去十三日星期，午後三時起，在顧問鄭進登氏住宅，開祝賀宴并擊缽吟會。題擬〈書道〉七絕支韵，左右詞宗共推陳寄生、林榮祥二氏。限五時交卷，得詩五十餘首，謄錄後呈詞宗選畢，雙元均被林逸樵氏獨占。繼開吟筵，紅裙侑酒，墨客猜拳，盃簽席散，皓月東昇，各盡興而歸。〔註55〕

陳寄生爲興亞吟社主力社員，其獲得臺灣新聞社賞，對詩社來說無非是一大殊榮。從上述的報導可知，興亞吟社社員的表現不僅優異，且詩社風氣凝聚力非常好。擁有實力雄厚的社長來主持詩社，社員的表現又相當優秀，社團凝聚力好，都是該詩社之所以蓬勃發展的原因。另外還有送別詩友林逸樵、鄭靜峰的擊缽〈祝行酒〉；陳寄生、曹恒捷、黃建懷三氏遠赴大陸擊缽〈遠遊〉等，都可看出興亞吟社詩社的流動情形，以及社員勇於「出走」到外地學習吸收。

不論是擊缽吟或課題，興亞吟社都屬相當多產的詩社，可見其社員積極的參與度。而使得興亞吟社能成爲日治時期屏南地區的大社之因，莫過於社長林又春的用心經營及成就。興亞吟社創於日治末期，有力挽狂瀾之勢，對於漢學文化的延續亦是功不可沒。謝崇耀曾於《日治時期臺北州漢詩文化空間之發展與研究》論日治時期漢詩的文化空間，其說：「臺灣漢詩文化空間既

〔註54〕詳細內容載於《詩報》，1940年10月1日，第233號，頁1。

〔註55〕詳細內容載於《詩報》，1940年11月2日，第235號，頁24。

未明確日本化，也不再是統整於傳統科舉社會下的附屬物與補充，可說已經逐漸演化出一套完整且自主的文化系統。」〔註56〕此時的漢詩已不再是傳統文學的呈現方式，雖創作語言仍爲漢語，但在詞語的使用上，已明顯和傳統漢文學中古典詩詞用法不同，也逐漸帶入日本的生活習慣、文化特色、語言使用等；而這改變莫過於是文人對於自身身分認同有了不一樣的思維和理解。如張觀廷在〈興亞吟社創立紀念〉擊鉢寫道「爲期日滿支和協」〔註57〕；林逸樵〈遠遊〉一詩「我是扶桑才子客」〔註58〕等，其使用的「支那」與「扶桑」一詞都是日治時期才出現的稱呼。「支那」一詞爲日本人對中國人之稱，具有輕蔑、貶低的意識形態，來自於日本國當時凌駕於大中華，甚至亞洲地區的優越心態。更明顯的是，文人使用日本別名「扶桑」來暗示自己的民族地位。日治末期的臺灣文人，日本文化已深植民心，但本身所學又擁有傳統漢學的底脈，可見此時的臺灣古典詩文已漸融入歷史，發展出屬於自己的特色。

二、以地理景觀爲名

　　景觀的特殊性，往往是外地人認識本地最直接的宣傳。日治時期屏東詩社的命名中，也有以地理景觀特殊之處而命之，如臨溪吟社、潮聲吟社是也。以下即討論臨溪吟社、潮聲吟社如何運用周遭景觀凝結當地文人的意識，進而爲該社命名；又透過哪些詩作內容、作詩活動賦予詩社命名的意義性；而以地理景觀爲名的命名手法，是否成功凝聚當地詩人的創作意識，讓外地文人看見詩社的特色？

（一）臨溪吟社

　　臨溪吟社，成立於1931年（昭和6年），位於今屏東九如鄉，由許庚墻主持，每月固定舉行課題一次與擊鉢吟二次供社員相互切磋研究。九如古地名爲「九塊厝」，據說該庄三百年前遷戶至此的數目爲九戶，以此命名，後取三多九如之義，改爲九如。九如位於下淡水溪中游東岸，昔日爲平埔族西拉雅族的居住地，北面爲塔樓社，南面爲阿猴社。詩社命名因比鄰下淡水溪，故取名爲「臨溪」，詩社擊鉢、課題內容也以下淡水溪爲取材，有〈溪聲〉、〈溪

〔註56〕謝崇耀：《日治時期臺北州漢詩文化空間之發展與研究》（嘉義：國立中正大學中國文學研究所博士論文，2010年1月），頁10。
〔註57〕詳細內容載於《詩報》，1940年02月18日，第218號，頁6。
〔註58〕詳細內容載於《詩報》，1941年7月22日，第252號，頁14。

上即景〉。從 1931 年 10 月《詩報》刊登〈暮秋〉一題,至 1932 年 10 月〈避暑〉一題,活動時間僅爲期一年。然雖臨溪吟社的詩題略少,活動時間也曇花一現,但因課題內容多扣緊景色描寫,在日治時期文人交流頻繁、擊鉢盛行之際,該詩社以發展自身價值爲主,不隨波逐流,亦爲一大特色。下列舉 1931 年 11 月於《詩報》中刊載的社員名單與事務所所在地:

> 臨溪吟社　事務所置在屏東郡九塊庄九塊許庚墻宅內,定每月出課題一擊鉢吟二次,資社員之研究。
>
> 代表者:朱銀票
>
> 常務幹事:許庚墻、楊萬法
>
> 會計:林慶龍
>
> 書記:張榮偕
>
> 社員:黃金殿、張冬、陳天助、楊朝貴、張恭賀、陳其草、陳新在、陳同興、許氏招花、林氏帆、許氏雪
>
> 顧問:郭芷涵、黃石輝、陳秋波〔註59〕

由上可見社團參與者有朱銀票、黃金殿、陳天助、楊朝貴、陳其草、陳新在等約十五人;其中許氏招花、林氏帆、許氏雪三人爲女性社員,在女性詩還未蓬勃發展之際,臨溪吟社雖爲地方性社團,仍可見其社員的多樣性。另外前礪社副社長郭芷涵與主力社員黃石輝等人爲顧問,更奠定了臨溪吟社的營運基礎與寫作風格。臨溪吟社爲繼礪社 1927 年結束後,屏東詩社空窗期間第一個成立的團體。此四年間屏東文人多參與高雄州下聯吟會或屏東聯吟會的擊鉢來聯絡情感,但總是少了一個地域性的代表詩社,臨溪吟社的成立,帶給往後幾年成立的溪山吟社、新和吟會、屏東詩會、東林吟社、興亞吟社等社團一個指標性,也統合當時詩人復興漢學的理念。試舉〈祝九塊臨溪吟社創立紀念〉一詩,即寫出詩社宏揚漢學的使命:

> 騷壇韻事喜重賡,天籟而今發正聲。此日風流追白社,他年蘭禊會耆英。鵬朋畢竟成群侶,牛耳支持賴主盟。杞梓奇才誇大雅,詞林抗手共匡衡。(王竹客)
>
> 辛未年來萬事宜,喜逢秋日共敲詩。狂瀾欲挽心能壯,大雅扶持志

不移。白社正聞吟麗句，墨林有待看雄詞。亦知吾道脫秦火，繼起

斯文信可期。（薛玉田）〔註60〕

王竹客首聯寫道臨溪吟社的成立，爲騷壇之喜，文壇得以重拾詩韻，繼續吟
詠作賦；並以李白、杜甫等人自勉，期許詩侶成群，詩社能有和樂的氣氛。
薛玉田則點出詩社成立年分與季節，在萬事諸宜的辛未年中，又逢秋日中成
立的臨溪吟社，提供詩友一個推敲詩文的場所，其欲挽狂瀾的雄心壯志，金
石不渝、志在必得。臨溪吟社的成立時機，使其具有披荊斬棘、開拓先鋒的
地位。

　　另外因詩社的地理位置臨近下淡水溪，因此臨溪吟社第一期課題〈溪上
即景〉便取自最熟悉的地景來描寫。不僅取材方便，更可讓外地的人認識詩
社所處的地理風貌。試舉張亨嘉〈溪上即景〉：

綠水長流日暮時，小溪泛盡步遲遲。眼看繞岸千條柳，惹得行人不

忍離。〔註61〕

文中描述的下淡水溪之景，以落日夕陽起筆，在餘暉中漫步，看著絲絲圍繞
在岸邊的柳條，搖曳飄蕩，使得來此散步之人駐足，不忍離去。

　　臨溪吟社成立之時，由郭芷涵、黃石輝、陳秋波等成立擊鉢吟會，因位
處於下淡水溪旁，將擊鉢詩題命爲〈溪聲〉。試舉蘇德興〈溪聲〉：

水繞茅齋一曲清，三更忽聽似鳴鉦。也知逸韻侵虛枕，激發書聲伴

此聲。〔註62〕

此次擊鉢以黃石輝、蘇維吾爲左右詞宗，參與者有王松江、薛玉田、陳秋波、
郭芷涵、吳成材、朱銀票、黃金殿、周良玉、許庚墻、楊萬法、林慶龍、張
榮偕等人，參與者有多數爲參與高雄州下聯吟會、屏東聯吟會的固定班底。
文中描述下淡水溪流圍繞著四周的茅屋，溪水乾淨清澈；夜深人靜時，溪聲
如同古代行軍調整或停止步伐的響聲，鏗鏘而平和，又如伴書聲，諧和而統
一。

　　臨溪吟社成立於日治中後期，就課題及擊鉢內容來看，該社社址所在地
理位置，其下淡水溪的景色，不僅是該社地標、命名依據，亦是寫作選材的
來源，因此爲該社的一大特色。且成立時間爲 1931 年，處於 1927 年礪社結

〔註60〕《詩報》，1931 年 11 月 1 日，第 23 號，頁 5。
〔註61〕《詩報》，1931 年 12 月 1 日，第 25 期，頁 9。
〔註62〕《詩報》，1931 年 11 月 1 日，第 23 期，頁 8。

束活動後，4 年空窗期的開發者，其重振旗鼓之姿，不只令當時屏東文人為之
雀躍，也為往後詩社建立了良好典範。

（二）潮聲吟社

潮聲吟社位於潮州庄（今潮州鎮），由黃福全、尤鏡明、陳雍堂召集地方
文士，設立於 1939 年（昭和 14 年）。「潮州」一名原為廣東省朝州府府名，
先民移臺後，因思鄉愛土，為紀念故鄉而沿用，日治時期稱為朝州庄，後因
人口密集，又升格為朝州街，國民政府領臺後改為潮州鎮。地理位置位於屏
東縣的中心點，西臨崁頂、新埤，北隔東港溪與竹田、萬巒相接，東倚大武
山；除大武靈峰一帶地勢較高外，其餘各地皆為平坦廣大的腹地，民治溪流
位於庄內，為天然的排水溝。清領時期潮州地區屬福建省臺南府鳳山縣管轄，
1896 年改稱「鳳山縣內埔辦務署潮州庄」，1897 年設置潮州之廳，推行教育、
文化等設施，1920 年鐵路興建至潮州，使得交通往來日漸頻繁，交易日趨繁
榮，經濟復甦。1936 年升格為「潮州街」，儼然為一現代城鎮。

但優勢的地形與自然環境並沒有成為詩社發展的催化劑，直至日治末期
潮聲吟社成立後，潮州地區才有專屬的吟唱場所。潮聲吟社活動開始於 1940
年 1 月〈問春〉一題，至 1942 年 10 月〈下山虎〉一題共維持 2 年又 9 個月，
相較臨溪吟社及新和吟會來說，為壽命較長的詩社。擊鉢、課題內容多以寫
景為主，例如〈問春〉、〈醉花〉、〈潮聲〉、〈燈花〉、〈帆影〉、〈蟾影〉、〈秋月〉、
〈踏月〉、〈旭日東昇〉、〈春帆〉等；其它諸如〈病虎〉、〈踏青鞋〉、〈石麟〉、
〈塞鴻〉、〈酒甕〉、〈掌珠〉、〈蓄音機〉、〈鴛鴦枕〉、〈秋蝶〉、〈壺冰玉〉、〈下
山虎〉等，或有寫物、記事、詠古等。其中 1940 年 3 月發表的〈潮聲〉一題
說明了詩社名稱為潮州境內溪流聞名而創，以七言詩鐘的方式呈現，試舉〈潮
聲〉諸作：

> 潮漲瞿塘來有信，花殘金谷墜無聲。（陳雍堂）
>
> 潮水無情沉國士，文章有價振家聲。（黃福全）
>
> 潮落瓜州見星火，人來蓮沼聽歌聲。（蔡元亨）
>
> 潮社騷人聯筆氣，芸窗士子讀書聲。（劉朝財）〔註63〕

此次詞宗邀請陳文石、張覲廷為左右詞宗，參與者有陳雍堂、劉朝財、黃福
全、蔡元亨、周連生、鍾達時等人。詩鐘的創作模式，本於道光中葉後於閩

〔註63〕《詩報》，1940 年 3 月 20 日，第 220 期，頁 11。

地擊鉢吟社團中所發展出的「偶句」；清光緒後，詩鐘的創作模式逐漸在閩地流傳開來，成立了以寫作詩鐘為主的詩社，亦有詩鐘吟集的刊行；光緒末年後儼然發展成詩鐘獨盛的局面，進而取代了擊鉢吟的創作方式。臺灣早期因漢民移入，也帶進了閩地地區的漢文學創作方式，同治年間，詩鐘的格式也可見於臺灣的詩社活動中。〔註 64〕詩鐘的作法，分上下兩句，每句字數均為七字，通常會將題目鑲嵌在上下聯中。如上所舉詩例，出句與對句頭尾分別有「潮聲」二字，符合題目與製作格式的要求，出句詩文中「潮」字多表示浪潮起落，劉朝財則將其點為「潮聲吟社」的縮寫，更加貼切詩社內涵；對句尾末的「聲」字，則運用各種聲音來呈現聽覺效果，如歌聲、讀書聲等。

　　另外詠「留聲機」的詩題也獨具特色。約 1910 年，留聲機與唱片傳入臺灣，日本蓄音器商會株式會社在台成立，此後 35 年臺灣的唱片業越發騰達。〔註 65〕因此相關於詠留聲機的詩題在日治時期也頗為興盛，如洪棄生〈聽林三君紹堂留聲器，夜深即事〉、黃聿觀〈蓄音機〉、張銘鶴〈留聲機〉、謝雷明〈蓄音機，和鵬翔氏原題〉、余雲緞〈蓄音器〉等，全臺各地詩人皆逢潮流，題詩創作。屏東的古典詩社也不落人後，1937 年新和吟會擊鉢〈蓄音器〉一題，由薛玉田、尤鏡明擔任左右詞宗，參與者眾多，一時風靡。而潮聲吟社在 1941 年也舉辦擊鉢詠歎留聲機，試舉〈蓄音機〉：

> 名曲高低唱得宜，盤旋轉處一針隨。能教古調翻今日，歌舞場中是寵兒。（尤鏡明）
>
> 發明創始自西夷，聲學構成費苦思。不獨清歌藏箇裡，五音六律亦相隨。（蘇明利）
>
> 發明聲學有神奇，盤裡清歌是艷姬。微曲辨音難辨色，惹人低首費猜疑。（周連生）
>
> 此器發明廿紀時，盤能藏樂與歌詩。閒餘欲聽維新曲，針下徵來應所期。（鍾武德）〔註 66〕

〔註 64〕 更多與擊鉢吟、詩鐘在臺灣的流變及發展，詳見詹雅能：〈從福建到臺灣——「擊鉢吟」的興起、發展與傳播〉，《臺灣文學研究學報第 16 期》（臺南：國立臺灣文學館，2013 年 4 月），頁 111～166。

〔註 65〕 關於留聲機的介紹與說明，詳細內容參見《聲音紀錄史課程》，網址：〈http://web. ntnu.edu.tw/~697910315/index.html〉，檢索日期：103 年 5 月 2 日。

〔註 66〕 《南方》，1941 年 7 月 1 日，第 133 期，頁 70。

此次擊鉢吟共選錄 20 多首詩作,由黃福全、尤鏡明擔任左右詞宗;很巧妙的尤鏡明於 1937 年便曾擔任新和吟會擊鉢〈蓄音器〉的詞宗,因此對於該題的發揮內容與取材方向可說是相當熟悉。參與者有陳雍堂、鍾達時、蘇明利、周連生、蔡元亨、劉朝財、鍾武德、張景峰等人,詩作描述的內容多扣緊留聲機的發展、功用等。尤鏡明的詩作開頭先說留聲機播放的曲調高低有致,當時的蟲膠唱片就是靠著留聲機上的唱頭滑動製造出旋律,這些曲調翻閱古今,是迎賓宴客、歌舞場中的新寵兒。蘇明利一詩開頭則寫到留聲機的傳播來自於西方,且從「西夷」也可看出當時文人以東方主義的思考為尚,鄙夷西方文明。周連生則點出了臺灣當時的酒樓藝旦和子弟班樂師錄製唱片的風潮,透過唱片的錄製與留聲機的播放,使得更多人認識青樓藝妓的歌聲。鍾武德破題便說留聲機發明於 20 世紀,尤其蟲膠唱片盛行於 1900 年代至 1940 年代,直到 1948 年才被黑膠唱片取代。而這偉大的發明,能將詩歌樂曲保留其中,對於日治時期來說,留聲機的引入,無疑是帶給當時人民一個消遣、娛樂放鬆的媒介。

潮州雖為屏東平原的中央,腹地廣大,經濟繁榮,人民富足,但古典詩社的成立已是 1930 年代末期;其古典文學發展緩慢之因,尚有待討論空間。即使如此,該詩社在成立後,常邀請鄭坤五、陳春萍等高雄地區文人,或陳文石、薛玉田等屏東文人擔任左右詞宗評選詩作,可見潮聲吟社向外學習、交流的欲望強烈,透過邀請各詩社的靈魂人物,或常參與各地詩社活動的文人,學習他們的運作方式,使得詩社的活動能快速地進入軌道。

綜上所述,位於九如的臨溪吟社與潮州的潮聲吟社,不論是以擊鉢吟或詩鐘方式進行詩社活動,都曾針對詩社作題賦詩,顯示出詩社特殊的地理環境與位置。其中二者皆巧妙地運用聲音來聯結地方特色,如臨溪吟社的〈溪聲〉一題,潮聲吟社的〈潮聲〉一題,都使用在地的環境素材,塑造詩社獨特的存在意義。在日治時期眾多紛紜的詩社中,運用景色、地理環境為詩社之名,並舉辦相關詩題活動,也不失為一個標新立異的宣傳方法。

三、以相對位置為名——東林吟社

東林吟社又稱東林吟會,創立於 1938 年,由東港及林邊兩地文人合創,推選陳寄生為社長,兩地輪流開會擊鉢,會員有黃靜軒、蕭永東、陳志淵、鮑樑臣、林榮祥等數十人。並常邀請各地文人為左右詞宗,評選詩作,如臺

北天籟吟社社長林述三、有「臺灣議會之父」雅稱的臺中林獻堂、嘉義朴子樸雅吟社的創辦人楊爾材等，另有九曲堂文人鄭坤五、屏東文人薛玉田、陳文石等。來自各地的詞宗與重量級的大家人物，不僅為東林吟社加入活絡的文脈，更可彰顯東林吟社於當時在詩壇上的能見度。東林吟社的發表園地幾乎以《詩報》為主，雖成立於 1938 年，然於報章雜誌中開始有詩作的記載，則從 1941 年 5 月開始，直到 1944 年 8 月，前後共維持了約 5 年之久，其中雖逢創社社長陳寄生因「東港事件」被牽連；但東林吟社並沒有因此解散瓦解，除社員們大多擁有經營社團的能力外，更可見該社社員的向心力。

　　吟社的創立，主要為聯結東港、林邊兩地文人的情感，因此在詩題中，也可明顯地看出取材的範圍，確實跨足東港、林邊兩地。有與東港海港相關的〈漁家〉、〈東津垂釣〉、〈琉球夕照〉、〈魚味〉等；有以林邊地名、產業相關為題的〈田家〉、〈林邊待月〉等，諸多擊鉢、課題內容都與兩地的風土民情息息相關，可見東林吟社的創立，確實給予了詩人相互交流的場所。課題除上述所列，內容多以詠物和記事為主；與臨溪吟社、潮聲吟社等發展的方向大有不同。例如〈媚妓〉、〈白髮〉、〈空酒瓶〉、〈詩中畫〉、〈驛亭〉、〈雲帆〉、〈情書〉、〈菊瘦〉等詠物主題，記事則以歡迎各地諸友的聯誼活動為主，如歡迎高雄諸吟友於東美園旗亭擊鉢〈酒杯〉、歡迎吳步初雲鶴二氏擊鉢〈石虎〉等；或如追悼陳寄生氏課題〈憶友〉，如祝會員林墨梅氏改新姓名課題〈墨梅〉一題等。其它尚有〈送春〉、〈俠腸〉、〈納涼〉、〈意中人〉、〈市隱〉、〈秋聲〉、〈明月前身〉、〈貧交〉、〈泛月〉、〈月眉〉、〈送秋〉等。試舉〈魚味〉一題：

> 聞腥不待食方甘，訪舊漁村對酒談。我比馮驩彈鋏久，如蘭臭氣話江潭。（吳步初）

> 也同食髓性相諳，一試烹鮮舌自甘。客次已無彈鋏感，羶腥干我受恩覃。（施子卿）

> 久乏銀鱗佐酒談，老漁村外獨停驂。臨淵我也垂涎甚，彈鋏伊人更不堪。（陳志淵）

> 烹來玉膾口中含，熱氣腥腥興欲酣。絕好津生同食髓，長留齒頰十

分甘。（陳俊聲）〔註67〕

此次擊鉢為歡迎吳步初、陳春林、潘芳菲、李水波、許君山、王隆遜、李秀瀛、施子卿、陳俊聲等他地詩人的造訪，詩社特地將詩題定為〈魚味〉，不僅符合東林吟社的地理環境，也可間接讓外地人知道本地的產業特色；除上述文人外，尚有陳志淵、蕭永東、林榮祥等人參與。因詩題為〈魚味〉，因此詩文中多可見文人利用嗅覺或味覺的表現手法來呈現，如吳步初首句以「腥」一字，讓人自然的聯想到了魚場、漁港邊瀰漫的氣味；施子卿詩文中的第二句「舌自甘」來，則分別使用的五感來描述味道及烹調的口味。文中也帶入典故，如吳步初第三句引「馮驩」之典、陳志淵末句「彈鋏」一詞，皆源用於「馮驩彈鋏」。馮驩原為孟嘗君門下食客，起初不受重視，後彈劍唱歌，要求增加待遇，求得食魚、馬車與母親的養老俸，後代替孟嘗君至封地薛邑收債，並自作主張將貧苦百姓的借據燒毀，孟嘗君為之震怒。不久孟嘗君遭君王罷黜，失去宰相之位，流落各處，唯有在薛邑受到熱烈的歡迎，俗典云：「孟嘗君為相數十年，無纖介之禍者，馮諼之計也。」後「馮驩彈鋏」〔註68〕一詞比喻為懷才不遇之人，盼得賞賜重視。陳俊聲之作則描述料理烹飪的美味，能讓人垂涎欲滴、口齒留香。

此外，除了與東港地區環境相關的詩題外，也不忘與林邊的生活習俗作連結，如〈田家〉：

> 欲避塵囂枕曲阿，茅蘆錯落笑吾窩。課兒獨剩經和史，治產惟存笠與簑。一角園栽諸葛菜，數丘田種五梁禾。桔橰聲雜桑麻話，清濁欣聽孺子歌。（陳寄生）

> 茅屋三間對綠波，稻花香送午風和。閒來樑上看巢燕，興到庭前學養鵝。與世無爭勤稼穡，扶犁有望隱岩阿。不求聞達誇榮顯，嘯傲烟霞素醉娥。（劉臥雲）〔註69〕

此次課題發表於1942年10月，由林邊地區主持，與1942年9月〈漁家〉一題有異曲同工之妙，東港地區因臨近海港，故而稱之漁家，林邊地區主要以務農為主，故稱田家，從〈田家〉與〈漁家〉可見東林吟社結合兩地不同的

〔註67〕《詩報》，1944年8月7日，第318期，頁12。

〔註68〕原典來源《教育部重編國語辭典修訂本》，網址：〈http://dict.revised.moe.edu.tw/cgi-bin/newDict/dict.sh?idx=dict.idx&cond=%B6%BE%F9%C2&pieceLen=50&fld=1&cat=&imgFont=1〉，檢索日期：103年5月15日。

〔註69〕《詩報》，1942年10月10日，第281期，頁18。

風俗民情，因而有所交集融合。「林邊」的命名與其周遭環境有關，早期爲一片林木茂盛的原野，少有人煙出沒，清乾隆年間，閩人渡海落腳林邊，遂開拓田園，而成聚落。因居民的居住範圍在竹林邊，因此命爲「林邊」。此次左右詞宗由鄭坤五、陳文石擔任，參與人員有陳寄生、蕭永東、陳志淵、黃靜軒、劉臥雲、林榮祥、鄭玉波、陳逸民等人。上述所舉的詩作中，多描述茅蘆錯綜於田園間，家家戶戶過著與世無爭的愜意生活，田家附近種植著各式的蔬果，足以自給自足。閒來時迎著午後的風，吹送著稻花香，看著樑上呢喃的飛燕，庭院前數隻禽鵝大搖大擺，在這莊稼的村落中，不需汲汲營營於顯貴通達的人生，只需享受片刻的寧靜。

　　作爲聯結兩地文人交流的東林吟社，在日治末期不僅提供了東港、林邊兩地文人交流的場所，從兩地分別主持的詩題中可見；東港地區的詩題多與海港、漁村相關，而林邊地區的詩題則扣緊田園風光的描寫。兩地不同的民情與生活方式，透過詩社的組織與擊鉢、課題活動，使得兩地的文人得以學習不同的景觀描寫，體會不同的村落作息。因此東林吟社在空間的網絡上，不僅有著聯結兩地的貢獻，更突顯了東港、林邊不同的生活形態與風土民情。在時間的安排上，東林吟會爲 1931 年後第一個在屏南地區成立的詩社，也爲1940 年成立的興亞吟社建立了人脈與組織基礎。從興亞吟社中的組織中可見，許多社員本是東林吟社的健將，如陳寄生、蕭永東、黃靜軒、林榮祥；因此就時間性來說，東林吟社有著承先啓後的意義。

四、其它——新和吟社

　　新和吟社，又稱新和吟會，位於今高樹鄉，1936 年成立，由屏東文人薛玉田等人籌立。薛玉田除組織新和吟會外，1937 年與陳家駒等人邀集屏東街詩友，成立屏東吟會，薛玉田爲首任理事。然「屏東吟會」活動甚少，或與1931 年即開始有擊鉢活動的「屏東聯吟會」性質過於相似，因而相互混淆。薛玉田於民國後曾主持鯤南七縣市詩人辛丑春季聯歡大會、高屏三縣市詩人聯吟大會、更當選爲屏東縣議會議員，是位跨越日治與國民政府時期的文人及政治家；其經營手腕便是於日治時期開始累績。1936 年尚是壯年的薛玉田，已主持多項詩社的運作，新和吟社在薛氏的統籌下，亦有近 20 次擊鉢、客題的創作量，從 1936 年 5 月〈汗珠〉一題，至 1937 年 9 月〈淡溪泛舟〉一題，詩社活動維持約 1 年半，其詩作量在日治時期屏東詩社中亦不可小覷。1936

年7月，新和吟會於《詩報》中載：

> 屏東市最近組織之新和吟會，於去舊曆四月十五日午後七時，假福興
> 樓舉行總會，出席者二十餘名，並迎滄亭君之參加一同着，席後由顧
> 問薛玉田、蘇維吾兩先生擬題〈雷聲〉七絕東韻，至九時餘得詩四十
> 餘首，以兩顧問爲詞宗，登榜時辰恰鳴十下元爲蘇耀華氏獨獲十名內
> 贈品，後乃入席暢飲至十二時，各乘凉而散會云。〔註70〕

訊息刊登於《詩報》第132號，1936年（昭和11年）年7月1日，爲記述新
和吟社創社概要。位址於今屏東高樹，設立於1936年，以薛玉田爲首數十人。
《詩報》於該年5月15日已先刊載新和吟社擊鉢〈汗珠〉一題，並於隔年的
3月9日邀請陳家駒及薛玉田爲左右詞宗，刊載新和吟會總會擊鉢〈祝新和一
週年記念〉一題，由此可再細推新和吟會成立於1936年春。試舉歐子亮〈祝
新和一週年記念〉：

> 欲挽頹風志力堅，吟旗高樹已週年。吾儕但願長康健，鉢韻同敲嚮
> 大千。〔註71〕

此次擊鉢邀請陳家駒、薛玉田爲左右詞宗，參與人員有葉燦雄、歐子亮、蘇
耀華、許先堂、王家進、林新源、朱凱耀、郭秋炳、周明德等人，爲慶祝新
和吟會成立週年。從此次的擊鉢時間推論，新和吟會約成立於春季，並得詩
作約13首，內容主要是慶賀詩社週年，期許吟哦不輟，詩友身體康健。透過
擊鉢活動，讓詩人彼此交流，並紀錄詩社發展。此首首句點出詩社設立理念，
同爲傳承儒家漢學，第二句則明確的點出設立地點高樹，第三句寫出對詩社
的期許，希望社團能夠長久營運，讓擊鉢、賦韻聲傳遍千里。

　　新和吟社的擊鉢詩題大多以寫景爲主，詠物爲輔，少數描寫記事、懷古。
寫景有〈雷聲〉、〈秋晚〉、〈問月〉、〈日蝕〉、〈水源地〉、〈雨聲〉、〈淡溪泛舟〉
等題；詠物有〈汗珠〉、〈畫梅〉、〈愛花〉、〈桃臉〉、〈蓄音器〉、〈秋雁〉等題；
其它另有〈文道軒雅集〉、〈新春言志〉、〈祝新和一週年記念〉、〈夜市〉、〈冰
人〉、〈流行曲〉、〈月下美人〉等擊鉢及徵詩。試舉歐子亮〈新春言志〉：

> 大塊翻春色，文章假我先。榮華身未顯，慷慨志猶堅。忠道惟憑命，
> 功名只事天。浮雲同富貴，沽酒莫辭錢。（歐子亮）〔註72〕

〔註70〕詳細資料刊載於《詩報》，1936年7月1日，第132號，頁1。
〔註71〕《詩報》，1937年3月9日，第148期，頁11。
〔註72〕《詩報》，1937年2月19日，第147期，頁12。

此次擊鉢詞宗為薛玉田與尤波氏，共載錄 13 首詩作。首聯透過大塊假我以文章，說明四處留心皆文章；頷聯以慷慨的志向和浮虛的榮華對比，點出人生應追求的目地；最後強調富貴如浮雲，以酒象徵詩人的形象。

　　新和吟社為繼 1931 年臨溪吟社後，活動頗為頻繁的詩社，就《詩報》刊載的時間推論，新和吟社活動時間，開始於 1936 年 5 月〈汗珠〉一題，至 1937 年 9 月〈淡溪泛舟〉期間，共計發表了近 20 篇的課題與擊鉢。內容多集中於景色的描寫，舉凡日月星辰、四季面貌等，都是該社主要的詩題內容。新和吟社自 1936 年春設立，僅僅運作 1 年半的時間，且詩社地裡位置偏於高雄山區，對以屏東街為活動範圍的詩人而言，高樹庄（今高樹鄉）交通上較不方便；且 1937 年屏東吟會緊接著成立，凡以屏東街為活動範圍的詩人大多參與其中，無疑吸收了新和吟社的成員，其詩社活動內容轉移至屏東吟會；而屏東吟會又與屏東聯吟會參與詩人重複性高，社團活動類似，因而被吸收整併；接著 1938 年陳寄生、蕭永東等人於東港鎮、林邊鄉創設東林吟會，屏東詩社的發展自此逐漸南移。由此可見，位於屏東街庄附近的詩社，如九如臨溪吟社、高樹新和吟社等，運作時間明顯不長，詩人主要仍以屏東街（今屏東市）為活動中心，交流頻繁，網絡密切。然綜觀參與新和吟社、屏東吟會、屏東聯吟會的詩人群象而論，詩社存廢非因時代而遭淘汰，反而是具有承先啟後的功能性。

小結

　　第三章主要針對屏東詩社先做初步的列表，再從中選擇日治時期活動較為頻繁，創社理念、寫作態度足具代表的數個詩社，來建構日治時期屏東古典詩社的活動網絡。以詩社的命名特色與經營態度來分，大致可有「以創社理念為名」、「以地理景觀為名」、「以相對位置為名」、及未能歸屬但活動與社員具有代表性的「其它」四類。每個詩社在成立之時，都會有一個經營的目的、創社的理念，大多以交流詩友、切磋詩藝為主。在屏東詩社中，「礪社」與「興亞吟社」的創社理念不僅表達了小範圍社群的活動樣貌；放大來看，亦能成為日治時期整個古典詩發展的脈絡。「礪社」為日治中期 1917（大正 6 年）成立的屏東首創詩社，創社社長尤養齋為清時廩生，其壯志凌雲的志向在改朝換代後瞬間破滅，因此對於傳統文化有著披荊斬棘的使命感。「興亞吟社」則是成立於日治末期 1940 年（昭和 15 年），社長為日滿華書道的榮譽教

授，使命在於民族間的交流融合，因此即使以古典詩爲創作工具，然其思想內涵與接受清朝書房教育的文人已大有不同。

除能以史的角度來檢視屏東詩社的發展樣態外，亦能從景觀的特色而論，1931 年（昭和 6 年）成立的九如臨溪吟社與 1939 年（昭和 14 年）的潮州潮聲吟社，此兩社皆運用景觀作爲詩題描寫的取材來源。在日治時期眾多紛紜的詩社中，運用景色、地理環境爲名，不僅使得該地理位置能被注視，儼然也是種創作風格。屏東詩社的運作形態各有其特色之處，或有傳承發揚文學爲使命，或有描述某地的景觀特色，或有爲兩地詩人創作平臺的交流空間。大致來說，各有取向及獨特之處。

1927 年（昭和 2 年）在礪社結束活動後，至 1931 年（昭和 6 年）臨溪吟社的創立，中間有 4 年的空窗期，屏東尚未有詩社的活動紀錄；然屏東文人並非因此失去創作舞臺，藉由屏東聯吟會、高雄州下聯吟會，反而打破了詩社在地裡範圍上的侷限，因此而開拓了寫作的視野。由此可說，四年的冷卻，反而讓屏東文人勇於出走至各地，吸納各地創作的養分；因此 1931 年（昭和 6 年）後至 1943 年（昭和 18 年）成立的詩社各具特色與發展，可說是屏東詩社最活耀的時期。

第四章 日治時期屏東古典詩主題書寫

　　「主題學」乃是比較文學的一個範疇,源於 19 世紀德國,是一種以辨識作品主題爲中心的批評方法,在眾多的作品中尋找共同的主題,或考察某一主題的變異。古遠清《詩歌分類學》即與「主題學」的概念有不謀而合之處;將分類方法及依據導入詩歌分類中,對相近的詩體進行歸類,透過分門別類的主題,掌握詩體特點,以達到創作和欣賞的目的。〔註1〕詩歌的分類主要用來提示特定的社會生活,例如表達離情相思歸爲「送別」類;或產生於特定的生活場合,例如婦女愁思歸爲「閨怨」類等。

　　本研究以日治時期屏東地區爲研究範圍,其詩作表現較無法以中國傳統詩歌之「閨怨」、「田園」、「送別」等細類的畫分方法。爲顧及屏東詩作的整體性,考量其在時間、空間上的意涵,因此本節詩作內容的主題分類,乃先依寫作動機爲第一層次分類,即文人主動抒懷,提筆記述的「獨抒情志」;因應酬而作,和他人彼此交流互動,或與詩社擊鉢、徵詩、課題相關,歸爲「應和酬唱」,再依各項特色分述討論,並於各類主題後提出日治時期屏東古典詩的主題特色。

第一節　獨抒情志

　　所謂獨抒情志,就是詩人對於自身遭遇,或因外在刺激有感所作。詩,起源於人內心某種因激盪而無法壓抑的情感;最原始的詩歌形式,爲隨口而出的感嘆或呼號爲主,尚未有明確的表達內容,但卻帶有強烈的情感色彩。簡單說,情感就是詩的催生劑。漢代《毛詩序》云:

〔註1〕古遠清:《詩歌分類學》(高雄:復文出版社,1991 年 9 月),頁 1～18。

> 詩者，志之所之也。在心爲志，發言爲詩。情動於中而形於言，言
> 之不足，故嗟嘆之；嗟嘆之不足，故永歌之；永歌之不足，不知手
> 之舞之，足之蹈之也。〔註2〕

即是說人的情感有所發動時，則言之；若語言無法表達，則嘆之；哀呼感嘆
之語不夠借用時，則歌之；歌唱也無法盡興傳達時，則舞之。中國詩學雖有
「詩言志」、「詩緣情」之說，分別起源於先秦兩漢前，及魏晉六朝後；〔註3〕
然「志」乃藏於心中，爲主體所固有；「情」則通常因外物所觸，而有感發。
就筆者來看，志與情乃主客體的相互觸動，爲作詩的本質。其中或有因外在
的事物而有感發，或因內在事件的觸動，或有寄情、念想、思鄉情懷，或有
表達對生命的感慨，以及寄託志向的不如意等。故本節在獨抒情志的前題
下，依次分爲「追悼親友」、「思鄉情懷」、「時令感懷」、「旅遊紀勝」等。

一、追悼親友

　　「憂傷」的情緒是諸多悼念詩作中主要的要素，是一系列痛苦的綜合體，
諸如悲傷、憤怒、無助、失落、絕望等。在人生的過程中，最悲痛的莫過於與
至親或摯友的死別。在王秋生論〈傷逝──論托馬斯・哈代的悼亡詩〉中，將
悼亡的過程與情緒整理出傷心、驚慌、失落、尋覓、幻滅、與對新身分的重新
認定等。〔註4〕從屏東文人的詩作中，也可看出這系列的情緒變化。試舉礪社社
員陳家駒，〈亡兒愛珠患病入屏東醫院治療僅一週間竟然不起愴而賦此〉一詩：

> 看護珠兒未敢眠，院中度夜覺如年。不堪二豎輕相擾，竟使全家起
> 愴然。老母祈神占勿藥，山妻束手暗悲漣。追魂鬼伯來何速，一幻
> 雲花了俗緣。〔註5〕

詩中描述在孩子生病期間，母親與妻子都束手無策，生命的無常豈是人的力
量可以抵擋，從中表現了對生命的徬徨與無奈。對於年近「知天命」歲數的
陳家駒來說，怎麼也無法坦然面對生命的逝去流轉，這不只是一個孩子的往

〔註2〕李學勤主編：《十三經注疏》（北京：北京大學出版社，1999 年 12 月），頁 1148。
〔註3〕「詩言志」、「詩緣情」相關論述參見李百容：〈從「群體意識」與「個體意識」
　　　論文學史「詩言志」與「詩緣情」之對舉關係──以明代格調、性靈詩學分
　　　流起點爲論證核心〉，《新竹教育大學人文社會學報》第 2 卷第 1 期（2009 年
　　　2 月），頁 6～10。
〔註4〕王秋生〈傷逝──論托馬斯・哈代的悼亡詩〉，《語文學刊》第 3 期（2010 年，
　　　3 月），頁 4～8。
〔註5〕詩作載於《詩報》，1939 年 10 月 1 日，第 210 號，頁 5。

生，更是年老的「依靠」如曇花一般地的消逝。對於生死的無常，陰陽兩界的分隔充滿感嘆，但即使哀痛，凡人依舊抵擋不了生死天注定；轉眼間，俗緣便如曇花一現，匆匆而逝。尾聯則表達了人對於生命的尋覓，最終幻滅，「一幻曇花了俗緣」後則將身分重新定位認同。文中因著孩子的逝世，讓人重新省悟大半輩子於茫茫人世間所求何事？

　　陳家駒為礪社漢學研究會的講師，後為東山吟社理事，1937 年與薛玉田等人，邀集同志創設屏東詩會。陳氏除了與詩會同志有所互動之外，也和許多吟社相互來往，參加其他詩社的徵詩活動或擊缽吟，活動範圍甚廣。陳家駒曾參與北部的鷺州吟社，中部的新聲吟社，東部的寶桑吟社，甚至外島澎湖的文峰吟社等所舉辦的吟會活動；但大多仍集中於南部的高雄州聯吟會、東林吟會等，尤其與興亞吟社的會員交流甚深，陳氏亦多次寫詩贈予興亞吟社的社長林又春，在屏東詩人中是相當多產的作家。「此心堪自許，可比玉壺清」〔註6〕，是陳家駒人生中最嚮往的目標，也是他一生所追求的境界。因此詩作中多處呈現了矛盾與掙扎，充滿抱負卻又嚮往田園，對人事俗塵有著深刻的體悟。在 49 歲時陳家駒的孩子逝世，白髮人送黑髮人的遺憾，成了他對於人生繁華如夢的體悟。

　　同為悼念親人的又如歐子亮〈回鄉謁先慈墓〉一詩，文中以敘事的口吻，傳達對於親逝的哀痛與追念。詩文表面看似在訴說一件事情，藉由事件的始末或過程，來觸發某種特定的感情；透過幾件行為與場景的聯結，來表達感情。試舉詩文：

> 浪跡歸來入故村，荒墳草宿北堂萱。白雲縹渺迷親舍，綠樹槎枒長墓門。卜吉牛眠何處穩，崇封馬鬣不堪論。傷心無限懷風木，立對殘碑暗淚吞。〔註7〕

詩作首聯點出因生活困苦，而「浪跡」他鄉的無奈，「荒」與「宿」二字，深刻地塑造了墓墳的寂涼。「北堂萱」意指母親，頷聯使用「白雲親舍」〔註8〕

〔註6〕原句〈壬午除夕漫興〉：「節序催人老，年華卌六更。愁從今夜盡，酒擬詰朝傾。愛國存忠信，敲詩表送迎。此心堪自許，可比玉壺清。」《詩報》，1943年 3 月 10 日，第 291 期，頁 6。

〔註7〕詩作載於《風月報》，1938 年 2 月，第 58 期，頁 30。

〔註8〕典故出於《新唐書·狄仁傑傳》：「薦授並州法曹參軍，親在河陽。仁傑登太行山，反顧，見白雲孤飛，謂左右曰：『吾親舍其下。』瞻悵久之。雲移，乃得去。」後世用以比喻客居思親。《教育部重編國語辭典修訂本》，網址〈http://dict.revised.moe.edu.tw/〉，檢索日期：2014 年 4 月 1 日。

的典故;「親舍」代指父母,再次強調客居他鄉,思念親人。參差錯雜的綠樹,滿佈在墓門前,如同遊子心中紛紜雜沓的愁思。末兩聯運用疑問句來暗示安葬的寶地,對於父母亡故,兒女不得奉養的遺憾,最後只能空對殘碑暗自吞淚。全詩旨在歲月匆匆而過,他鄉遊子在外飄泊,每到了清明時節,思親之情便油然而生。此首表達悼念者在若干年後,因某景某物的觸發,對亡者苦苦追思,生者雖已將身分重新定位認同,接受逝者已去的事實,但追念的情緒仍相當強烈,充滿遺憾與失落。

　　歐子亮,本名歐銀票,原籍高雄茄萣,歷代祖先以補漁爲生,歐氏離鄉背井隻身移居屏東,從事拓林場,販賣薪炭,爲人篤實、待人誠懇,生意頗受好評。〔註9〕日治時期及國民政府時期皆熱心造林,對於屏東縣林業的開發有著舉足輕重的地位。20 歲拜薛玉田爲師,適逢參與新和吟會及屏東詩人聯吟會擊鉢、徵詩等活動,開始於屏東文壇嶄露頭角;此外,亦多次參與二酉吟社擊鉢,與里港詩人連祖芬交往密切。歐氏雙親早逝,回鄉祭祖是他唯一能盡孝的方式。同爲掃墓時節而思念故親的如朱凱耀〈清明日掃先慈墓〉:

> 清明爲母掃荒墳,芳草迷離黯夕曛。偶遇親朋談戚戚,同來姊妹淚紛紛。無知子侄歡羅拜,厚德嚴慈痛永分。不盡傷心牲醴設,春暉蒿目鎖愁雲。〔註10〕

詩作中描繪出一幅歡喜與哀慟相互交雜的畫面,透過小孩子的無知與歡笑,更襯托出兄弟姊妹們對母親的那份不捨之情。

　　除了悼念親人的詩作能表現哀輓的各種情緒階段,亦有緬懷至交好友的作品,像是陳家駒〈輓寄生詞兄〉二首:

> 果眞狂鬼妬聰明,卅八年華了此生。地下雪峯添一友,林邊書道失同盟。劇憐老母含悲淚,忍閱遺篇動惻情。他日羌園重過處,人琴俱寂感淒清。(其一)
>
> 才人不壽信堪悲,空負平生吐屬奇。四八年華歸大夢,百千佳句重當時。心傷色養難酬願,病入膏肓竟莫醫。從此音容成永訣,招魂

〔註9〕 林俊宏〈津山詩人歐子亮作品初探〉中,蒐羅了歐氏日治與國民政府時期的詩作,將詩作主題分爲田園風光、鄉土情懷、贈詩唱和、追悼親友、旅遊紀勝等五類詳述討論,並羅列歐子亮可繫年之作品與生平事蹟。詳見林俊宏:〈津山詩人歐子亮作品初探〉,《屏東文獻》第 15 卷(2011 年 12 月),頁 154～176。

〔註10〕 《風月報》,1938 年 08 月 01 日,第 69 期,頁 25。

剪紙涕交垂。〔註11〕（其二）

第一首首聯以天妒英才起筆，點出陳寄生年僅 38 歲便與世長辭。頷聯迂迴地說「地下雪峯添一友」，然沉痛的是「林邊書道失同盟」，從中肯定陳寄生對於林邊東港二地詩社經營的苦心；強調若非陳寄生的努力，東林吟社與興亞吟社難有詩況鼎盛的成就，對於林邊、東港的傳統文學極盡奉獻。頸聯以白髮人送黑髮人之句，表達陳寄生之母的哀慟，「忍閱遺篇」或為 1941 年 11 月陳氏作〈家母古稀晉二壽辰感賦〉祝福母親大壽；如今「遺篇」中的祝福，恍如隔世，歷歷在目，卻人事已非。尾聯點出陳寄生從小生長的地點「羌園」，往後重遊此處，必會勾起往日情懷與相處的種種。第二首再述前情，並在頸聯處補充陳氏因憂憤病入膏肓，無藥可醫，最後逝世。尾聯「招魂剪紙」，表現了悼亡者試圖尋找逝者在世的身影。

陳寄生，號靜園、逸雲，屏東縣佳冬鄉羌園村人，生於 1896 年，父親陳道南為清朝秀才；學識淵博，家世顯赫，對於農業經營頗有手腕，種植香蕉提升外匯，乃林邊望族。漢學詩文師學陳鑑堂，造詣深厚。1938 年與蕭永東、黃靜淵邀集地方文人成立東林吟會，為東港地區與林邊地區文人交流的主要場所，陳寄生為該社社長；1940 年又加入林又春主持的興亞吟社，擔任幹事一職，亦為該社主力社員。陳氏除熱衷詩社的活動，亦曾參與屏東聯吟會、高雄市吟會、高雄州下聯吟會、高雄瀨南吟社、臺南集芸吟社等，活動範圍主要集中在臺南以南，與蕭永東、楊元胡、林又春等人往來密切。後因「東港事件」〔註12〕受累，目睹官方以極刑逼供，抑鬱寡終，於 1943 年悲憤命絕，得年 38 歲。〔註13〕在詩友的眼中，陳寄生的逝世不禁令人感嘆繁華如夢。

〔註11〕《詩報》，1943 年 3 月 23 日，第 292 期，頁 28。

〔註12〕東港事件發生於 1942 年 8 月，到 1943 年 7 月，特高警察在東港郡沿海的東港、佳冬、林邊等庄逮捕了 200 多人，直到事件結束，高雄州部分就有 400 多人以叛亂罪名義遭到約談拘捕。主要是高雄州特別高等警察課以打擊勾結英國、美國及中國等敵國，主張臺灣獨立份子等為由，對當時南臺灣約 400 至 500 名的社會精英大肆拘捕及刑求。逼供手段殘忍，曾有人以刑械攻擊，並以老虎鉗拔去六齒，或以四條軍犬啃食撕裂而死。陳寄生則是因曾向中國商人買眼鏡，被認定為叛亂謀黨，目睹獄中慘不忍睹的極刑手段，發病而亡。整理自吳榮發：〈高雄州特高事件概述 1941～1945〉，《高市文獻》第 3 期，（2006 年 9 月 19 日），頁 1～33。吳榮發：〈黎明前的焦慮：高雄陰謀叛亂事件（1941～1945）〉，《高雄中學報》第 8 期，（2005 年 11 月 1 日），頁 243～270。

〔註13〕生平資料參考自蘇全福：《屏東縣鄉賢傳略》（屏東：屏東縣立文化中心，1997 年 11 月），頁 254～255。

　　尤養齋爲礪社社長，帶領屏東首創詩社走過披荊斬棘的歲月，其逝世的消息，也讓文壇詩友們相當不捨，試舉鄭坤五〈輓礪社長尤養齋先生〉：

> 屏東一夜隕文星。造物無知感絕情。大夢忽回莊叟蝶。塵緣旋盡謫仙鯨。豈徒礪社頹師表。竟使騷壇失主盟。孔道世風悲日下。玉樓何劇召先生。〔註14〕

尤和鳴，字養齋，生於 1967 年（清同治 6 年），卒於 1925 年（大正 14 年）。清末廩生，日治時期曾爲阿緱公學校教師，學識淵博，誨人不倦。幼時因父親與兄長的關係，擁有深厚的漢學造詣，學師於陳鳴陽先生，17 歲時參與童試尚未有成，後年砥礪進學，如願考取。然不甘以廩生終老，於 1889 年及 1894 年參與鄉試未第，本欲再接再厲，未料隔年便山河易主，滿腔抱負付諸東流。〔註15〕尤和鳴在《四十歲旦歷溯生平有感手稿》末句提「惜夫大邑通都，萬傑千俊，其負屈於小知短馭，埋沒於荒煙蔓草間者，指不勝屈，尤不勝浩歎也。」〔註16〕因此感於新式教育制度下，漢學式微，於 1917 年創立礪社，爲屏東日治時期首創詩社，欲延續漢學傳統。尤養齋在傳統文學的貢獻上可說是鞠躬盡瘁，此詩首聯便將尤養齋的位置提升到天地間，以嘆造物者無知絕情，襯托出對尤氏的不捨。鄭坤五將尤養齋比喻爲礪社表率、騷壇主盟，因尤養齋的逝世，感慨在漢學頹靡之際，失去了一個領航的舵手。

　　追悼親友的主題中，可看出文人對於生命的流逝充滿了各種情緒的變化，從聽聞死訊後的傷心、驚慌、尋找，到生活的重組；尤其對於親人的逝去，「尋找」期的過程會更加長久，之後的生活重組、角色認定也常在胡同裡打轉，不論經過多久的時間，都還未能真正釋懷親人的離去。在哀輓摯友的部分，屏東文人詩作的哀輓對象除親人外，多以文壇的領袖爲主，由此亦可看出屏東文人的興衰與更迭。詩人所悼之人除至親好友外，有許多是對於「領袖」逝去的惋惜，這些領袖都有共通的特色；有作育英才的用心，有經營地方文學的貢獻，有發揚漢學的使命，他們往往是該詩社的舵手及領航者。從悼詩中不僅可看出該詩人生活背景與對社會的貢獻，作爲詩社「領袖」的個人風格，也間接影響了各詩社的組織成員、詩社營作模式與作品呈現特色。

〔註14〕《台南新報》，1925 年 4 月 28 日，第 8333 期，頁 5。
〔註15〕生平資料參考自蘇全福：《屏東縣鄉賢傳略》（屏東：屏東縣立文化中心，1997年 11 月），頁 15。
〔註16〕節錄自尤和鳴：《四十歲旦歷溯生平有感手稿》。

二、思鄉情懷

在思鄉情懷中，季節與時令常常能誘發詩人內心的情愫，尤其在離鄉遊子的心中更是悲淒。東港文人蕭永東出生於澎湖，幼時家裡經濟不佳，1911年17歲公學校畢業後和同鄉鄉民來臺謀生，定居於屏東東港。1943年遭逢「東港事件」〔註17〕的冤獄，此時蕭永東已年近半百，在牢獄中受盡凌虐，這一段事件也在詩人的生命中有著深刻的影響。〔註18〕蕭氏早年離開家鄉，旅居東港，雖被歸爲屏東東港地區的文人，但是詩人的內心至老還是對澎湖念念不忘，也因此撰述了許多帶有遊子懷鄉的抒情詩。對於詩人而言，澎湖永遠是他心中第一個故鄉，東港是第二個家鄉；尤其到了佳節團聚的時刻，思鄉的情懷便不自地得縈繞心頭。例如〈除夕感懷〉：

> 年來年去繫人思，遊子未歸得意遲。歲抒將更除此夕，客身依舊在
> 天涯。羨他醉酒歡團聚，惹我題詩嘆別離。今夜倚閭應枉望，長房
> 一去苦無師。〔註19〕

此首透過春節除舊佈新、家家團圓的歡慶中，帶出遊子離鄉，欲歸不得的愁苦。即使離開家鄉已經近八年的光陰，蕭永東依舊將自己界定在「遊子」的角色上，在他鄉只是「旅客」的身分，可看出詩人以遊子身分旅居他鄉，期

〔註17〕 1942年日本當局爲打壓與英國、美國及中國等敵國，或主張臺灣獨立等激進份子的反動，特高警察藉故林園鄉民間的私人恩怨，誇大事件，訴控當事人參與「叛國」，欲趁戰亂時期脫離日本統治，拘捕當時各地精英。蕭永東爲東港地區有名的仕紳，且對於時事的批判好發議論，寫有多組歪詩，批陋社會上不合理的風俗民情，因而被日本警察鎖定，最後以「通謀祖國」罪嫌遭捕。其入獄的所見所聞，後提供爲涂麗生撰寫小說的材料，原名《活地獄》，又改爲《春夢怨》，後因內容相當逼眞屬實，改爲《東港特高事件——生死恨》，蕭永東並爲其寫〈序〉。將「東港事件」寫成文學作品，較著名的有鄭坤五以文言形式寫成小說〈活地獄〉，與涂麗生《東港特高事件——生死恨》。資料整理自許成章：〈蕭永東傳〉，《詩文之友》第22卷4期（1965年8月），頁46～47。林翠鳳主編：《鄭坤五研究》（臺北：文津出版社，2004年），頁113～202。涂麗生：《東港特高事件——生死恨》（高雄：大友書局，1960年）。

〔註18〕 據顏菊瑩《蕭永東研究——以《三六九小報》爲探討文本》中整理，蕭永東自1916年後，開始在報章雜誌上發表詩文，從《臺灣日日新報》開始，之後陸續刊載作品於《臺南新報》、《三六九小報》、《詩報》、《詩文之友》等，作品散見於日治和戰後初期各大報章雜誌上，可繫年的詩作就有三百多首。顏菊瑩：《蕭永東研究——以《三六九小報》爲探討文本》（台南：國立成功大學臺灣文學系碩士論文，2010年7月），頁8～9。

〔註19〕 詩作轉引自顏菊瑩：《蕭永東研究——以《三六九小報》爲探討文本》，頁120。

許著有一天還能再回家鄉安老。看著他人家家團聚，醉酒狂歡，更顯示出自己身處異鄉的孤獨。

　　所謂「傷春悲秋」，秋天給人一種蕭瑟、凋零、冷清的氣氛，蕭永東同樣以「異鄉異地」來呈現內心強烈的遊子身分。如〈秋夜〉：

> 月小天高星斗稀，西風蕭瑟冷侵衣。忽驚異地人先瘦，遙憶家鄉蟹正肥。十載歸心長北向，一行啼雁又南飛。悲聲每共秋聲急，夜夜淒然客思非。〔註20〕

起筆先透過環境的蕭條為內心的孤寂情感作鋪陳，「月小天高星斗稀，西風蕭瑟冷侵衣」可見這是一個冷冷清清的夜晚，秋天的風，無情地侵襲著寒衣，其實也侵襲著詩人內心懷鄉的思愁。「人先瘦」、「蟹正肥」即說著在異地的遊子不論是形骸、心靈都是弱不禁風的，與家鄉的肥蟹剛好形成了強烈的對比。此首詩寫成約莫是詩人離開澎湖十年後，在 1920 年發表。離開家鄉十年的遊子仍然是一心歸鄉，此時雁悲涼的啼聲加上蕭瑟的秋聲更增添內心惆悵，最後「客思非」又再一次強調旅居他鄉只為客，自己永遠是家鄉的孩子。

　　除了時間的流轉、季節的更迭致使文人引發思鄉的情緒外，環境景色的聯想也是觸發的原因之一。透過景色的相似性與意象作聯想，藉由自然之景來引發內心感懷，抒發情感；通常取材自靜態的風景和動態的生物，諸如山川江河、日月星辰的變化，都能引發詩人不同的情懷；或是生活中的生物，也能引起聯想，像喜鵲報喜、杜鵑的哀鳴，或清脆婉轉的蟲鳴鳥叫，都能帶來不同的情緒。

　　在景色的聯想下，遊子身分的蕭永東，在面對第二個家鄉「東港」時，內心對於澎湖總有萬般思念。東港的地理位置及海灣景色，讓他不由自主的想起家鄉，像是〈題寓〉：

> 東港溪邊一小樓，海風不斷四時秋。波聲緩急晴陰兆，水勢瀰漫遠近憂。眷屬十年同客舍，情懷萬里困漁舟。豈應長向車塵地，半為人謀半自謀。〔註21〕

詩中所表達之情感如同韋莊〈菩薩蠻〉中「人人盡說江南好，遊人只合江南老」的意境。即使每個人都說江南好，認為遠遊的人應該選擇在江南終老，但是在遊子的心中卻不盡如意。在蕭永東的年代，臺灣是一個比澎湖經濟發

〔註20〕詩作載於《臺灣文藝叢誌》，1920 年 9 月，第 5 號，頁 715。
〔註21〕《台南新報》，1925 年 8 月 26 日，第 8453 期，頁 5。

達的地方，詩人渡海來台也是因為在故鄉澎湖謀生不易，許多澎湖人因此移
居到臺灣來；在口耳相傳中，臺灣本島也被塑造成生活安定、經濟無憂的天
堂，如同「人人盡說江南好」。但在詩人的心中，即使東港的生活確實比澎湖
優渥，人人也嚮往著臺灣島上的生活，但內心對於故鄉的牽掛仍然時時觸動
他的思緒。尤其在頸聯中「客」字表現了詩人對於自身是否為東港人的定位，
認為自己即使離開家鄉多年，仍是澎湖的子孫；「困」字則表現了詩人對於現
實的無奈，無法掙脫內心思鄉的牢籠。全詩透過東港海景，以「溪邊」、「海
風」、「波聲」、「水勢」等詞，營造出港灣的畫面，帶出內心淒淒之感。

　　日治時期，屏東有許多來自於外地移居的文人，因為生活或經濟而居留
屏東，如高雄茄萣歐子亮、嘉義陳家駒〔註22〕等。蕭永東也是早年移居本地
的文人之一，來自澎湖的蕭永東，相比其他島內的文人，有著更深刻的懷鄉
情愫，尤其東港環海的環境，常讓他置身於故鄉的情境中，因此透過海的遙
望，蕭永東更表現出思鄉的情愁。在思鄉情懷的主題中；文人透過時令、季
節，與場景的聯想，聯結對彼端的情感。

三、旅遊紀勝

　　日治時期屏東所被紀錄的景色，多以屏東市街為中心，如〈遊屏東公園〉
〔註23〕、〈屏東聖廟落成恭賦〉〔註24〕等；或以下淡水溪為題，如〈過下淡水
溪〉〔註25〕；以東港為題的〈東港夕陽斜〉〔註26〕。大致來說，紀錄的景觀
多與人文、建設、經濟活動相關；其中，最明顯的是周精金、薛玉田所寫的
「屏東八景」組詩，分別以〈淡溪垂釣〉、〈長橋步月〉、〈武巒曉望〉、〈東山
寺鐘〉、〈崇蘭夕照〉、〈海豐晚眺〉、〈公園納涼〉、〈水源地聽泉〉為題，以屏
東市為中心，描寫其附近景觀特色。八景詩以意象取勝，記錄當地特殊的景
點，「八景」概念來自北宋畫家宋迪的「瀟湘八景圖」，清領時期亦有「鳳山
八景」，其中屏東地區被選入的景點有三：「琅嶠潮聲」、「淡溪秋月」、「球嶼
曉霞」。歷來八景的選擇多有固定的模式與形態，因此清領時期的八景詩無法

〔註22〕賴子清在《臺灣詩醇》中列舉陳家駒詩作，並將其歸為嘉義地區詩人。詳見
　　　　賴子清：《臺灣詩醇》【臺灣先賢詩文集彙刊第五輯】（臺北：龍文出版，2006
　　　　年），頁19。
〔註23〕作者：怡紅生，《風月報》，1938年1月1日，第55期，頁38。
〔註24〕作者：許君山，《風月報》，1940年4月1日，第106期，頁30。
〔註25〕作者：吳景箕，《詩報》，1940年4月20日，第222期，頁4。
〔註26〕作者：何達，《台南新報》，1924年7月13日，第8044期，頁5。

有廣度地描寫屏東各地的景色。而周精金及薛玉田所選的「八景」則透過詩人個人觀看的角度與感覺，選擇較爲有紀錄性的景點，並以兩人生活的屏東市街爲中心，描寫附近景觀。試舉：周精金〈屏東八景〉：

> 旭日初昇曙色鮮，層巒大武景無邊。凝眸絕頂嵐光好，卻比瀟湘分外妍。（武峰曉望）
>
> 長竿一把向橋東，踞坐沙堤學釣翁。最是垂綸投餌處，得魚沽酒樂無窮。（淡溪垂釣）
>
> 徘徊午夜過長橋，一白波心月影遙。隔斷紅塵情朗爽，邀朋携酒醉良宵。（長橋步月）
>
> 曲沼園中樹色蒼，蟬琴蛙皷韻悠揚。避炎來坐濃陰下，習習清風拂面涼。（公園納涼）
>
> 滾滾源泉徹底清，三更坐听似鳴鉦。溪聲迣納侵虛枕，底事晨昏响不平。（水源地聽泉）
>
> 餘霞絲散繞長堤，直立檳榔樹影迷。隔岸層巒龍瑞靄，苦痕掃石好留題。（崇蘭夕照）
>
> 蒲牢卻訝响霜晨，百八敲殘覺夢人。大叩大鳴聲到耳，東山寺似隔紅塵。（東山寺鐘聲）
>
> 斜陽一抹景清幽，四面河山眼底收。短笛牧童牛背坐，成群前後渡溪頭。（海豐晚眺）〔註27〕

文中描述的景觀有位於屏東平原東側的大武山，高雄、屏東兩地的分界河——下淡水溪，以及下淡水上的鐵橋；另外還選錄了臨近屏東街的村庄——海豐、崇蘭；詩人活動附近的公園、水源地、東山寺等，並加入不同的活動，如垂釣、散步、乘涼、聽泉等，來呈現景觀的多變性。

除了上述所記錄的景點外，日治時期屏東詩社或聯吟會的課題、擊鉢中所描寫的地理位置，以「東港」及「下淡水溪」爲最頻繁。詩人藉由對景色的觸動有所體悟，運用詩作記錄遊歷玩賞之景。如劉炳坤以夜晚之景，來描述東港漁火點點，試舉〈東港晚眺〉：

> 落日江邊望，漁歌唱晚秋。波光翻碧浪，蟾影浴清流。
>
> 鳳嶺窗前翠，球山水面浮。茫茫湖海闊，何處訂盟鷗。〔註28〕

〔註27〕《風月報》，1939 年 3 月 1 日，第 81 期，頁 26。
〔註28〕《詩報》，1932 年 10 月 1 日，第 44 期，頁 12。

劉炳坤原爲臺南柳營人，後曾遷居屏東東港，對於東港的景色描寫，亦是相
當細微。首聯開頭點出詩作時間爲落日黃昏，此時詩人望向江邊，看著漁船
歸帆，漁人歌唱。頷聯寫汪洋波光粼粼之景，玉蟬影子照映在清流中；窗前
望去，可見鳳嶺青翠碧綠，露出半個山頭的琉球嶼彷彿在水面浮動。尾聯則
回到作者內心，並以「盟鷗」〔註 29〕暗示隱喻，在遼闊茫茫的人海中，何處
找尋鷗鳥，與之訂盟同住水鄉？

　　旅居東港的蕭永東，對於港灣及海洋有相當深刻的體會，像是描寫東港
的實景，例如〈東港夕陽斜步悟生原韻六首〉：

　　　勇退誰能決急流，風潮驚散幾漁舟。空餘夕照紅波滿，吟望同臨古

　　　渡頭。〔註 30〕　〔其二〕

此首描寫東港地區的海港景觀，從「勇退誰能決急流，風潮驚散幾漁舟」帶
出海港生活的危險與艱辛，面對急流勇退及風浪海潮的巨大，在海上驚險行
駛的漁舟紛紛被打散；再轉到夕陽時分，波上灑滿了餘暉。視覺上的經營加
上心境上的轉折，讓東港地區的夕陽，有著驚險與徬徨的特殊感。

　　另外一個在日治時期爲文人書寫大宗的景點爲下淡水溪、下淡水鐵橋之
景，多次擬爲詩社的課題或擊鉢，因此在個別文人的寫作上，下淡水溪之景
也是較爲人所關注的。試舉王炳南〈晚過下淡水溪〉：

　　　雨後急流聲勢雄，金波滾滾夕陽中。鐵橋轆轆輾輪過，恍駕長虹度

　　　太空。〔註 31〕

文中描述大雨過後的下淡水溪之景，波濤滾滾的河水在夕陽中金波閃閃，陣
陣車潮輾過上空濕漉漉的鐵橋，長虹橫跨於兩端。除了有描述雨過天晴後的
下淡水溪，在昏黃的月色下，下淡水溪景亦相當迷人。試舉歐子亮〈月夜防
衛下淡水溪鐵橋偶成〉：

　　　影明防衛鐵長橋，不帶琴樽興未饒。絃韻了無清怨調，電光齊放可

　　　憐宵。穿林□影連江碧，激石濤聲隔岸遙。鰲背有誰題廿四，一枝

　　　藜更護天朝。〔註 32〕

〔註 29〕 形容隱居江湖的人，與鷗鳥爲伴侶，如有盟約。出於宋‧陳造〈次丁嘉會韻二
　　　　首之二〉：「百年袞袞須今日，歲晚鷗盟要重尋。」《教育部重編國語辭典修訂本》，
　　　　網址：〈http://dict.revised.moe.edu.tw/index.html〉，檢索日期：2014 年 4 月 1 日。
〔註 30〕 《臺南新報》，1924 年 4 月 15 日，第 7955 期，頁 5。
〔註 31〕 《詩報》，1943 年 7 月 12 日，第 299 期，頁 6。
〔註 32〕 《風月報》，1938 年 6 月 15 日，第 66 期，頁 24。

文中描述月夜影下的下淡水溪鐵橋，從聽覺到視覺，寫到溪流邊激石敲撞的聲響，月色在林間穿梭，連著江水碧綠的顏色。雖題爲「鐵橋」，然內容描述多以溪水、溪石爲主，此亦爲書寫下淡水溪的詩作特色。

在旅遊紀勝中，除周精金、薛玉田的屏東八景詩外，其餘描寫屏東景觀的詩題多以「東港」港灣、「下淡水溪」溪流之景爲主，推究原因因與此兩地在日治時期皆具有流通、聯結的共通性質。東港地區爲當時貨運外銷的集散地，下淡水溪爲聯結高雄、屏東兩地之脈；尤其下淡水溪鐵橋興建後，更成爲屏東與全臺各地互通往來的主要門戶。「東港」及「下淡水溪」分別掌握屏東海路、陸路的交通命脈，也因而成爲日治時期文人寫作的焦點。

第二節　應和酬唱

蕭統《文選》收列梁以前各類詩歌，以數量計，應酬詩數量居於首位；〔註33〕唐代詩人李白、杜甫、韓愈等大家，酬唱類的詩歌也占其作品的半數以上；宋代蘇軾的詩作，應酬類中的次韻、和韻亦超過三分之一。〔註34〕歷代詩人作品，數量最多的，莫過於是應酬類的詩作。日治時期臺灣爲日本統治殖民的環境，在壓迫的體制下，應和酬唱類的詩作創作更加頻繁，日治時期屏東詩作的來源亦多處來自於各詩社的課題、徵詩、擊鉢，唯有少數刊登的詩作是文人提筆抒懷，獨抒情志的作品。本節將應酬類依寫作對象、詩作形式、寫作動機等，分列爲贈答詩、唱和詩，以及詩社擊鉢、徵詩、課題等三類。

一、贈答詩

贈答詩的特點在於一贈一答，贈與答的對象相當明確，通常兩者間有密切的情感關係或相似的處境，這與唱和詩的創作條件，有本質上的不同。唱和詩詞中，詩人們作詩並非有一個預想贈送的對象，且可不受時空的限制，兩者間並非有一來一往的絕對關係。因此在時空的條件與彼此的熟識度上，贈答詩所賦予的角色認同與情感寄託，會比唱和詩來得深刻。

〔註33〕郭燦輝：〈論中國贈答詩發展成熟的軌跡〉，《長沙民政職業技術學院學報》第13卷第4期（2006年12月），頁99～101。

〔註34〕劉明華：〈古代文人酬唱詩歌論略——以聯句詩爲中心〉，《重慶教育學院學報》第16卷第2期（2003年3月），頁46。

　　贈答詩的功能，不僅可窺見文人的交友網絡，對於不得志的文人來說，群體社交更可成爲慰藉心靈的出口；尤其知音難尋，與知情識趣、志趣相投的好友作詩互贈，是自古文人彼此交流的管道。原爲嘉義詩人的陳家駒，成爲屏東礪社社員與漢學講師後，人際網絡也逐漸豐富，後更加入東山吟社，1937 年春與薛玉田等人籌設屏東詩會；東港東林吟會、林邊興亞吟社、里港二酉吟社等擊鉢、課題或徵詩活動都可見陳家駒參與其中；此外也參加外縣之吟社活動，如北部的鷺州吟社、高山文社，彰化新聲吟社，東部的寶桑吟社，甚至外島澎湖的文峰吟社等。人脈交流的廣泛及參與活動的積極性，是屏東文人中少見的。其中以個人名義，交往較頻繁的有揚爾材、吳紉秋、林又春、王炳南、古月山人、吳萱草、蘇耀華、薛玉田、黃森峰、陳寄生等人。試舉陳家駒〈夜半不寐卒成二絕寄紉秋兄〉：

　　吮毫增感報知交，老我衡門等繫匏。若問談鋒近消息，不因唱和不推敲。（其一）

　　文字情深在淡交，多君不讓酌盈匏。他時若得同明志，好訪山僧借磬敲。（其二）〔註35〕

此首詩題便暗示了陳家駒與吳紉秋之間朋友位置的重要性、依賴性。有誰會半夜睡不著寫信給一位朋友呢？也許正因爲天涯知己難尋，更知情誼可貴之處。從陳氏寄吳紉秋的詩句中，可看出其寄託的情感，並非單純的借題發揮、抒發情緒。前兩句從磨墨吮毫起筆，說明兩人緣分起於文墨，「衡門」、「繫匏」暗示了陳家駒隱居及清心寡慾的生活模式。第二首起句仍是強調兩人君子之交淡如水，知音難尋更可貴。

　　陳家駒的另一位知己林又春，其對於好友的重視亦可從詩作中呈現出來。如〈呈林又春先生〉：

　　值此霏霏細雨天，吟朋遙憶在林邊。也知書道原無匹，落紙應揮筆似椽。〔註36〕

首句點出寫作時外頭正下著的霏霏細雨，想起了在林邊的林又春好友，後兩句則稱讚林氏的書法筆力挺勁，無人能匹。林又春，號騰鳳，爲日治時期林邊望族，家世顯赫，父親林望三是日治時期高雄州仕紳，爲理番事務專家高

〔註35〕《詩報》，1943 年 11 月 20 日，第 306 期，頁 5。
〔註36〕《詩報》，1941 年 8 月 2 日，第 253 期，頁 5。

雄林邊庄協議會員，精通漢語、番語。〔註 37〕1940 年與陳寄生、陳添和等人邀集地方人士成立興亞吟社，曾任《風月報》經理顧問，並任日滿華三國書道教授，兼任東京泰東書道院委員，其筆墨橫姿、雄健灑脫。

寄贈對象並非只能單一方，仍有囑明寄贈給詩社或吟友們。試舉陳滌菴〈寄屏東礪社諸君子〉：

> 寄寓他鄉觸景哀，春風獨上李陵臺。羨君敏捷詩千首，愧我飄零酒一杯。悵觸樓頭愁縱目，徘徊月下淚盈腮。人間不少論心地，未忍言情志怕灰。〔註 38〕

陳滌菴爲礪社社員，因事暫離屏東，旅居外地。首聯指出寄寓他鄉爲客，觸景生情。詩中「李陵」爲西漢將領李廣之孫，奉漢武帝之命出征匈奴，最後因寡不敵眾投降；在文學上，其「蘇武李陵贈答詩」乃漢詩中的經典，爲李陵、蘇武好友間的互相贈答組詩，然此說法後世有諸多質疑。文中帶入「李陵」〔註 39〕事件，主要暗喻作者與礪社諸君子等贈答對象，如同李陵、蘇武般的至交契友，以託情志。頷聯「詩千首」對比「酒一杯」襯托了獨自在外飄零的生活。頸聯「樓頭」意指登高，站在高處，月下思友不禁淚流滿腮；最後人事無常，只希望繼續勇往直前，不氣餒。

另首贈給吟友，試舉歐子亮〈將入岡山留別諸吟友〉：

> 夢醒商場兩鬢華，青山到處可爲家。一肩行李藏書史，兩腳山城踏野花。桑梓地應歸故里，鷺鷗人又別天涯。爲謀生計聊如此，三疊陽關上客車。〔註 40〕

歐子亮，原爲高雄茄萣人，後離鄉背井移居屏東，與薛玉田、連祖芬等人往來密切；新和吟會、屏東詩人聯吟會、二西吟社爲其主要參與的詩社。此首詩作即是歐子亮至岡山時，留贈給屏東的詩友們。首聯點出歐子亮於屏東從事拓林場的生意，在忙碌的生活中，停下腳步時才發現自己已兩鬢斑白，頷聯「一肩行李藏書史」，暗喻其文人的身分。頸聯與尾聯寫道如今因爲生活又必須離開久居的屏東，回到岡山重謀事業，只能與詩盟會友再三道別。

〔註 37〕臺灣新民報社編：《臺灣人士鑑》（東京：湘南堂書店出版，1937 年），頁 468。林進發：《臺灣官紳年鑑》（臺北：成文出版，1999），頁 451。

〔註 38〕《台南新報》，1924 年 2 月 28 日，第 7908 期。

〔註 39〕（漢）班固：《漢書·李廣蘇建傳》（臺北市：二十五史編刊館，1955），頁 231。

〔註 40〕《風月報》，1939 年 2 月 15 日，第 80 期，頁 30。

贈答詩的贈送對象通常具有特定性，爲單一個體或某一群體，屬應和酬唱中文人網絡最小的單位，因此也可從中看出文人間最密切往來的對象。從贈答詩中可看出屏東文人的交流主要集中在高雄、屏東一帶，尤其與屏東詩社的詩友交情更是深刻。贈答詩因是給與關係較密切的對象，因此文中能自然流露眞情，不假修飾，也不忌諱寫作內容，隨想隨寫，屬於一種較隨性，沒有制式規定的詩作。

二、唱和詩

應酬類中以和韻、次韻命題最爲普遍。和韻的最初形態爲和詩，起初和詩只要意寓相同即可；後來難度逐漸增加，連同和詩的韻部，甚至韻字都要相同，而成和韻。次韻則爲和韻的其中一種，和韻分爲同韻與次韻，同韻只需與韻字相同，不需考慮韻字的前後順序；而次韻不僅韻字必須相同，前後次序也不得更改。次韻因需依他人所做的詩韻，是種受時空、韻部及形式限制的創作方式，因此次韻的作品內容大多較平庸，情感表達因此受阻。但這並非否認唱和詩一概沒有價值，像是蘇軾〈和子由澠池懷舊〉一詩中「人生到處知何似？應似飛鴻踏雪泥」一句便成絕響。

《論語‧陽貨》「詩可以興，可以觀，可以群，可以怨。」其中「群」便是說明詩歌有聚集士人、切磋砥礪、交流思想的作用。早在先秦時代，詩就被界定爲具有社會交際的功能。賦詩酬唱，成爲先秦社交活動中常見的禮儀，只是當時還屬於論詩階段，主要指歌曲演唱中的相互呼應，大多引用背誦過的現成詩句來交流。魏晉以後，才眞正以詩歌形式進行唱和；此時詩歌的創作不再單出於詩人感情書寫的需要，許多是產於人際交流的需要。甚至到了宋代，唱和詩已成爲文人與社會的互動、人際交往不可或缺的組成成分，不僅唱和詩人數量激增，且出現了規模性的唱和群體，是文人社交的指標性活動。魏晉後的詩詞唱和，不論創作形式是同時同地或異時異地，唱和對象是君臣之間或好友之間，幾乎都是以同一題目進行唱和。因此，同題共作，成爲詩歌唱和的一大特徵。

唱和詩的形成，可有幾種因素：其一，詩人對於某件作品一見傾心，欲讚美、學習或仿模，從而和之；其二，詩人對詩作有共通的地理環境，因而引發共鳴；其三，詩人與創作者有相似的生活遭遇，尤其雙方皆處於悲觀的

情境中，兩者因情感體驗而有交集，詩人借他人的境遇，擬比自身。〔註41〕
在屏東文人的詩作中，也保留了詩歌唱和的原始模式，像是陳家駒藉由次韻
祝賀來表達自己欲歸隱的情懷，藉此達到與被祝賀者的共鳴。如〈顏笏山先
生以七十壽詩分示次韻祝之〉：

> 童顏鶴髮映朝暉，有好兒孫膝下依。自得吟身行處健，誰云杖國古
> 來稀。靜觀人事多陳謝，退隱林泉省是非。待到先生臻上壽，肯教
> 酒食許同肥。〔註42〕

詩文上半段主要表達顏笏山先生的身體狀況，首聯寫出即便已是古稀之年，
氣色仍相當紅潤，兒孫滿堂、承歡膝下之景。頷聯則說明身體壯健如牛，並
以「杖國」一詞強調其健步如飛，絲毫不需要任何外在的輔助便可行動自如。
詩文下半段轉為內心的寄託與想法，頸聯的「靜觀人事多陳謝，退隱林泉省
是非。」除點出顏笏山待人處事的性格外，也是陳家駒自身的寄託，及嚮往
田園生活的期待。從祝賀的詩作中，作者仍投射了自己的情感，不斷地重複
告誡與提醒自己，浮生若夢的道理。詩句最後與先生相約，等到先生年歲到
達百歲之時，再一同酒食同樂。

　　傳統文人雅士透過集體吟詩唱和，藉由詩的創作，讓封閉鬱悶的心達到
解放。試舉陳寄生〈賦歸詞〉：

> 斗米腰難折，尋閒日賦來。蒼松听鳥語，綠水釣魚同。
> 逐利慚無力，爭名笑不才。披裘何處去，欲上子陵臺。
> 落日蒼茫裏，秋風兩鬢斑。天高一鶴舞，潮湧數舟還。
> 園靜元非隱，才疎自好閒。夜深猶獨酌，醒醉復何關。〔註43〕

詩中表達作者為五斗米折腰的生活，難得獲得一刻閒賦的時光，於松林中聽
著鳥語、江邊釣魚，對於追逐名利已漸感無力。「子陵」本名為嚴光少，東漢
人，原與漢光武帝為同窗好友，劉秀即位後，其更名改姓，身披羊裘終日垂
釣，隱居山林，過著閒賦自居的生活。作者引「羊裘垂釣」之典，表達歸隱
之心，凡塵種種的爭權奪利總讓人心力交瘁，兩鬢斑白，最後感慨醒與醉有
何差別呢？全詩主要表達了陳寄生隱居的念頭，然世俗的羈絆，卻讓他心有

〔註41〕 參見鞏本棟：〈關於唱和詩詞研究的幾個問題〉，《江海學刊》（2006 年 3 月），
　　　　頁 163。
〔註42〕 顏艮昌：《夢覺山莊古稀紀念集〔1942〕》，頁 6。
〔註43〕 《詩報》，1940 年 10 月 1 日，第 233 期，頁 2。

餘而力不足。對於陳寄生的感慨，許多詩友也發出了不平之鳴，和韻、次韻
的有載詩作便有 10 首。陳家駒、盧懋清爲和韻之作〈和靜園詞兄賦歸韻〉；
張覲廷、高雲鶴、陳文石、薛玉田、張蒲園爲次韻之作〈和靜園詞兄賦歸韻
（次韻）〉其中或有共鳴而和之，或有表達己念之意，或有鼓勵慰勉。然不論
是以和韻或次韻形式呈現，其詩人群體中欲表達的主題，莫不離表達歸隱之
心，或於出仕、歸隱間左右權衡。試舉陳家駒〈和靜園詞兄賦歸韻〉：

> 林泉歸臥好，稚子候門來。不作蠅頭計，欣抽鹿角回。
> 身輕無一累，筆健仰多才。樂得琴書伴，何湏問釣臺。
> 耽吟揮醉筆，四壁墨痕斑。榻爲佳賓下，人同倦鳥還。
> 蕉山憑管領，泌水亦安閒。從此無拘束，利名兩不關。〔註44〕

文中寫道沉溺於詩作醉筆中，讓自家的牆壁也都塗滿了墨痕。世上沒有一處
是利祿爭奪可以安身立命之所，人如同鳥一樣，疲倦了會回到最初的地方，
何不就這樣過著無拘無束的生活，將功名利祿的繁華，暫且拋諸腦後。詩中
或有勸勉陳寄生之意而達和韻效果，然「名利兩不關」的生活態度，也一直
是陳家駒所追尋的，其所表現的豁達精神在陳家駒的另一首次韻之作〈次景
南生閒居韻〉中「樂山樂水無拘束，吾素吾行自率眞。」〔註45〕有明顯的重
疊之處。

　　此外，在諸多唱和詩作中，詩人們反覆提及陳寄生的職業，除陳家駒所
寫的「蕉山憑管領」，另有薛玉田「蕉栽求地利」、盧懋清「蕉葉深垂處」等。
陳寄生本爲林邊地區從事香蕉種植的大戶，對於蕉農的辛苦能感同身受，因
此對於當地香蕉的產業投注了相當大的心力。文中詩人對於陳寄生〈賦歸詞〉
一詩的和韻、次韻，便常運用陳寄生的職業，並將關心的事項帶入詩文中，
以達到和唱與對象的聯結性。

　　在唱和的詩作中，文人在同題共作下，會因爲各人的生活處境、思想性
格，乃至身分角色的不同而有差異；因此，即使題材、體裁、主題相同，詩
人仍可選擇不同的書寫角度，並運用增韻來強調側重的情感，以彌補唱和詩
制式化的不足。例如薛玉田〈次子亮賢契瑤韻〉「師弟相親歲幾周」〔註46〕便
以「師弟相親」說明了薛玉田與歐子亮的師徒關係，薛氏以謙遜的口吻開頭，

〔註44〕 《詩報》，1940 年 10 月 1 日，第 233 期，頁 2。
〔註45〕 《南方》，1943 年 3 月 15 日，第 170 期，頁 38 頁。
〔註46〕 《風月報》，1938 年 12 月 1 日，第 76 期，頁 48 頁。

將兩人的關係更加拉近。

「次韻」的要求是唱和詩中的一大束縛，一來詩人必須和詩次韻，有時不免因為韻腳的限制，而阻礙了情辭上的發展；二來創作上的競爭與逞才，或可有正面的切磋效果，但不可避免仍有許多矯情造作之辭。但屏東人文的唱和詩中多是處於同個時空範疇的創作，少有無病呻吟的文字遊戲，選擇的唱和對象多是平常有所交集之人，因此對於作者本身已有一定的了解；唱和的內容也多會選擇不同的側重角度，來表達對和詩者的關係，如帶入職業的說明、對地方的貢獻、或借助稱呼來拉近距離等。這或許是因為日治時期屏東詩社成立時間較晚，且部分詩社成立僅一年多時間，便不復見詩文的刊載，詩人們尚未出走於各地，且處於以個人為主的參與形式，文學的推廣力不夠強大，因此詩人容易形成較小的交友圈及流動空間。唱和詩的對象，少有因為對作品的喜愛而模仿讚美之，屏東詩人的唱和前題，多與作者具有共通的環境背景，有相似的生活遭遇，而引發共鳴，或以好友的立場給與鼓勵勸勉；因此屏東詩人唱和詩的情感連結，可說是因禍得福地形成了密切的群體關係。

三、擊鉢、徵詩、課題

擊鉢詩產生於詩社聚會，詩人間交流所作；徵詩為應詩社所需而作；課題詩為詩社定期舉辦，並規定某一主題作書寫內容。其三者所成之因，皆與詩社運作息息相關，故此節論詩內容，以擊鉢、徵詩、課題為主。

日治時期臺灣文人結社之因，莫不離「科舉制度廢除，文人託志」、「日本當局的攏絡政策」、「報章雜誌的發達」〔註47〕等，然此現象並非日治時期才初現。白一瑾在〈清初在京貳臣文人社集唱酬活動探微〉〔註48〕中談論到早在明清易代之際，以明朝舊臣身分再仕清朝，成為「貳臣」的人士中，便透過頻繁的集社唱酬，進行各種形式的聚會唱飲等活動，互託心志；且明確以「社集」之義召開，活動成員大多由明仕清的貳臣組成，社集次數頻仍，時間別具意義，詩作內容多抒發對故國的懷念，具有明顯的文學社團性質。由此可見，同為江山易主的日治初期，擊鉢的活動仍具有結集人心之用。

〔註47〕 相關日治時期臺灣文人結社之因，可參考第三章第一節論述內容，頁36～40。
〔註48〕 白一瑾：〈清初在京貳臣文人社集唱酬活動探微〉，《上海大學學報》第18卷第2期（2011年3月），頁77～86。文中對於貳臣集會模式與組成背景、心態有詳細的論述。

日治時期詩社林立，詩社活動蓬勃，詩人之間應制唱酬的風氣盛行，成為日治時期文人詩作特有的創作形式；在報章雜誌上也可見應酬詩作的多樣類型，例如送別、歡聚、喜慶、哀喪等。這類型的詩作，往往是配合詩社的需求製作，大量徵詩的結果造成多數文人應制而歌，缺少詩人特殊的想法，在詩作中也較無寄託之情。尤其擊鉢催詩的寫作模式，不僅大量增加詩作產量，也使得詩作價值備受考驗。「頓燒一寸燭，而成四韻詩」乃「擊鉢」一詞最初的創作模式，最早見於南北朝時期，然而擊鉢吟真正成為詩社具體的活動樣態，要到清中葉後才有可考的紀錄。

魏晉時期文人的集會活動基本上是一種自由隨性的「雅集」，像是蘭亭詩會。〔註49〕唐代的詩社數量不多，其活動形式多是詩酒唱和、切磋詩藝。宋代以後，文人社團活動交流密切，逐漸形成文學流派，組織形式越趨明顯。元、明兩代在宋代社團的發展下，逐漸走向巔峰，規模擴大，結社意識更加強烈，亦置入了政治形態，不再是單純的文人唱和社團。清初因為政治條文因素，文人結社由盛轉衰，直到清中葉後結社禁令開放，以「擊鉢吟」為詩社活動的型態才正式出現。清朝沿海各省盛行擊鉢催詩，並由福建傳入臺灣，1886年（光緒12年）竹梅吟社成立，該詩社是目前資料可見最早效仿閩地擊鉢吟的活動形式，此後各地吟唱不斷。〔註50〕日治時期，擊鉢吟為各詩社集會活動主要項目一，因其催詩的目的，成為日治時期詩作量產的主因。擊鉢吟的詩題大多由當時的命題詞宗商議定之，推舉某人當場拈韻，參與者必須依題依韻而作；因此擊鉢吟在命題用韻上皆有限制，且需於時間內完成，在「限題」、「限韻」、「限體」、「限時」的規範下，以致所成作品大多缺乏靈魂，無形中成為文辭堆砌的工具。〔註51〕屏東各詩社亦多次舉辦擊鉢、徵詩、課題等活動，來維持詩社的運作與詩作產量，尤其在擊鉢吟活動上更是頻繁，藉由現場擊鉢催詩的創作，讓社員或他社詩友彼此交流，擊鉢的動態形式，亦使得屏東詩社更加活絡。

擊鉢、徵詩、課題的詩作內容，不脫於詠史、記事、詠物、記景、哀輓慶賀。下列即分述討論：

〔註49〕 參見歐陽光：《宋元詩社研究叢稿》（廣州：廣東高等教育出版社，1998年），頁58。

〔註50〕 參見詹雅能：〈從福建到臺灣——「擊鉢吟」的興起、發展與傳播〉，《臺灣文學研究學報》第16期（2013年4月），頁111～166。

〔註51〕 參見張正體、張婷婷：《詩學》（臺北：臺灣商務，1985年7月），頁294～297。

（一）詠史

　　詠史詩的內容多是針對古人、古事的憑弔或緬懷，從中表達自我志向，或寄託生不逢時的感嘆，多以借古諷今為主。詠史的主題運用詩歌體裁書寫，乃萌芽於東漢班固〈詠史〉，其文中並無華麗辭藻，只是單純敘述緹縈救父的故事，並有強烈的道德評價。班固後各代詠史詩不斷增加，魏晉南北朝乃至唐代，詠史詩成為文人寫作的主題之一。然「詠史」一詞真正作為詩歌寫作題材類型，是在《文選》將其選錄，並分門別列，此後才確立了詠史詩在詩歌主題中的地位。

　　詠史又可依作者敘述角度與情感的寄託，分為記敘類型、抒情類型、議論類型三類。〔註52〕1、記敘類型是作者以個人口吻，記說史實，班固〈詠史〉即為此類；2、抒情類型為作者因歷史事件，抒發內心感慨，如張載〈七哀〉；3、議論類型為作者利用歷史事件取材，發表自身評論與見解，如羅隱〈西施〉。就取材來說，詠史詩確實能為獨立的主題。

　　在屏東文人的寫作中，獨抒情志類別中少有以「史」為題材的詩作，因此詠史詩的寫作契機，多以詩社的擊鉢、課題為主。試舉屏東聯吟會擊鉢，薛玉田〈秋扇〉：

　　　　見捐底事獨憐君，枉有仁風便面聞。汗已停揮恩已冷，班姬一樣不
　　　　堪云。〔註53〕

文中「班姬」為班婕妤，西漢女辭賦家，是中國文學史上少數以辭賦見長的女作家，文學造詣甚高，熟悉史事，擅長音律。《漢書》卷97下《外戚傳下・孝成班婕妤傳》載有她的傳記，在趙飛燕入宮前，為漢成帝最寵愛的妃子；失寵後，班婕妤自憐繁華若夢，藉秋扇以自傷，而作〈團扇詩〉亦稱〈怨歌行〉。原詩為：「新裂齊紈素，鮮潔如霜雪。裁為合歡扇，團團似明月。出入君懷袖，動搖微風發。常恐秋節至，涼風奪炎熱。棄捐篋笥中，恩情中道絕。」歷代文人已有諸多關於班姬之作，如李商隱〈喜雪〉、李白〈中山孺子妾歌〉、王昌齡〈西宮秋怨〉、韋莊〈同舊韻〉等，多參酌原詩〈團扇詩〉的主線。〔註54〕文中首句「見捐」一詞出於〈團扇詩〉中「棄捐莢笋中，恩情中道絕」。整首詩

〔註52〕　參見羅賢淑：〈唐五代詠史詞類型探論〉，《中國文化大學中文學報》第 24 期
　　　　（2012 年 4 月），頁 217～230。
〔註53〕　《風月報》，1937 年 11 月 15 日，第 52 期，頁 34。
〔註54〕　史料整理自《搜韻──詩詞門戶網站》，網址：〈http://sou-yun.com/index.aspx〉，
　　　　檢索日期：2013 年 12 月 20 日。

作不起新意，大致內容以敘述班姬遭遇爲主線，少有抒情、評論或寄託的想法，無法跳脫〈團扇詩〉的框架。此次擊鉢參與者眾多，例如許仙童、蔡元亨、周明德、翁騰蚊、邱水秋、翁梅溪等人，然詩作內容重複性高，且多以原作〈團扇詩〉內容爲主，只增加文辭上的轉換。例如邱水秋「收拾齊紈寂不聞」、歐子亮「欲棄素紈還未忍」、蔡元亨「齊紈無復動紛紛」、翁騰蚊「素紈俱有仁風氣」等，皆引自原作「新制齊紈素，皎潔如霜雪」，尤對「齊紈」一詞加以修飾，未見特色。

　　再看另一位在文學上常爲人討論的明妃「王昭君」，試舉興亞吟社課題〈明妃出塞〉：

> 羼婆馬上說和親。去作閼氏嫵媚人。自此蛾眉胡地老。可憐明月漢
> 宮春。（林逸樵）

> 霜風耐凍玉顏姿。一曲羼婆萬古悲。至死黃金贖何日。歸家莫笑蔡
> 文姬。（陳逸民）〔註55〕

文中敘述對象爲有古代四大美女「落雁」之稱的王昭君，爲漢元帝明妃，因品德高潔，不願賄絡畫工，因此被醜化畫像；後匈奴單于請求和親，王昭君乃出嫁至塞外，其繁華的年華也就因此凋零，最後更「從胡俗」在單于死後嫁予下一任的單于作妾，凄涼地過完此生。王昭君的題材爲古今許多文學作品的素材，如白居易〈王昭君二首〉、王安石的〈明妃曲〉等。〔註56〕王昭君的題材因沒有原詩的創作，皆屬於文人各自對史實的理解而創，因此此組首詩作的表現方式，較爲靈活，主要在詩文中安插歷史事件與經典的故事橋段或物品象徵。此次興亞吟社課題的作品，內容多扣緊「和親」、「胡地」、「琵琶曲」等，皆取材於歷史上的記載。傳說明妃出塞行於大漠途中，因自嘆命運悲涼、離家思愁，以琵琶彈奏《出塞曲》；天邊飛過的大雁，聽到幽怨的曲調，不禁柔腸寸斷，紛紛掉落地面，因而有落雁之稱。「明妃出塞」之作，少了詩作的原型範本，因此詩人在創作之時，想像的輻面較廣，詩句重複性較少。

　　初期詠史詩的發展多以敘述史事爲主，少有文采及作者的思想。經過魏晉南北朝詩人的醞釀，唐代的詠史詩已是不可小覷的一類主題，且發展越至

〔註55〕《風月報》，1940 年 6 月 1 日，第 109 期，頁 31。

〔註56〕史料整理自《搜韻——詩詞門户網站》，網址：〈http://sou-yun.com/index.aspx〉，
　　　　檢索日期：2013 年 12 月 20 日。

後期，詠史詩的抒情性及議論性成分越重。但從屏東文人的擊鉢吟中似乎難以見到成熟的詠史詩，而多以保留原作的角度，僅以記錄歷史的角度出發，缺乏作者的評論想法；可見日治時期殖民的體制，使得當時文人應和酬唱的創作不僅無所突破，更難有思想評論的內容。文風自由的唐代與思想抑制的日治時期，不難看出受殖民壓迫的文人，詩作中文詞多刻意雕琢，或換置文句而成詩篇，甚為可惜。

（二）詠物

詠物的題材早於詩經中〈詩・周南・桃夭〉「桃之夭夭，灼灼其華」，即是詩人看見春天柔嫩的柳枝和艷麗的桃花，而聯想到新娘的年輕美貌。至六朝後，開始直接以某一物為題，發展至今，詠物的主題相當多樣，取材也不盡相同。「詠物之作，必須以物興懷，因物引詩，然後於物外推想別的意思，若即若離，加以繪形繪聲的發揮。」〔註57〕又（清）俞琰《詠物詩選・序》：「詩者發於志，而實感於物，詩感於物，而其體物者不可不工，狀物者不可不切。」〔註58〕都是在說詠物之作，必須作者本身對於物有所體會與聯想，並能寫出其物外之趣的一面。

但無法忽視的是，詩作的形成必定有其外緣的影響，尤其是日治時期臺灣古典詩的創作環境。日治時期文人相當盛行參與詩社活動，詩社數量也是歷來高峰，文人透過詩社活動，以文會友；也應詩社要求，而產生了徵詩、擊鉢詩和課題詩〔註59〕。許多以詠物為主題的詩作，便是在這樣的環境下產生。但此類的詩作，缺乏真誠的情感發動，濫發詩興，應景隨湊，因此往往留於文字的堆砌雕琢，用典平淡，缺乏新意。在顏菊瑩《蕭永東研究——以《三六九小報》為探討文本》中即針對蕭永東的詩社活動做了概略式的整理，其中列舉出蕭永東歷年參與詩社的詠物詩題。〔註60〕由此可見，詩人詠物詩的主題設定，大多是詩社活動下的產物。

詩社活動讓日治時期的文人有了交流的空間，詠物詩的產生許多是來自於社課活動，便是在既定的題目下作發揮，因此相較其他主題的詩作，較看

〔註57〕張正體、張婷婷：《詩學》（臺北：臺灣商務，1985 年 7 月），頁 259。
〔註58〕（清）俞琰：《歷代詠物詩選》（臺北：清流出版社，1976 年），頁 1。
〔註59〕徵詩為應詩社所需而作；擊鉢詩產生於詩社聚會，詩人間交流所作；課題詩為詩社定期舉辦，並規定某一主題作書寫內容。
〔註60〕詩題表格整理詳見顏菊瑩：《蕭永東研究——以《三六九小報》為探討文本》（台南：國立成功大學臺灣文學所碩士論文，2010 年 7 月），頁 31～32。

不出詩人獨特的情感寄託與對事物的感發。例如蕭永東在三友聯吟會的擊鉢，除透過淺白的語言點出該物種的特性外，也有以人盡皆知的典故來點明題旨。例如〈春蠶〉：

> 繁殖農家飼以桑，風和日暖緒初長。可憐多少絲抽盡，情意綢繆到死忙。（其一）
>
> 抽絲自縛死何傷，食葉頻勞女採桑。春夢沉沉終不覺，直教情緒盡時疆。（其二）〔註61〕

兩首詩作內容都運用了「春蠶到死絲方盡」的典故。第一首「絲抽盡」、「到死忙」道盡了春蠶為誰辛苦為誰忙的無奈，更是清楚點出了，蠶唯有絲抽盡了才有休息的一天，但同時這也是牠生命止息的一刻，因此到死了都還是為蠶絲而忙碌著。第二首「抽絲自縛死何傷」也說出了蠶從抽絲作繭開始，就是讓自己不斷朝死亡邁進，而抽絲這樣的成長階段，對蠶來說也只是作繭自縛。

再看屏東聯吟會擊鉢歐子亮所作的〈愛林〉：

> 蒼翠參天樂未央，傾心護植幾星霜。儒林我早栽千樹，任勝梗楠作棟樑。〔註62〕

詩文首句表達林木綠葉成陰、枝繁葉茂之景，想到多少歲月盡心守護植株，詩人心中感到歡樂無限。第三句將「林」引申為儒林之群，期許日後能成可造之才。此次擊鉢吟參與人數約 11 人，唯歐子亮本身從事拓林場的行業，對於林木的情感應更勝於其他詩友；然就詩作呈現的面向來看，描述的內容仍與其他詩友有許多相似之處。如期待成就「棟樑」一詞，薛玉田「而今樑棟森森日」、周良玉「蓊蔚成材作棟樑」、索心聲「富國財源作棟樑」、朱凱耀「樑棟欣成樂未央」、周枝楠「留與他年作棟樑」、郭秋炳「勝任梗楠作棟樑」等人皆重複使用，詩文所表的意涵大多是先稱讚林樹的蓊鬱茂盛，再說保植山林的工作用心可取，後說明樹木的使用價值，最後期許這些「棟樑」早日成材，為人所用。

在應和酬唱下，詠物主題與詠史主題有很大的相似處，文人很少能夠跳脫敘述對象的框架。不同處在於，詠史通常以敘事的口吻來呈現，背景取材於歷史事件，於詩文中加入關鍵的字詞來表示歷史的緣由或特殊場景；而詠

〔註61〕《台南新報》，1923 年 4 月 4 日，第 7578 期，頁 5。
〔註62〕《風月報》，1938 年 4 月 1 日，第 61 期，頁 33。

物詩作中，則以描寫該物的形象或形體爲主，在缺少事件的敘述輔助下，反而更成爲文字堆砌的作品。

（三）記事

在記事方面，文人透過擊鉢吟的方式，廣邀文人雅士參與，尤其在詩社成立時，運用社團集會方式，向文壇推廣該詩社的特色與美德。亦有多是針對某個人的祝賀、哀輓，透過詩社的擊鉢、徵詩、課題來增加文人的參與性。

1936 年於屏東高樹成立的新和吟社，在詩社創立一年後舉辦〈祝新和一週年記念〉擊鉢，邀請陳家駒、薛玉田爲左右詞宗，得詩作 13 首，內容多爲慶賀詩社週年，期許吟哦不輟，詩友身體康健。透過擊鉢活動，達到文人間交流目的，並紀錄詩社發展。試舉蘇耀華〈祝新和一週年記念〉：

> 創立吟壇甫一年。新和會友志相堅。團圓共樂學書興。慶祝敲詩備席筵。〔註63〕

新和吟社成立時間已是日治末期，其活動時間自 1936 年 5 月發表〈汗珠〉一題始見文壇中，期間發表近 20 篇詩題；至 1937 年 8 月發表〈雨聲〉後，便不再有徵詩、擊鉢等紀錄，如曇花一現。此詩發表於 1937 年 3 月，文中仍可看出詩人對於詩社的寄託與期許，可惜其詩社的地理位置靠近高雄山區，就屏東市區的相對位置來說過於偏遠；且 1937 年陳家駒、薛玉田等人廣邀文人創立屏東詩人聯吟會，以屏東市區爲活動範圍的文人幾乎都有參與其中，無疑吸收了新和吟會的成員；又 1938 年東港鎮、林邊鄉由陳寄生、蕭永東等人創設東林吟會，使得屏東詩社的發展逐漸南移。各項因素的影響，造成新和吟社僅成立 1 年餘的時間，便成空殼。

同爲紀錄詩社成立的如〈興亞吟社創立紀念〉擊鉢，臨近鄉鎮的溪州文人張覲廷寫道：

> 振國文章信有緣。騷壇旗皷樹林邊。爲期日滿支和協。鄭重同成錦繡篇。〔註64〕

興亞吟社創立於 1940 年，詩句中明確點出興亞吟社成立地點在林邊，且詩社肩負日本、中國民族交流的重要性。1937 年皇民化運動後，古典詩人雖持續使用漢文創作詩歌，但在詞語的用法上，已顯然與傳統文學中的古典詩詞不同，逐漸融入日本的生活習慣，乃至用語。其中使用「支那」一詞以表中國

〔註63〕《詩報》，1937 年 3 月 9 日，第 148 期，頁 11。
〔註64〕《詩報》，1940 年 2 月 18，第 218 期，頁 6。

人身分，具有輕蔑、貶低意識，在稱呼使用上有明顯的日本國優越心態；加上興亞吟社社長於同年拜命爲日滿華三國書道教授，在文學文藝的發展上，具有明顯的政治意識。

記事主題對於寫給單一對象的祝賀詩也不在少數，哀輓慶賀本是文人交流場合中，不可忽視的詩作題材，然在擊鉢及課題的創作環境限制下，往往有嚴重的語句抄襲，就連同位詩人贈予不同對象的應酬詩作中，仍重複使用典故與詩文，甚至在意象的使用上相互重疊。如祝周精金君新婚記念擊鉢中，陳家駒所寫〈洞房春〉：

> 夢酣寶帳喜双栖，一刻千金重品題。鄉是溫柔情似海，早傳消息透靈犀。〔註65〕

文中誇讚新人感情親密，柔情似水，以酒表達喜氣，與春宵一刻值千金。同爲祝賀詩友的擊鉢中，類似意象的運用也層出不窮。像是同爲屏東聯吟會友，周枝南、周良玉新婚紀念擊鉢，陳家駒所寫〈合歡杯〉：

> 擎來圓滿酒盈斝，比作良媒意更深。一自洞房催合卺，紅螺聲價重千金。〔註66〕

此首祝賀詞中，同樣運用酒來表達圓滿之意，最後一句亦使用「千金」一詞作喻。綜觀在擊鉢、課題的限制下，應和酬唱的主題多呈現文辭上的堆疊，如玩文字遊戲。但此類主題，並非毫無價值。在詩句的使用上，文人間並不介意典故與意象使用的巧妙，即使句法雷同，只要達到哀悼、祝賀的目的，便完成創作的任務。簡言之，在記事的擊鉢吟體中，詩作只是個媒介，甚至陪襯，重要的是文人的參與及交流的氣氛。因此，在觀看此類主題時，若以欣賞詩作的角度出發，可能不如預期；但若作爲探究文人交際的脈動，則有相當可貴的價值。

擊鉢吟的記事主題中，除了記錄詩社創立、週年，社員特殊事蹟外，還紀錄與他社交流或外地遠遊之事。如興亞吟社社員陳寄生、曹恒捷、黃建懷三人將赴大陸而舉行的擊鉢送行：林逸樵〈遠遊〉

> 賦行大笑路悠悠，焦土江山一眼收。我是扶桑才子客，題詩欲上謝公樓。〔註67〕

〔註65〕《詩報》，1939 年 4 月 17 日，第 199 期，頁 18。
〔註66〕《詩報》，1934 年 1 月 15 日，第 73 期，頁 6。
〔註67〕《南方》，1941 年 8 月 15 日，第 136 期，頁 36。

此詩題寫於 1941 年，日本殖民已過 40 餘年，內容主要表達對遠遊者的祝福，詩中「大笑」一詞表現遠遊的愉快心情，並以日本國別名「扶桑」來暗示自己所定位的身分。「謝公樓」為江南四大名樓，南朝詩人謝靈運任宣成太守時所建，為歷代文人名士慕名，賦詩題詠者難以數計。彼時，遠赴大陸對於詩人來說，不再如同日治初期傳統文人那樣具有傳承漢學、繼承儒學的使命，已無「尋根」之感。日本文化深植其中，但又擁有漢文學的底脈，可見此時臺灣的古典詩文已漸發展出屬於自我的特色。

記事主題的詩作內容多能針對欲描述的事件主軸，然因記事的筆法平鋪直敘，使得詩文少了意境、藝術之美。記事詩作的寫作動機乃因有「事」發生、有「事」可記，雖少了詩歌的藝術價值，卻是探討日治時期屏東文人活動脈絡的珍貴的史料。

（四）寫景

擊鉢、課題中的寫景詩，雖然情感的置入沒有獨抒情志中來得深刻，然此主題卻發揮了屏東詩社特有的取材技巧，間接建構了日治時期屏東的空間意象。如臨溪吟社因為於下淡水溪邊，故其徵詩內容便以「溪邊」為題，透過詩人的群體創作，反而建構了日治時期屏東地景的風貌。

另外與東港有地緣關係的張覲廷，筆名連朝，屏東溪州人，乃今南州鄉，與東港鎮為鄰，林邊興亞吟社社員，與林又春、陳寄生等人往來密切。〈東津海市〉為參加高雄州下聯吟會所作：

> 港口洪濤險，歸帆日已晡。雲霞生彷彿，樓閣幻須史。
>
> 蜃氣迷球島，漁燈照蚌區。浪花無際感，何處認街衢。〔註68〕

東港原為平埔番居住地，古名曰放繚社。原聚落所在位於新園鄉烏龍村之東，後因洪水氾濫潰堤，居民轉徙至現址，因位於港灣之東，故取名為「東港」。日治時期取「津」為海邊之意，亦稱「東津」。詩作首聯即點出海港浪濤驚險，漁船歸港時已是落日時分。頷聯、頸聯寫海面海市蜃樓之景，美輪美奐，與東港隔海相望，同樣隸屬屏東縣的琉球嶼在海面上載浮載沉，沿海盡是漁燈照明著。尾聯扣緊首聯，回到海面的浪花上，有感而發。

另首同為高雄州下聯吟會擊鉢，張覲廷之作〈東津秋色〉：

> 黃雲接水平，歸棹一毛輕。島嶼琉球現，樓臺蜃市生。

〔註68〕《詩報》，1941 年 11 月 17 日，第 260 期，頁 20。

蘆花遙岸白，烟火近村明。獨立漁橋上，飛鴻數不清。〔註69〕

文中亦將琉球嶼形容如海市蜃樓之景，岸邊蘆花搖曳生姿，漁村就坐落於港灣邊。此兩次的參與詩人除有屏東詩人郭芷涵、黃嘉源、王松江、陳家駒、薛玉田、黃森峰；里港詩人連祖芬；林邊東港詩人陳寄生；溪州詩人張觀廷外，也有來自於高雄地區文人，如鄭坤五、許君山等，都將東港港灣與漁村的形象描繪得維妙維肖，令人有親臨之感。

　　在擊鉢詩體及時間的限制下，文人難以在詩中寄託抱負，或抒發己懷，詩文中對於場景選擇的重複性也相當高；然以一個「空間」的設定來說，擊鉢吟、課題、徵詩的寫作形態，在文人群體共作的努力下，不僅使得一地的「空間」得以被關注、紀錄，更能透過人文的參與，使得「空間」的意象置入「地方」的情感。透過應和酬唱的詩作，使得「東港」此空間成為日治時期屏東古典詩的代表之一。

　　綜上述各項主題而言，在擊鉢吟或徵詩的內容上，詩人所論筆調有不少程度上的一致性。

　　像是屏東吟會所舉辦的活動，例如詠史主題，〈秋扇〉一題，詩作大多是探討秋扇見捐的典故與由來，詩中多描寫「棄捐篋笥中，恩情中道絕。」的歷史背景。在選錄的 14 首中，使用「棄」字直接表明於詩作中，出現了 8 次，尤以「見棄」一詞居大多數，且在語句的用法上大多相同。再看詠物主題，〈愛林〉一題，詩作內容不只是意境的相似度高，連遣詞用句的重複性也相當高。例如來稱讚樹木的好處所用的「棟樑」一詞，便在所選錄的 17 首詩作中，重複了 9 次。有「任勝梗楠作棟梁」、「有待成林為棟樑」、「蓊蔚成材作棟梁」、「富國財源作棟梁」、「樑棟欣成樂未央」、「而今樑棟森森日」、「留與他年作棟梁」、「勝任梗楠作棟梁」、「為樑為棟樂非常」等。可見詩人在描寫的時候並沒有跳脫典故或是景像的描繪，只是不斷的環繞，因此詩作通常重複性甚高。

　　哀輓慶賀主題中也有這樣的現象。如新婚紀念的擊鉢吟，針對不同的人所給的祝賀，理當要符合當事人的情境或是環境。但是仍然有許多擊鉢吟在類似主題中，有完全一樣的詞句，或類似的句法。如在「祝社友蘇耀華君新婚紀念」中陳家駒「夢叶維罷愛益堅」；周椅詩「料知叶吉夢熊牽」、許仙童「定卜熊羆喜夢牽」和祝周精金君新婚紀念－洞房春」中黃森峰「可知夢叶

〔註69〕《詩報》，1937 年 2 月 19 日，第 147 期，頁 8。

維熊後」，以及「祝社友歐子亮君新婚紀念」〈蜜月〉中郭芷涵「兆叶熊羆好夢成」皆使用詩經中「大人占之，維熊維羆，男子之祥。」的典故。若是不同作者對於同樣的題目有相同的感發，那麼所用的典故相同或是意境相似或許情有可原；但如果針對於同一個作者來觀看他同樣在祝賀詩中的運用。如陳家駒和黃嘉源在〈祝社友蘇耀華君新婚紀念〉和〈祝周精金君新婚紀念〉中皆運到「燭」的意象。造成了同一個作者，祝賀不同的人，卻用相同的詞或語句。且詩人似乎不覺得有什麼不妥或尷尬之處，也可以看出這樣的「文字運用」在當時的徵詩發表中是稀疏平常的事。

又如在潮聲吟社擊缽錄「燈花」的主題中，所選錄的蘇子亮兩首，也重複使用「書帷」一詞；可見在擊缽錄中，不但所選錄的作品重複性高，就連同一作者的詩作，也不會避免使用同樣的字詞與情境。我們可以很清楚的看到，不同作者在相同或不同的作品上，所運用的文字與結構大多類似，在此姑且不論文采；屏除文采之外，詩人大多在這樣的徵詩中，失去的作品的現實性與思考性，因此我們所看到的大抵都是語句的換句話說，少有作品的思想。擊缽吟類的詩作，較無法呈現作者個人的情感，但對於建構文人網絡及交友流動來說，仍是有一定的價值。尤其在寫景主題中，詩社或因地理位置、或因旅遊而有諸多景色及地理位置的擊缽、課題主題，在文人群體的創作中，也間接的建構了「空間」的概念。

東港文人蕭永東曾在《東港蕭永東先生遺稿》中收錄〈作詩〉：

> 真詩莫把古論今，有價宜將實事吟。欲寫人情兼世態，不須宋韻與
> 唐音〔註70〕

文中寫明文人作詩的理念及應有的態度，這不僅是蕭永東作詩的精神與自許，其中認為真正有價值的詩，不須要把古今歷史都寫盡，只要能顧及到當下的實事便可。在蕭永東的創作理念中，強調詩作中必須融入詩人的生命情感與人情百態，即使無法達到音韻格律上的完美，只要能將內心感懷、寄託表達出來，便是好詩。

小結

第四章針對屏東古典詩作的主題分類，以寫作動機分為「獨抒情志」、「應和酬唱」兩大類，再依序下分為細項，探討各主題所呈現的意涵與價值。

〔註70〕節錄自《東港蕭永東先生遺稿》〈作詩〉，頁4。

在獨抒情志中「追悼親友」的主題，屏東文人對於親人展現了悼念者歷經喪親的過程，而呈現不同階層的情緒變化，對於摯友則多選擇當時「文壇」的領袖書寫對象，少有「不知名」的文人私底下往來聯絡。可見當時屏東文人的交流仍多以詩社為依歸，以某個領導者串聯詩社的社員，這些文壇的佼佼者多具有精神性的指標，能整合社內不同的意見。「思鄉情懷」的主題中，文人多因時節而觸發，或因景色而聯想。在屏東文人中，蕭永東的懷鄉詩作最具特色，原因莫過有二：其一蕭永東年少即離開家鄉澎湖，隻身至東港地區發展，在人生地不熟的環境，對於遠方的土地格外想念。屏東文人雖有不少來自於全島各地，如來自於高雄的歐子亮、嘉義的陳家駒等，然距離並沒有如隔海的澎湖來得遙遠，因此思鄉的情懷也就不那麼深刻。其二是東港地區的漁業環境與澎湖略有相似，蕭永東如同看見熟悉的故鄉，在景色的聯想下，更觸發懷鄉的情緒。「旅遊記勝」的詩類中，周精金與薛玉田所寫的屏東八景詩，初步建構了以屏東市街為中心外的景觀特色，其中使用各種人文活動，如垂釣、散步、乘涼、聽泉等，來呈現景觀的多樣性。除了此兩組詩作較具特色外，日治時期的屏東所被關注的空間主要以東港、下淡水溪為主，此兩地的書寫之所以成為當時寫作選題的大宗，除了沿襲清領時期的觀看角度外，更因為此兩地在日治時期對於地方經濟、交通的貢獻。東港港口的興建，為臺灣外銷貿易的集散中心，吸引了各地商人的駐足，港口的繁榮也使得此地的景觀更容易被人注視；下淡水溪則為高雄、屏東兩地的分界，鐵橋的落成也意味著屏東門戶的流通。因此在旅遊記勝的詩題中，除了屏東市街周遭的文人之景外，東港與下淡水溪也為文人記寫的景觀。

「應和酬唱」中屏東文人的「贈答」對象多以乎是交往密切的友人為主，文中常有寄託的情感或對時事的感懷，情感表露真誠不造作。作為文人交流網絡的最小單位，贈答詩的內容確實呈現了詩友間同心合意的情感。「唱和」詩自古以來以模仿學習為主，因此對於和詩的對象不一定限制於同一時空中，又因和韻、次韻的規則，使得創作的詩文較不具有文學的價值。然屏東文人的唱和詩卻打破了此一規範，因屏東詩人的交友網絡小，且詩社的成立時間較短，有許多詩社活動曇花一現，但這並不影響長期經營創作的文人。詩友們透過彼此唱和，聯繫情感，且因活動的空間小，因此詩人們彼此都相當熟悉，所創詩文往往能針對原詩者的生活背景與寫作心態，其中強調職業上的貢獻、對地方的耕耘的苦心，或帶入稱謂來拉近彼此的距離，都能顯示

日治時期的屏東文人在唱和詩的創作上，反而呈現了一個小型詩社的形態。日治時期臺灣各地盛行擊鉢催詩的活動，屏東的詩社也不例外，課題、徵詩、擊鉢成為當時詩社運作的主要活動。在制式化的詩題下，文人的想像難免會受到牽制，但並非否認應和酬唱詩作的價值，因此類詩作生產的推手與詩社活動息息相關，藉由共同創詩的環境，讓文人得以相互切磋詩藝、交流情感。詠史詩中，詩人多以歷史事件的背景為主軸，並加入數項代表的關鍵詞，少有自己的議論觀點；尤其在該事件具有原詩的創作範本後，詩人的詩句多擷取自原詩的詞彙，稍加修飾或換置比重。詠物詩的思想性與議論性則比詠史詩更加薄弱，詠物多針對該對象的特徵或形象作描寫，在少了事件的輔助下，辭藻的堆砌更加明顯。只能說，在應和酬唱的環境中，部分詩題的價值乃在於給文人一個交流、切磋的場所，而不重於詩文的藝術性。記事主題的詩作一樣少了詩歌的美感與藝術，難以從中學習到詩詞製作的精華，然其價值在於記錄事件始末，亦是研究日治時期屏東文人活動及交友網絡的珍貴史料。寫景主題中，因應和酬唱的性質，詩文中少有文人個別的議論想法，但透過文人群體共作的模式，使得該空間被注視、記錄。

第五章　日治時期屏東古典詩的時空書寫

　　「空間」、「地方」是地理學研究的兩大主題，在任何的地理區上都會有「空間性」及「地方性」，人本主義地理學者藉由「人對環境的價值回應行為所表達的資料，透視人的地理感」，從中解釋地理區上的主觀空間感與地方感。英國地理學家 Mike Crang《文化地理學》〔註1〕曾就「文化」一詞詳細定義；文化地理學主要關注空間被利用的方式、人群在空間中的分布，並以人群、地景和時間為軸線，將文化鑲嵌於現實的生活中，在人本主義地理學概念裡，「時間」與「空間」為地理學中的縱軸與橫軸，其二者交會之處乃稱「地方」。夏鑄九《空間的文化形成與社會理論讀本》〔註2〕一書亦從臺灣的歷史角度，探討臺灣的空間結構被安排的方式與其經濟、政治和文化問題有相當密切的關係。故本章導入人本主義地理學對於「空間」與「地方」的概念，並以時間、空間為主要架構，探討在時間的縱軸下，上推至清領時期，屏東文人對於「地方」的認同與界定有何改變；在空間的橫軸中，則以屏東詩人為中心向外輻射至高雄、臺南、嘉義、澎湖等全臺各縣為空間範圍，探討不同地區的詩人對於屏東此一「空間」的情感注入，及在地詩人對「地方」意義的形塑。

〔註1〕 Mike Crang 著，王志弘、余佳玲、方淑惠譯：《文化地理學》（臺北：巨流圖書公司，2003年）。

〔註2〕 夏鑄九、王志弘：《空間的文化形式與社會理論讀本》（臺北：明文出版社，1990年）。

第一節　時間與地方

　　地方書寫不同於地理書寫，地理書寫偏向於對風景的描繪、對所見所聞的讚嘆，屬於即興的旅遊詩作，此類型作品多出現於社課或擊缽吟詩，尤其在全臺的徵詩活動中更是頻繁。地方書寫則需要有在地意識的融入，對於當地文化必須有深刻的體會與掌握，且對於所寫之事帶有認同的態度。本節即以時間的縱線發展，在時間的推移下，論述屏東文人對於「地方」書寫的特色建構。

　　經驗是時間的累積成果，享譽國際的人文主義地理學家段義孚，其所著《經驗透視中的空間與地方》〔註3〕中，說明了「經驗」乃是感覺和思想的綜合體，而人的感覺是長時間許多經驗累積的記憶和預測的結果，為主觀的表達，思想為客觀的判斷。特別強調「經驗」為主導空間與地方的機制，人透過主觀的感知與環境產生互動，透過經驗的累積產生地理感、空間感、地方感不同的層次，進而對週遭的環境產生價值的界定。簡言之，經驗的養成，是人透過主觀識別週遭環境，加以在腦海中思考創作。人類的經驗行為非常複雜，尤對外的感覺至內在的概念形成，都是組織「經驗」的要素，但這些都不離時間的累積。

　　段義孚分析人們感知空間的各種形式，認為「地方」具有範圍限定，而「空間」則是自由的。從個體的經驗中，人們透過五感來認識環境，從而建構經驗的累積，建構空間的意象。再藉由「思想」呈現不同的空間特質，不同的空間會刺激人類產生不同的感官經驗與思想內涵，因此也讓空間形成不同的地方感。Cresswell Tim《地方：記憶、想像與認同》〔註4〕也以空間對比地方，認為能夠成為「地方」的場所，必然與人類文化、思想有相關的空間，人以某種方式依附於其中。由此可知，地方與人的情感依附息息相關，情感越強烈，與該地的結合便越強。「地方」一旦從個體認同晉升至群體的感知，它便會有「鄉土」的象徵，而鄉土通常會有一個地標集結群體意識，即為「地景」，這些地標符號能提高人們對地方的認同感。

　　本節內容即選擇清領及日治兩時期的「地標」符號，探討在群體共作的意識中，該地的景觀是否在時間經驗的累積下，由「空間」，轉變為「地方」。

〔註3〕段義孚（Yi-Fu Tuan）著，潘桂成譯：《經驗透視中的空間與地方》（Space and place：the perspective of experience）（臺北：國家圖書館出版，1998 年 3 月）。
〔註4〕Cresswell Tim 著，王志弘等譯：《地方：記憶、想像與認同》（臺北：群學出版社，2006 年）。

一、清領到日治時期屏東地景選擇的轉變

地景的選擇往往取決於文人主觀的角度，判斷的依據或有受政治經濟的影響，或因當時代文人的接受度而有不同。在正式進入詩作的分析前，有必要先釐清兩代文人在地景選擇上的取決角度與轉變。

（一）清領時期屏東地景書寫選擇原因

清領時期屏東的自然景觀，在文人的選配下呈現一定的趨勢。像是鳳山八景中以屏東空間為書寫對象的「屏東三景」：「琅嶠潮聲」、「淡溪秋月」、「球嶼曉霞」，分別描寫恆春浪潮、下淡水溪月景、東港外海的琉球嶼。以浪潮、溪水、島嶼三種不同的自然景觀，組合出屏東的空間意象。以及鍾天佑〈恆春八景〉中的「猴洞仙居」、「三台雲嶂」、「龍潭秋影」、「鵝鑾燈火」、「龜山印累」、「馬鞍春光」、「羅佛仙莊」、「海口文峰」。其中被記寫的空間侷限於恆春城內外，分別為縣城內的三臺山；縣城南側的龍鑾潭、馬鞍山、鵝鑾鼻燈塔；縣城東側的羅佛仙莊；縣城西邊的龜山、海口文峰、猴洞山。值得一提的是卓肇昌的〈東港竹枝詞十四首〉，卓氏為 1750（乾隆 15 年）舉人，臺灣鳳山縣人，是清領時期唯一書寫與屏東地區相關竹枝詞的在地文人。下述即列簡表，整理清領時期相關屏東地區的地景書寫。

表 5-1　清領時期屏東地景書寫〔註5〕

作　者	詩　題	景觀位置	出　處
張士箱：福建晉江人。生於 1673 年，卒於 1741 年。 1703 年（康熙 42 年）入鳳山縣學。	〈琅嶠潮聲〉	恆春	《重修鳳山縣志》
陳璿：臺灣鳳山縣人。 1735 年（雍正 13 年）貢生。	〈琅嶠春潮〉	恆春	《重修鳳山縣志》
王賓：臺灣鳳山縣人。 1738 年（乾隆 3 年）舉人。	〈琅嶠潮聲〉 〈淡溪秋月〉 〈球嶼曉霞〉	恆春 下淡水溪 小琉球	
卓肇昌：臺灣鳳山縣人。卓夢采之子。1750 年（乾隆 15 年）。	〈琅嶠潮聲〉 〈淡溪秋月〉 〈球嶼曉霞〉 〈東港竹枝詞 14 首〉	恆春 下淡水溪 小琉球 東港	《重修鳳山縣志》

〔註 5〕詩作表格整理自王瑛曾編纂：《重修鳳山縣志》【臺灣文獻史料叢刊第一輯】（臺北：大通書局，1984 年）。

謝其仁：臺灣鳳山縣人。1753 年（乾隆 18 年）舉人。	〈琅嶠潮聲〉〈淡溪秋月〉〈球嶼曉霞〉	恆春下淡水溪小琉球	《重修鳳山縣志》
覺羅四明：滿州正藍旗人。1759 年（乾隆 24 年）任臺灣知府，任內設崇文書院。1761 年（乾隆 26 年）任臺灣道兼提督學政。	〈琅嶠潮聲〉〈淡溪秋月〉〈球嶼曉霞〉	恆春下淡水溪小琉球	《重修鳳山縣志》
朱仕玠：福建建寧人。生於 1712 年。1763 年（乾隆 28 年）任鳳山縣教諭。	〈琅嶠潮聲〉〈淡溪秋月〉〈球嶼曉霞〉	恆春下淡水溪小琉球	《重修鳳山縣志》
林夢麟：臺灣鳳山縣人。乾隆年間生員。	〈琅嶠潮聲〉〈淡溪秋月〉〈球嶼曉霞〉	恆春下淡水溪小琉球	《重修鳳山縣志》
陳元炳：疑臺灣鳳山縣人，鳳山縣廩生。	〈淡溪秋月〉	下淡水溪	《重修鳳山縣志》
陳元榮：臺灣鳳山縣人。1769 年（乾隆 34 年）鳳山縣歲貢。	〈琅嶠潮聲〉	恆春	《重修鳳山縣志》
蔡江琳：臺灣鳳山縣人，乾隆年間生員。	〈球嶼曉霞〉	小琉球	《重修鳳山縣志》
鍾天佑：廣東嘉應州人。	〈猴洞仙居〉〈三台雲嶂〉〈龍潭秋影〉〈鵝鑾燈火〉〈龜山印累〉〈馬鞍春光〉〈羅佛仙莊〉〈海口文峰〉	猴洞山三臺山龍鑾潭鵝鑾鼻燈塔龜山馬鞍山羅佛仙莊海口文峰	《恆春縣志》
黃家鼎：浙江鄞縣人。1884 年（光緒 10 年）代理鳳山知縣。1891 年（光緒 17 年）再任鳳山知縣。	〈球嶼曉霞〉〈淡溪月色〉	小琉球下淡水溪	《鳳山縣志》
屠繼善：浙江會稽人。1893 年（光緒 19 年）恆春知縣陳文緯委任之為《恆春縣志》編撰。	〈恆春竹枝詞 10 首〉	恆春	《恆春縣志》
康作銘：廣東南澳人。光緒年間秀才，渡台為恆春縣陳文緯幕。	〈游恆春竹枝詞〉	恆春	《恆春縣志》
胡徵：廣西桂林人。	〈恆春竹枝詞 8 首〉	恆春	《恆春縣志》

綜觀上述清領時期屏東地區被看見的「空間」總計有 12 處，其中 9 處為清領時期的恆春縣，日治時期改稱為恆春郡（今恆春鎮）。由上表整理可得知，清領時期被看見的「空間」多集中在恆春半島一帶；小琉球、下淡水溪位居第二；東港地區唯見卓肇昌一組詩作。至日治時期，恆春半島的景觀書寫不再為屏東地景的代表，取而代之的是下淡水溪及東港海景，小琉球此一空間書寫則併入東港海港之景的一嶼。造成兩朝文人書寫面向不同的原因莫不出於行政區的重劃、當局的政策導向、地區家族的發跡等。

　　就清領時期來說，恆春的空間意象之所以被當時文人看見，一則是因為恆春的地理位置的特殊性，像是胡徵〈恆春竹枝詞 8 首〉「居民盡是他鄉客，一半漳泉一半潮。」說明了當地因為地理位置，港灣的發達造成居民流動頻繁的情況，造就出滿城盡是「他鄉客」的景象。但此現象到了日治時期，因總督按照人口比例和族群的分布狀況，設立了臨時警察署，並進行土地調查和土地所有權登記制度，已確實掌握各村落的土地數目和人口狀況。因此清領時期因為地利之便而造就的人口遷移現象，在日治時期的土地、人口重劃下，已不復出現，也間接影響文人書寫的角度與選擇。二則因清領時期的政策，不僅以「治理」為主，更將恆春縣獨立為一個管區，管理的對象多是平埔或番民，像是屠繼善〈恆春竹枝詞 10 首〉「莫道生番歸化久，山深防有野番來。」而由上表整理可知，當時文人與歷史的執筆者，多以官員為主，少有單純的寫作者。因此恆春地區的景觀相較於屏東其他地區，具有優先被選取的條件，自然在詩作的主題內容上，成為清領時期的大宗。

（二）日治時期屏東地景書寫轉變之因

　　日治時期，景觀選擇上的改變，除與行政中心轉移至屏東市外，也與書院設立、家族興起相關。日治初期，屏東本歸屬於臺南縣，設置阿猴、內埔、潮州、東港、恆春等辦務署；並在阿猴設廳，管理內埔、潮州、東港、恆春等支廳。1910 年總督府有感於縣、廳、辦務署的三級制度的繁瑣，有礙行政效率。遂廢縣改廳，除去辦務署，設立總督府及廳二級制，屏東成立阿猴廳，同年四年改名為「阿緱」。1920 年地方官制變更，全臺由 12 廳改為 5 州 2 廳，州下分郡及市。此時屏東隸屬於高雄州，原阿緱廳屬地改為屏東郡、潮州郡、東港郡、恆春郡，屏東街改為屏東市，設屏東市役所。〔註6〕由此可知，日治

〔註6〕相關歷史沿革參見張豐緒：《屏東縣志》（屏東：成文出版社，1954 年）。

時期屏東地區的行政中心，以屏東市爲主，下分潮州、東港、恆春，而恆春
主要爲熱帶植物的培植區，相較於其他分郡的發展，已逐漸遠離文化教育的
中心。

　　屏東的書院設立，早於清領時期便有，目前可知者有三：分別是位於阿
猴城（今屏東市）的「屏東書院」，設立於 1815 年（嘉慶 20 年）間，日治時
期改爲孔廟，是屏東地區最早創立的書院；潮州庄（今潮州鎮）的「朝陽書
院」，設立於 1841（道光 21 年）；阿里港（今里港鄉）的「雪峰書院」，設立
於 1877 年（光緒 3 年）。1895 年日本統治臺灣後，引進新式的教育制度，舊
式的科舉制度不適用於新式的教育內容，傳統漢文學不再是主流文學，傳統
書院教育也被迫轉向，但當時民間認爲日本領臺只是暫時，仍有許多保守派
的人將子弟送進書院就讀，因此書院在日治時期背負了傳承漢學的使命，其
存在的意涵已不單是學習、教育的場所，更具有凝聚當地文化思想的價值。

　　地區家族的發跡，除能帶動當地的經濟脈絡，對於文教事業的投入，也
能比一般人較有經營的資源。如屏東市崇蘭的蕭家古厝，其開臺基祖爲蕭維
天，清乾隆年間來臺定居，以務農和經營砂糖買賣生意，是屏東屈指可數的
大戶。1816 年屏東書院成立時，蕭家子孫亦參與其中，1880 年於蕭維天來臺
定居舊址建立蕭家古厝，祖廟旁有日治時期的學堂「課餘軒」，教導當地學子
漢文。〔註7〕另外還有佳冬蕭家，發跡於清末，日治時期成爲當地雄霸的世家。

二、清領到日治時期東港的「地方」印象

　　綜上原因，日治時期屏東地區被看見的「空間」景觀書寫，與清領時期
已有所移動，重疊之處以東港及下淡水溪爲主；尤其東港在清領與日治時期
政治、經濟上的改變，使得此地的景觀書寫有相當明顯的不同，故下列即論
述清領時期與日治時期同樣被選取的景觀：東港。透過同一景觀的選擇，「空
間」的書寫，在時間的推移與人爲經驗的累積下，是否能夠呈現「地方」特
色與價值。

（一）清領時期東港的「地方」印象

　　清乾隆年間鳳山在地文人卓肇昌，因生於斯長於斯，在景觀的記錄與風
土民情的描述上比起清領時期的宦遊文人較爲質樸，詩文中多從描述村民的

〔註7〕相關資料參見陳淑娟等編：《屏東市采風錄》（屏東市：屏東市公所，2002 年），
　　　頁 59。

生活，記寫的角度也與當地的居民作息爲主。試舉卓肇昌〈東港竹枝詞 14 首〉
其中四首：

> 萬頃波光漾碧空，滿湖月色瑩青銅。漁歌忽起滄浪外，人在畫橋一
> 葉中。

> 曉霞絢彩覆東洲，海曲人家逐岸流。煙水幾灣帆片片，浮沈波影五
> 花虯。

> 湖邊春水碧於苔，爲聽泠泠溪畔來。不耐顛風阻人興，漁舟欲上又
> 推開。

> 津頭蒼綠鎖煙霞，海曲停橈即是家。此去瀛壺應有路，可曾邀我飯
> 胡麻？〔註8〕

東港，因帆船停靠的港區位於村落東邊，乃港灣之東，故命名之。日治時期
亦稱「東津」，「津」即爲海邊之意。因地理位置，港口漁業發達，此地的居
民多從事捕魚爲業，靠天吃飯。〈東港竹枝詞 14 首〉即是描寫捕魚常需與天
氣和海浪搏鬥的驚險場面。文中便說「漁歌忽起滄浪外」，帶出漁人出海時隨
著海波忽起忽落的景象，在海上「不耐顛風阻人興，漁舟欲上又推開。」描
寫漁船隨浪顛簸，驚濤駭浪之景，寫出討海人生活的危險與困難。此地的居
民「海曲人家逐岸流」隨著岸邊的發展形成聚落，何處爲家？對於漁人們來
說「海曲停橈即是家」只要能回到停泊的港灣，便是最安全的家。在卓肇昌
〈東港竹枝詞 14 首〉的詩作中，沒有宦遊文人的驚訝、觀看異域的眼光，只
是簡單的描繪出東港這個靠海的小村莊，漁人們如何與海搏鬥。

　　詩文中除了對東港的地理位置，及特殊職業有所交代，主要以動態的景
象爲主，描述漁人在海浪上的驚險與平安歸來，運用「小橋、流水、人家」
的農村安詳、平靜的生活概況，襯托出漁人在海上冒險的辛苦。試舉卓肇昌
〈東港竹枝詞 14 首〉其中七首：

> 截竹編成不繫舟，東涯天際水雲悠；眼前悟得維摩法，葦渡何勞世
> 外求！

> 海濱清洗碧天空，地近扶桑東復東；金鏡曜輝雲氣散，茅簷先被一
> 輪紅。

〔註8〕 王瑛曾編纂：《重修鳳山縣志》【臺灣文獻史料叢刊第一輯】（臺北：大通書局，
　　　　1984 年），頁 477。

漠漠湖東氣倍涼，平蕪春浸碧沙長；前村落盡烏柏葉，無數人家在
夕陽。

岸邊修竹欲干霄，無限波痕漾碧綃。茅屋夜深天似水，白蘆尚有話
溪橋。

奚須方外憶蓬瀛，一片湘波別樣清。風月主人閒便是，夜深枝上杜
鵑聲。

影裏浮虹望裏賒，數行天半落飛鴐。何時乘得長風便，好向龍門泛
一槎。

溪東矯首白雲層，花鳥偏迎舊日朋。欲覓安期仙子宅，昨宵夢裏記
吾曾。

詩中重複使用「溪橋」、「茅屋」、「人家」、「夕陽」等意象，構思出不同於漁
人在海上艱辛的場景。「茅簷先被一輪紅」點出黃昏時分，一早出海捕漁的漁
人們是否已平安歸家？眼看天色漸漸昏暗，此時「無數人家在夕陽」強調村
民們等待出外的家人們平安歸來的焦慮與徬徨；且因東港的地理環境，生活
此處的居民大多捕魚為生，因此不是只有單一戶，而是「無數」人家。昏黃
的大地讓原本祥和寧靜的村莊多了一份徬徨與靜肅。直到「茅屋夜深天似水，
白蘆尚有話溪橋。」看著漁人們平安歸來，村莊渡過了等待的不安和焦慮，
回到了平靜而安穩的夜晚；加之偶而聽到「夜深枝上杜鵑聲」，襯托出村莊在
整天的奔波後，夜晚的寧靜讓枝上杜鵑的聲音更顯孤寂。卓肇昌將漁村純樸
的生活與討海的辛苦，不假修飾地呈現在眼前。

　　一切的景語無非情語，觀覽漁村的作息後，詩人不禁湧起滿腹情愁。以
農村的寧靜對比漁人的驚險，透過外在景色的動靜變化，即海波的時而「不
耐顛風阻人興」時而「萬頃波光漾碧空」，對比等待漁人歸帆的村民們內心的
徬徨。其中也有借景託情的成分，以所見之景來反映自己的內心世界，認為
「眼前悟得維摩法，葦渡何勞世外求！」，可見詩人的內心中充滿無限惆悵，
外在景物正是一種讓他宣洩的媒介。情緒從何而來？「何時乘得長風便」說
明了不得志的愁苦來自於情志的無所寄託。最後只能「欲覓安期仙子宅，昨
宵夢裏記吾曾。」將滿懷的惆悵帶入夢中，在虛幻的世界中尋找寄託的可能。

　　卓肇昌透過對地理位置的認識，熟悉當地居民的生活作息，進而回歸到
自己的內心世界，尋求寧靜與沉澱的空間，在〈東港竹枝詞 14 首〉中，可見

其不斷重複呈現漁人捕魚的大浪之景，海浪時而平靜時而波濤，漁村時而安
祥時而徬徨，最後映照在自己無奈的內心上。透過卓肇昌的詩作，可以初步
看出在地文人在描繪熟悉的景象時所使用質樸、寫實的手法，不同於宦遊文
人驚訝、好奇和觀看異域的眼光。詩文中所呈現的地景往往因為作者的外緣環
境而有所差異，因此本地文人對於在地文化的書寫便較能以同理的眼光出發。

　　但若以「地方」書寫的價值而論，卓肇昌的詩文中，的確體現了漁村整
天的生活作息，然此生活形態只要是靠海的村落，都能有類似的景象。因此，
是否能扣緊「東港」的地區特色作描寫，表現出東港的「地方」價值，仍有
議論之處。

（二）日治時期東港的「地方」印象

　　日治時期的東港，在地方仕紳及政府的重視下，不再只是漁港邊的小聚落，
逐漸形成有具規模的居住地、產業規劃、信仰中心等。下述討論的詩作，主要
以蕭永東、何達等東港在地文人為主，輔以屏東各地及外縣市文人以東港為詩
題內容之作。另蕭永東生平的介紹與貢獻已於第四章有所論，故此不再贅述。

　　何達（1896～1943），字悟生，號雪峰，屏東東港人，從事工商、金融業，
是當地頗有名望的地方士紳。六歲時曾至書房學習漢文，具有深厚的漢學造
詣，亦是日治時期屏東地區重要的文人之一；〔註9〕曾多次參與高屏地區的重
要詩會，詩作多發表於《臺南新報》、《三六九小報》、《詩報》等，對於屏東
的古典文學創作可說是不遺餘力。因地緣關係，與蕭永東為至交好友，兩人
不時有彼此唱和的作品，如蕭永東〈東港夕陽斜次何悟生詞兄韻〉〔註10〕、〈春
日偕何雪峰詞兄同遊東港溪邊〉〔註11〕等作。兩人生活範圍皆已屏東東港為
主，因此以二人所作之詩代表東港的空間意象，莫不適乎。

1、運用海景變化，塑造地方特色

　　日治時期，東港與屏東郡、潮州郡、恆春郡為高雄州管轄範圍，位於屏
東平原西北部之臨海地帶。東港一代的土地含鹽較重，每到夏、秋兩季，東
港溪水暴漲，每每氾濫成災，因此早期定居的居民寥寥無幾。〔註12〕明鄭時

〔註9〕　參考顏菊瑩：《蕭永東研究──以《三六九小報》為探討文本》（台南：國立
　　　　成功大學臺灣文學系碩士論文，2010 年 7 月。），頁 34～35。
〔註10〕　詩作載於《台南新報》，1924 年 7 月 13 日，第 8044 期，頁 5。
〔註11〕　詩作載於《台南新報》，1923 年 3 月 12 日，第 7555 期，頁 5。
〔註12〕　參見趙康伶：《我的家鄉──屏東》（屏東：屏東縣政府，2002 年），頁 23～
　　　　24。

期，東港一帶原爲安置罪犯所在，1683 年（康熙 22 年）於東港設置「下淡水巡檢」兼有海防功能，並置官署，可見當時東港的軍事、政治地位相當重要。但因此地水患頻仍、土多瘴癘之氣，因此居民只有少數的茄藤社、放縤社、力力社等平埔族，從事零星的狩獵、農耕、漁撈活動。即使身爲臺灣南部的重要港口，清領初期也未能形成如阿里港、阿緱街的市集聚落。直到清乾隆年間，泉州的蔡、鄭、張姓等家族移居來此，後來又有黃、洪、蘇、陳等家族的移入，不僅從事捕魚、耕種的事業，也逐漸開發轉口貿易的生意，帶進原鄉信仰。直到 1840 年（道光 20 年），將東港列爲全臺 17 大港口之一。1860 年（咸豐 10 年），開放通商口岸，茶、糖、樟腦爲出口大宗，東港成爲糖的集散中心。1864 年（同治 3 年）6 月全臺大水，迫使新園鄉的居民搬遷至東港溪東岸，原停泊的碼頭改至今和美街口，此後東港沿岸市街發達，商賈如雲。〔註13〕

　　日治初期，東港因腹地廣大，阿里港、阿緱街、萬丹街、潮州庄、林邊街、枋寮街的貨物轉運都有賴於東港港口的運輸，因此許多高雄的洋行郊商也於此地開設分店，經營進出口買賣。如黃靜軒〈東港〉一詩中所寫的「參差樓閣臨街起，多少漁家逐岸流。」〔註 14〕不僅保留卓肇昌描述「海曲人家逐岸流」之景，且因爲市集發達，造成樓房林立的現象。再看蕭永東〈東港晚眺〉：

> 漁舟來往水雲鄉，大好溪山任遠望。回首萬家樓閣翠，津頭詩思在斜陽。〔註15〕

首句稱讚東港如「水雲鄉」，漁船往來頻繁，港口集散轉運的功能。第三句寫出東港市集繁榮，樓閣萬家，詩末再以「津頭」、「斜陽」之景，營造詩作氛圍。由此可見，日治時期的東港，不僅是人聲鼎沸的城市，確實爲南部地區溝通往來的集中地。試舉何達〈東港雜詠〉：

> 漫道東津勝蹟無，東津眞箇是名區。四時天氣誇全島，朝夕風光似畫圖。山作錦屏臨月鏡，水成玉帶遶街衢。三餐更得佳肴足，名產魚蝦上煖爐。〔註16〕

〔註13〕相關歷史沿革參見張豐緒：《屏東縣志》（屏東：成文出版社，1954 年）。
〔註14〕《台南新報》，1923 年 4 月 1 日，第 7575 期，頁 5。
〔註15〕《台南新報》，1925 年 9 月 8 日，第 8466 期，頁 5。
〔註16〕《台南新報》，1925 年 2 月 10 日，第 8256 期，頁 5。

日治時期東港又稱東津,「津」爲海岸之意,首聯點出東港地區開發歷史悠久,
有許多不爲人知的名勝古蹟,稱讚東港是個地靈人傑的好地方;頷聯透過四
季如春、鳥語花香的氣候,描寫朝夕風光如畫般迷人;頸聯寫東港街曲水道
環繞,標立其水鄉澤國的特色;尾聯以「三餐佳餚」、「名產魚蝦」敘述此地
物產豐繞,擁有良好的生活資源。全詩描述的東港,已是開發完整的城市,
生活環境優良,物資豐盈,也不像清領以前那樣人煙稀少、瘴癘瀰漫。

　　東港地區市街繁榮之景,到日治中期,1914 年(大正 3 年)開通高雄至
林邊的鐵路,高雄港的地位逐漸提升後,東港港口的轉運功能便開始不如以
往;1917 年後,東港不再爲「特別輸出入港」,此後郊商紛紛撤離,東港繁華
不再。即使如此,此地的居民已形成一個完整的聚落型態,具有獨特的產業、
信仰。下列試舉高雄州下聯吟會擊鉢〈東津海市〉,描述東港街市繁榮景象之
作:

> 指點琉球嶼,蒼茫接九衢。白雲藏古刹,綠靄罩仙都。
>
> 樓閣憑空見,舟車與世殊。龍宮通有路,甚欲摘驪珠。(吳步初)
>
> 一津生活好,深處有街衢。龍女寒休杼,鮫人夜泣珠。
>
> 迂譚韓信辱,赴蹈仲連無。貿易時潮急,浮沈漫縱桴。(陳寄生)
>
> 東海現街衢,萬商會此都。雲迷連鳳鼻,日出燦鮫珠。
>
> 吳市情偏異,秦淮景亦殊。莫徒看幻影,南進振雄圖。(德富中平)

〔註17〕

詩題定〈東津海市〉,顧名思義取材的內容便會以東港街景爲主,海景爲輔。
吳步初一首開頭透過琉球嶼指出與東港的相對位置,滄茫大海緊臨著街衢,
往來的舟車帶來了商機,使得此地繁榮。陳寄生一首更明確點出「貿易」一
詞,說明了日治時期東港港灣對於臺灣人民貿易的重要性,在貨物流通的集
散地,因此造就了良好的生活條件。德富中平一首開頭也是強調此的繁華的
景象,因爲港口的集散作用,使得許多貿易商選擇在東港開設商郊進行買賣,
因此才有「萬商會此都」。

　　另外,東港文人蕭永東具有靈活的經商頭腦,是當地德高望重的仕紳;
對於文學社團的經營盡心盡力,其詩作中與東港相關的內容,更是將當時的
東港風貌如實呈現。像是《東港蕭永東先生遺稿》中所寫〈東港泛舟〉:

〔註17〕《詩報》,1941 年 11 月 17 日,第 260 期,頁 20。

遠近溪山好，週遭港市連。橈声春水破，帆影碧空懸。

欲泛龍宮月，先看鳳岫烟。竹橋橫斷處，古渡繫漁船〔註18〕

文中描述的東港景象，不僅點出東港市區鄰近東港溪的位置，呈現東港溪旁街道市集的繁榮之景，更描繪出東港溪溪畔帆影漁船交錯的景致。再看蕭永東〈東港夕陽斜〉9首其中3首：

浮雲重疊起天涯。蔽盡餘光日暗斜。海上風潮聲正急。漫教射影到明沙。

尋常溪畔絕浮塵。傍晚行吟養性真。水漲平沙斜照裡。如斯清景少遊人。

黃昏色相潔盧空。猶向津頭納海風。立處卻疑塵世外。何須奢望到蟾宮。〔註19〕

文中描述浮雲層層疊起，落日餘暉斜照，海上波濤洶湧，營造出東港地區如世外桃源般絕塵世於外；尤其點出落日餘暉，波光粼粼之景，漁火點點在海面上載浮載沉。這時是最令人有閒情逸致，海風從港口一波波的湧入津頭，此處的美景已彷彿令人置身俗塵外，哪裡需要羨慕蟾宮的幽冷、寂靜。

屏東文人對於東港空間意象的建立，除在清領時期文人的基礎上，描繪海港漁村的生活作息、漁人捕漁的辛苦外；更因港口的貿易功能，帶進繁榮的契機，敘述東港人聲鼎沸、車如流水，馬如游龍。此時的東港意象，不僅保留清領時期世外桃源、純樸的漁村生活，更多加了樓房林立、街衢繁華之景。由此見，日治時期的東港，已不單只是個小漁村。它擁有互通往來的交易港口、林立的樓房、繁華的街市，除了漁業產業的發達外，貿易更是讓東港成為被看見的原因。

2、運用地景描寫，標示相對位置

琉球嶼在清領時期常被選入屏東四景中，詩題為〈球嶼曉霞〉。小琉球原名為沙馬基，元朝時代臺灣與沖繩列島合稱琉球，明朝後改沖繩列島為大琉球，臺灣為小琉球，荷蘭時期將臺灣正名為「臺灣」，原小琉球之稱則轉到沙馬基繼續沿用。直到日治時期，大規模更改地名下，將小琉球一名改為「琉球」。在漢人未開墾前，琉球嶼原為平埔西拉雅族所居，原民生活單純，日出

〔註18〕節錄自《東港蕭永東先生遺稿》〈東港泛舟〉，頁74。
〔註19〕《台南新報》，1924年4月15日，第7955期，頁6。

而作、日落而息。荷蘭時期，統治勢力擴及琉球嶼，當時記載居於小琉球的番民兇悍跋扈，常加害荷蘭人；後荷蘭人以飢餓、放火等方式逼其就範，殺數百人，其餘俘虜則運往安平，供勞役、妻妾之用，此後琉球嶼上的平埔番民便不復存在。

　　鄭成功時期，實行兵屯，獎勵耕作，琉球當時隸屬萬年縣，下淡水溪以南除東港、新園、萬丹一帶瘴癘瀰漫外，鮮有人煙，整個屏東平原乃至琉球嶼都有漢人開墾的足跡。由此看，琉球嶼的開發早於東港。1721 年（康熙 60 年）朱一貴事件後，清廷將琉球嶼、瑯嶠（今恆春）等地列爲禁區。1864（同治 3 年）琉球嶼屬鳳山縣管轄，始派軍駐守。1875 年（光緒元年）開山撫番政策後，琉球嶼才再度開放；前後 154 年，琉球嶼皆視爲化外之區，禁絕漢人往來。〔註 20〕試舉清領時期鳳山知縣黃家鼎〈球嶼曉霞〉：

> 鯤南天設小琉球，一嶼千家水上浮。燦爛晴霞明海市，迷離曉日現
> 蜃樓。綺橫平旦飛還駐，名類藩封禁又收。散錦煥文開盛運，孤懸
> 片土亦瀛洲。〔註 21〕

首聯寫出小琉球是屏東外海的一個小島嶼，在這島嶼上住著許多人家，因爲島嶼浮沉於海上，島上的人家看似「水上浮」般，迷離之景如海市蜃樓。「名類藩封禁又收」即是說明當時清廷政府屢封禁之，漢人無法至島上互通。

　　在景色的描述上，王賓〈球嶼曉霞〉：

> 滄海藏殘月，青山出曉霞。松門增景色，荻岸帶光華。
> 似霧堪文豹，非霜自潤花。更看紅濕處，球嶼萬人家。〔註 22〕

在這島嶼上，被觀看到的景色無非是「滄海」、「殘月」、「青山」、「曉霞」。剛破曉時陽光冉冉升起，殘月漸漸的沒入滄海之中，曉霞從青翠的山巒中劃向大地。在禁令的發布下，漢人無法實際到琉球嶼島上驗證口耳相傳的傳說，又加上在東港沿岸看見的似霧似花的朦朧景色，更增添了琉球嶼的神秘。林夢麟〈球嶼曉霞〉：

〔註 20〕相關歷史沿革參見《屏東縣琉球鄉公所》，網址：〈http://www.pthg.gov.tw/liuchiu/ index.aspx〉，檢索日期：2014 年 5 月 2 日。

〔註 21〕盧德嘉：《鳳山縣采訪冊》【臺灣文獻史料叢刊第二輯】（臺北：大通書局，1984 年），頁 460。

〔註 22〕盧德嘉：《鳳山縣采訪冊》【臺灣文獻史料叢刊第二輯】（臺北：大通書局，1984 年），頁 488。

嶼如蓬島水中浮，曉曙霞生萬仞頭。紫映朝陽遮碧漢，紅輝蒼海染
丹流。燒山樹火晨初放，濯錦江波夜未收。擬望凝颱風又左，金光
滿棹送歸舟。〔註23〕

朝霞透過海波的蕩漾照射整個島嶼，穿過林間有如「燒山樹火」般紅焰；因
小琉球的居民生活在島嶼上，常常整夜都在外海捕魚，直到朝霞升起，才歸
帆回到岸邊，此時望著一夜未歸的小船便如在霞光萬道間漸漸停向港邊。

　　日治時期，鑒於琉球嶼近海漁產豐富，1925年成立漁業組織，1937年「琉
球嶼避難港」竣工，提升當地漁撈技術及漁民生活福利，此後琉球嶼成為南
部地區漁撈業者的避風港與漁場中心。由上歷史沿革可見，琉球嶼的開發比
東港沿岸早，其地理位置與產業的重要性也於荷蘭時期便受關注；但因清領
時期政策禁令的關係，停滯了琉球嶼的發展，直至清末才再度開放。故清朝
時期文人眼中的〈球嶼曉霞〉並非實際站在琉球嶼上所觀看的景象，因當時
琉球嶼為禁區，除有少數軍屯外，少有人煙居住，更別說與臺灣島上的漢人
往來。因此清領時期的〈球嶼曉霞〉取材角度應是站在東港沿岸望向琉球嶼，
或是透過想像描繪其景，而並非真的具有當地的特色。由此可提出一疑惑，
當時文人處在東港沿岸，確不以東港港灣或街市景色為取材對象，反而是描
繪汪洋中的一島嶼；可證清領時期東港的「空間」意象還不比琉球嶼明顯，
更遑論「地方」價值。

　　但到了日治時期，詩中琉球嶼的描寫，反而退居為東港地理位置的界定
方位之一，更成為東港沿岸的地標。作為地標景觀，琉球嶼在詩中的價值不
在如清領時期那樣描繪生動，不再擁有主角的位分，而多以相對的地理位置
帶出，主要仍將詩作內容放於東港海景或市街。試舉張觀廷〈東津秋色〉：

黃雲接水平，歸棹一毛輕。島嶼琉球現，樓臺蜃市生。

蘆花遙岸白，烟火近村明。獨立漁橋上，飛鴻數不清。〔註24〕

文中敘述漁人在歷經整天在海上的奔波，歸帆時備感輕鬆。此時港邊外海浮
現琉球嶼的身影，東港街上盡是林立的商郊、樓臺；岸邊蘆花搖曳生姿，海
上漁火忽明忽滅，圍繞著漁村，成群鷗鳥傍夕歸來。再看鄭玉波〈東津垂
釣〉：

〔註23〕盧德嘉：《鳳山縣采訪冊》【臺灣文獻史料叢刊第二輯】（臺北：大通書局，1984
　　　　年），頁498。
〔註24〕《詩報》，1937年2月19日，第147期，頁8。

投餌移舟傍石矼，琉球山色納篷窗。浮生喜得絲綸趣，一日閒消下

淡江。〔註25〕

第二句從船窗的角度望去，琉球山色盡收眼底，可見琉球嶼與東港海岸比鄰
而居。透過描述琉球嶼周邊相對的景觀位置，明確的指出東港的地理位置。
一樣透過遠望呈現琉球位置的詩作，如鍾武德〈東港遠望〉：

欲窮遠目上層樓，水色山光四面收。隱現村莊知赤崁，昇沉島嶼認

琉球。雲霞天半迷斜日，蘆荻叢邊泊釣舟。最好披襟長嘯傲，海風

吹到爽如秋。〔註26〕

首聯以「欲窮千里目，更上一層樓」之姿寫出詩人登高望遠，閱盡山光水色。
頷聯寫望向海上浮沉的島嶼，隱約可見村落錯落其中。頸聯、尾聯回到東港
岸邊，雲霞透光、蘆葦搖曳，港邊停泊著數隻舟船，漁人垂釣於江邊。

　　屏東詩人們擅於運用地理位置上的對比，清楚地點出東港的空間意象。
在卓肇昌的基礎上，不僅描寫漁村的作息、漁人的辛苦、落日美景、夜晚的
寂靜，更運用小琉球的意象，使得東港的空間意象更為明顯，進而從中樹立
「地標」的形象，而成為「地方」書寫的特色。

3、運用民俗活動，呈現地方價值

　　臺灣的「王船信仰」盛行於西部沿海，尤其東港的王船祭近年來更是知
名的民俗活動，其表現了當地的人文特色與海島性格。廟宇林立是東港的一
大特色，「東隆宮」則是當地的信仰中心。

　　主神溫府王爺原名溫鴻，生於609年（隨煬帝5年），唐朝貞觀年間，唐
太宗微服出遊時遇險，溫鴻與當時隨行的35人就駕有功，賜封為36進士。
後來36進士在奉旨巡行時，於海上罹難，唐太宗痛心之餘將眾人追封為「代
天巡狩」。傳說溫鴻成神後，曾多次顯靈救助海上的遇難者；1706年（康熙
45年），東港外海發現一塊神木，上標「東港溫記」，當地居民認為溫王欲在
臺灣定居，此後溫王的信仰便流傳於東港地區。〔註27〕

　　王爺信仰屬於去除瘟神的信仰之一，早年漢人來臺墾居，因環境、衛生
醫療落後，瘟疫瘴癘瀰漫，為求平安健康，演變為王爺除瘟的習俗；「東隆宮」

〔註25〕《詩報》，1944年4月25日，第314期，頁21。

〔註26〕《詩報》，1933年7月1日，第62期，頁14。

〔註27〕相關東港王爺信仰參見《臺灣民俗文化研究室》，網址：〈http://web.pu.edu.tw/~
folktw/prospectus.html〉，檢索日期：2014年3月3日。

燒王船的儀式，就是一項驅送瘟神的祭典。王船祭譙為期七天，已是東港鎮的全民運動，從請王、王駕出巡、遷船繞境、宴王到燒王船。請王後四天分別於鎮內北、南、中、郊區進行繞境，主要為除瘟壓煞，安撫民心。舊例規定，王駕離去的七天內，鎮內不得有鐘鼓聲、戲曲聲、鞭炮聲，免得王爺以為地方信眾邀之回駕，也避免送走的瘟神疫鬼循跡而回；另外也禁止出海漁撈，以免漁船和王船相碰。

東港「東隆宮」，在祭祀中演酬神戲時，會依照同安、南安、晉江……的順序，演四縣份之謝神戲，這與先民來臺開墾的聚落相關。王船祭除保有驅瘟除疫的意涵，更可凝聚東港民心，整合族群，進而呈現地方價值。試舉何達〈東港乙丑迎王竹枝詞〉十六首其中數例：

祭典三年號一科，擇將乙丑在清和。迎來聖駕臨天府，問道王爺俑姓何。

廟廷燦火馬蹄音，便覺中軍府降臨。吩咐六街齊犒賞，安排神位待燒金。

四處張燈樹綠門，恰逢今上祝氣婚。官民兩日連休暇，共沐神恩又帝恩。

舟車難載客三臺，十萬人多訏湧催。紅綠織成春似海，總酬口願進香來。

宮前賣店接待衢，車馬喧囂若帝都。爭用黃金買金紙，盡將金紙焰金爐。

簫鼓聲喧爆竹煙，假粧神輿繼相連。迷濛十里人多少，玉輦香車又接肩。

輦前家將接斑頭，行列莊嚴過畫標。士女兩傍齊起立，拈香雙手拜無休。

餞船添載近斜暉，神輿人多五色衣。兵運牙檣牽錦纜，整齊一路見王威。

送王事畢靜無譁，物盡收藏客抵家。過午沛然傾驟雨，神靈到處驗無差。〔註28〕

〔註28〕 《台南新報》，1925 年 6 月 14 日，第 8380 期，頁 5。

此組描寫東港迎王的竹枝詞，將迎王的過程順序羅列交代，並寫出當時的熱鬧之景。於此選擇較爲代表性的詩句，詳加說明。東港迎王祭典，以農曆地支丑、辰、未、戌年爲舉行祭典的「大科年」，此首寫作時間正爲乙丑年，因此迎王的盛況更是鑼鼓喧天、觀者如織。詩中寫道「祭典三年號一科，擇將乙丑在清和。」祭典三年一科，今年正值乙丑年。「廟廷燦火馬蹄音，便覺中軍府降臨。」開始請王儀式，當聽到廟中敲鑼打鼓的聲音，便感到王爺降臨，此時大街小巷忙著準備三牲素果，安置好神牌與紙錢準備請王儀式。接著「四處張燈樹綠門，恰逢今上祝氣婚。」王駕出巡時家家戶戶張燈結綵，街頭巷尾喜氣臨門，爲了迎王的準備，大家都放下手邊的工作，一同共沐神恩。「簫鼓聲喧爆竹煙，假粧神輿繼相連。」遷船繞境處人來人往，熱鬧紛紜，人車絡繹不絕，熱鬧擁擠，各地信徒紛紛湧入，戶限爲穿，觀者交錯穿梭，如雲如織。宴王時，宮廟前熙熙攘攘，信徒爭相朝拜，競將紙錢投入金爐中。大排的人龍如過江之鯽，絡繹不絕，街衢各處摩肩接踵，川流不息；廟內更是蟻集蜂聚，萬頭攢動，誠虔的信徒雙手膜拜，不曾停歇。直了落日餘暉「餞船添載近斜暉，神輿人多五色衣。」開始進行燒王船的祭典，信徒整齊劃一地並列兩旁，進行送走瘟神的儀式。最後「送王事畢靜無譁，物盡收藏客抵家。」信徒將貢品分送各家，期許王爺庇佑此地區民，大顯神威。

　　何達〈東港乙丑迎王竹枝詞〉選擇了許多爲期七天，王船祭醮的重要片段，從請王、王駕出巡、遷船繞境、宴王到燒王船，都詳盡地記錄了當時盛況之景，不僅寫出了東港地區人民信仰的凝聚力，更運用民俗文化的活動，塑造「地方」的獨特價值。

　　日治時期的文人確實比清領時期的文人有更多的「地方」意識，這「地方」意識的形成確實與前述的「經驗」有關，此地的人民透過時間的累積，逐漸形成該地特有的地方情感。人對於環境經驗所累積的價值觀，即是人心靈所呈現的「地方感」，而這價值觀的累積必然與生活環境息息相關。日治時期的東港地區，對於文人來說，已不單單只是「空間」的概念，文人懂得在詩文中透過景觀的變遷、地標的選擇、信仰的滲透，進而形成東港特有的「地方」感。

第二節　空間與地方

　　此節所談論的「空間」乃相對於時間而言，在空間的橫軸上，探討屏東

文人的移動與外地文人的到來，對於屏東景觀有何不同體會與認定。時間範圍以 1895 年至 1945 年止，觀察在日本殖民的 50 年間，屏東文人與外地文人如何建立交流的網絡，探討來自於不同「空間」的文人，如何來彰顯屏東地區的「地方」價值。

一、日治時期屏東文人的空間移動

　　日治時期屏東傳統文學的起步相較於其他縣市而言較爲緩慢，文人的養成也並非全源自於屏東在地的養分，因此與外地文人的交流學習，成爲屏東古典文學塑型來源之一。觀察屏東文人如何以個人身分至外地詩社學習，乃至成立社團邀請他地詩人、詩社相互切磋成長的過程，可更釐清屏東傳統文學發展的脈絡。透過學習模仿的過程，發展出屏東詩社各自的特色與理念，並在交流的過程中，將屏東的地方印象傳達出來。

（一）屏東文人參與外地詩社軌跡

　　屏東文人的文學活動具有規模與雛型是在 1917 年礪社成立以後，但此後 1920 年成立的東港吟社、1923 年的屏山吟社、1926 年的六合吟社，於報章雜誌上少有記載，直到 1931 年臨溪吟社的成立，爾後的詩社活動與詩人交流才漸頻繁，且於報章雜誌上有漸多的紀錄。因此在 1931 年以前，屏東文人的發表與交流場所大多仰賴鄰近鄉鎮的詩社，屬於個人的參與。

　　像是 1931 年 6 月鳳岡吟社舉辦「屏東陳秋波、陳福清二先生歡迎會擊鉢吟〈畫竹〉」此次參與的成員多爲鳳山地區詩人，如高雲鶴、張坤水、王兆熊、黃福全、陳秋波、陳福清、姚松茂等。1931 年 4 月鳳岡吟社舉辦「辛未元旦歡迎高雄屏東吟友擊鉢吟」，參與成員如黃石輝、許君山、高雲鶴、鮑樑臣、楊敬亭、姚松茂、陳拱辰、黃福全、張坤水等。參與者多，然有記載之詩作，只有黃石輝確定爲屏東地區文人。因地緣關係，鳳山詩人與屏東詩人的交流相當密切，尤其在屏東詩社活動尚未頻繁之際，與他社的交流多以個人的身分爲主。

　　此外也有參與他社徵詩活動，提高自身的曝光度。如 1931 年 4 月，原爲礪社漢學研究會講師的王松江，參與旗峰吟社徵詩〈尋春〉；6 月陳坤一參與善化太虛逸人徵詩〈阿芙蓉〉；6 月淡北吟社〈從良妓〉一題，潮州文人吳蔭培、東港文人蕭永東、屏東文人陳坤一皆參與其中。可見屏東文人參與徵詩的範圍，並不局限於南部地區，甚至臺北地區的淡北吟社也有屏東文

人的足跡。甚至遊走全臺，至各地會訪吟友。如 1931 年 10 月 1 日《詩報》
刊載：

> 本報屏助員：屏東詩友王松江、黃石輝二氏，素工金石學，猶精樹
> 乳美術彫刻。此次欲藉其技術，效無錢旅行漫遊全島，歷訪各地吟
> 友。已準備一切，將於古中秋後出發，亦騷人雅趣也。〔註29〕

王松江、黃石輝二人為前礪社社員，在礪社結束營運後，詩人雖失去共同創
作的舞臺，但作詩唱和的念頭沒有停止；因此向外出走尋求更多的創作場所，
此報載內容即說明了屏東詩人憑藉著騷人雅趣，歷訪各處，與他地文人交流。

（二）外地詩人參與屏東聯吟社軌跡

　　屏東詩社的成長，雖與社長創社理念、社員參與度、詩社運作息息相關，
然不可忽視的是外地詩人帶來的激盪，詩人於創作中彼此觀摩學習，帶入他
地的寫作風格與文化特色，更藉由文人不同的寫作角度，呈現詩作的多樣性，
也使得詩社的運作更加多元。

　　屏東聯吟會乃涵蓋於屏東街、東港郡、潮州郡、林邊庄等處，為礪社解
散後以另社團形式吟詠無間。如 1931 年 5 月，屏東聯吟會舉辦「歡迎鳳岡吟
社友姚松茂氏擊鉢錄〈畫魚〉」參與者有姚松茂、薛玉田、黃石輝、王竹客、
楊敬亭、王湘江、楊柏顯、楊顯達、陳月樵、陳墨痴、楊花恨、陳福清；其
中黃石輝、陳月樵、陳墨痴、楊花恨、薛玉田等人皆為屏東文人，作為辦理
活動的指導單位，可見屏東文人積極的參與感。此外臺南地區也是屏東文人
活動的空間場所，例如 1931 年 8 月屏東聯吟會舉辦的「歡迎香芸吟社石儷玉
女士擊鉢錄〈簾影〉」。香芸吟社為 1930 年臺南地區以女詩人為主的古典詩社，
此次的參與人員除有郭芷涵、黃石輝、陳家駒等原礪社成員領軍外，亦有葉
榮春、尤靜明、王松江、石儷玉、王竹客、洪清雲、艷僧、楊敬亭等人，皆
為屏東聯吟會積極參與的作家。1939 年 7 月，屏東聯吟會舉辦「逸園讀畫」
擊鉢錄，邀請鳳山詩人鄭坤五擬題：

> 屏東聯吟會，於去月 19 日，適逢臺北簡荷生氏鳳山鄭坤五氏來屏之
> 機，是夜 10 時假逸園藍漏秀氏別墅，開歡迎擊鉢會，定刻齊集，由
> 鄭坤五氏擬逸園讀畫為題，韻拈一先，至 11 時半交卷。眾推鄭坤五
> 郭芷涵兩氏為詞宗，謄後，交詞宗選取發表左右歸陳家駒黃嘉源所

〔註29〕《詩報》，1931 年 10 月 1 日，第 21 號，頁 15。

得，由逸園主人美意，分發贈品，並披覽古今名人書畫，至更闌方
散去。〔註30〕

此次參與活動的屏東詩人有，陳家駒、黃嘉源、薛玉田、秋澄波、陳文石、
郭芷涵、周椅楠、周明德等人，多為日治時期以屏東街（今屏東市）為活動
範圍的詩人。活動緣由乃因臺北簡荷生、鳳山鄭坤五兩人遊訪屏東，尤簡荷
生為《風月報》發行人，同為文壇耕耘者的文士，對於遠方好友的蒞臨，不
忘以文人的方式招待之。

（三）屏東詩社與外地詩社交流軌跡

屏東詩人在外地詩社及詩人的身上汲取文學的養料後，於 1931 年後逐
漸建立起屬於屏東地區的古典文學網絡，除了詩人個體與固定社團交流外，
也有以社團對社團的形式，相互唱和切磋，以達相互成長的效果。如 1941
年 8 月屏東聯吟會舉辦的「歡迎麻豆綠社友」擊缽，以〈志願兵〉為題，羅
聯璧、郭芷涵為左右詞宗，參與者有周椅楠、黃森峰、吳紉萱、陳文石、薛
玉田、陳美馨、陳家駒、黃嘉源、呂左淇、賀來亨、李老盈、周良玉等。屏
東文人與麻豆文人參與的比例相當，透過他地詩社的來訪，不僅提高屏東文
人的曝光度，也能彼此學習個地區經營社團的方式。再看 1942 年 5 月東港
與林邊地區的東林吟社，舉辦「歡迎高雄諸吟友於東美園旗亭擊缽」，詩題
為〈酒杯〉：

古今顛倒幾英雄。李白生涯是此中。琥碧光涵三徑外。高擎大笑醉
詩翁。（陳志淵）

琥碧光涵竹葉紅。擎來聊以論英雄。漫疑蛇影含沙射。千古才人溺
此中。（陳寄生）〔註31〕

此次擊缽主要歡迎高雄地區吟友們的到來，吳步初、高雲鶴為左右詞宗，參
與人員有陳志淵、陳寄生、吳紉秋、黃靜軒、蕭永東、鐘武德、林望南等，
與會人員以東港、林邊地區的文人區多；然詞宗皆為高雄地區文人，可見此
場活動主客地位分明，擊缽詩作不重於內容的評等高低，而在於賓主盡歡。

（四）各地聯吟會的參與

屏東詩社除了常有定期的擊缽、課題外，也常相互聯吟切磋，與高雄地

〔註30〕《風月報》，1939 年 7 月 7 日，第 89 期，頁 35～36。
〔註31〕《詩報》，1942 年 5 月 6 日，第 271 期，頁 11。

區的詩社更是聯繫密切，在「高雄州下聯吟會」中，屏東詩人的曝光率也相當高。屏東詩人於 1931 年起，積極參與各地聯吟會，此社交範圍不以社團為主導，而是以地區為主，打破了詩社與詩社間的距離。如黃石輝 1931 年 6 月參與的高雄州下吟會擊鉢錄〈情緒〉、7 月的〈破扇〉等。有時在大型聯吟會的場合中，來自於各地的詩人彼此交流，像是 1932 年 4 月 17 日於澎湖公會館舉辦的高雄州下聯吟會，與會來賓來自於嘉義、臺南、高雄、屏東各地，屏東詩人黃石輝、陳家駒、薛玉田等人都參與其中；然至此詩社參與活躍性較高的詩人，仍多以前礪社社員為主。又如 1937 年 2 月（昭和 12 年），高雄州下聯吟會舉辦的「東津秋色」擊鉢，詞宗由屏東郭芷涵與九曲堂鄭坤五擔任，獲選詩作諸如黃嘉源、王松江、周良玉等人皆屬屏東地區的詩人。

　　屏東詩人的活動範圍雖集中於嘉義以南，但對於全島的聯吟大會也積極參與，不曾缺席。以 1933 年 3 月 1 日《詩報》的報導來看：

　　全島聯吟大會

　　屏東出席者百餘名，頗呈盛況，決定來年嘉義承辦

　　全島聯吟大會輪值屏東承辦去十一日午后一時半起，開於屏東公會館詩社，四十一社及無所屬等出席者計百五十五名。定刻以煙火為號，會員陸續入場，會場高揭各社旗幟，一同著席後，首由郭芷涵氏宣告開會，次蘇維吾氏朗讀各地視電祝詩，次陳家駒氏起立推薦詞宗……擬題以「屏東春曉」為首唱，題目五律文韻；「瑞竹」為次唱，題目七絕歌韻，……又第二日午后一時半，開於屏東公會館，定刻前煙火二發通報入場……擬題首唱「溪月」七律蕭韻；次唱「展元宵」七絕先韻……。〔註32〕

此次全島聯吟大會參加者眾，於屏東公會館詩社舉辦，共計有 41 個詩社參與，郭芷涵為主席，蘇德興、陳家駒分別擔任司儀宣布各項事項。從主持大會的人員組織來看，擔任要職者皆為前礪社的主要幹部，郭芷涵為當時副社長、陳家駒為漢學研究會講師、蘇德興為礪社改制後的主要領袖；此時屏東古典詩的創作氛圍仍以礪社的傳統模式為主導。詩題與屏東地景息息相關，詩人透過聯吟會的交流，不僅能與他地詩人聯絡感情，互通有無，更能將屏東在地的人文景觀傳達給與會來賓。如「長橋鑽淡雲」（陳圖南）、、「煙籠椰樹綠」

〔註32〕詳細資料載於《詩報》，1933 年 3 月 1 日，第 54 號，頁 1。

（趙劍泉）、「球嶼霞光爛」（施性湍）、「大武將殘月」（吳鴻爐）、「遠睹旗津水」（李步雲）、「人來雅俗分」（荣子舟）等，其中不乏有針對屏東地理位置與建設、自然景觀略述介紹，或有以產業、人文爲描寫主軸。詩人以感性的筆法，如實地記錄眼見所聞與心中所思。許多來自外地的文人，透過聯吟會擊鉢的方式，親自到此地一遊，認識當地的風土民情與地理景觀。

聯吟會的徵詩內容與一般詩報徵詩有些許不同，其與作者所置入於詩中的情感及眞實性相關。報章雜誌上刊登徵詩消息，擬題後會附上題目的衍申解釋，投稿者可直接針對題目的詳解來作詩創寫，不見得參與其中或置身當處；因此詩作的呈現僅止於符合題目的文字排列，並沒有作者實際參與的影子，共鳴度也因此降低。創作本身若缺乏作家個人的情感，呈現的作品就如同軀殼，缺乏生命力。然聯吟會最大的特色即在於給詩人交流的場所與空間，因此作家勢必得處於當下的情境中，在此姑且不論作者寫作功力的高低，作品的取材通常以創詩地點相關。詩人於寫作時，對於眼前的地景與風貌，勢必會與心中想法產生撞擊，或有感而發，或對景色讚嘆。這些詩作，不僅是詩人於當地地景所投射的情感，更是記錄歷史最有力的佐證。聯吟會的交流場所，不僅打破了社團與社團間的界線，更增加了屏東文人的視野。屏東的空間書寫，透過多次的聯吟會，累積眾人對於景觀的想像與經驗，在時間的累積下，加上在地文人情感的置入，使得屏東的「地方」價值逐漸被重視。

由上述的整理中，可知日治時期屏東地區在古典詩的發展上，曾有一度間歇的時間，1917 年成立的礪社到 1927 年礪社附屬的漢學研究會因被當局以左派思想爲由強制解散後，至 1931 年間都未有詩社成立；但這不表示屏東文人已放棄古典詩文的創作，反而是藉由參與他社的聯誼或地區聯吟會，以嶄新的姿態在現於日治時期古典文壇中。1931 年後屏東文人開始重組詩社，且各個詩社都擁有獨特的運作方式與推廣理念，有些以地景爲詩社命名，如 1931 年的臨溪吟社、1939 年的潮聲吟社，彰顯了「地方」文學的價值性；有些以相對位置命名，如 1938 年的東林吟社，強調社團成員的活動範圍，加深成員的凝聚力等。

然造就這些詩社運作的特色，莫過於在 1927 年至 1931 年間的「醞釀」，與他地文人的置入參與。此時期屏東詩人積極的參與各地詩社的擊鉢、徵詩活動，藉由不同形態，延續傳統漢學。在外地文人移入方面，如陳志淵原爲 1931 年成

立的雄州吟社理事，後爲東港林邊地區東林吟會的主力社員，便帶進了雄州吟社的經營方式，也使得東林吟會於 1938 年成立後，具有純熟的組織形態，且於各大雜誌中發光發熱。又如潮州文人蔡元亨，原參與嘉義布袋、臺南新營等地的詩社，在 1939 年潮聲吟社創立後，成爲該社的主力社員，多次積極參與詩社活動，在〈秋蝶〉〔註33〕、〈醉花〉〔註34〕等擊鉢吟中更擔任詞宗要職。

　　在「醞釀期」間，屏東未見有力的詩社作爲統籌屏東詩人的標竿，因此詩人透過個人的身分參與，後漸以社團名義相互交流，透過地區的聯吟會達到吟詠的目的，這些努力的成果都在各地詩社的經營中，呈現出不凡的成就。以下即透過各詩社擊鉢內容與徵詩詩題，觀看屏東的「空間」意象，在屏東詩人與他地詩人的交流中，是否能激盪出更具「地方」情感的特色。試舉下淡水溪（今高屏溪）爲討論範圍。

二、日治時期下淡水溪的「地方」印象塑造

　　下淡水溪又稱高屏溪，爲屏東地區重要水源，亦是高雄屏東的自然地標與界河，僅次濁水溪，爲臺灣的第二大河，是臺灣地區流域最廣的河川；發源於中央山脈與玉山南端，其上流爲荖濃溪，發自玉山東麓。向南流，在旗山街之南，與發自玉山西麓的楠梓仙溪相合；更向南流，東西之流出口分別爲東港鎮與林園鄉。流程 159 公里，下游寬達三公里，自河口上溯 50 餘公里，可以行舟。荖濃、隘寮、東港、林邊、率芒溪爲重要支流，流經行政區域今有新園、萬丹、九如、里港、鹽埔、高樹、山地、瑪家、霧台、屏東市。舊時每逢雨季，溪水常氾濫成災，《鳳山縣采訪冊》中載：「夏秋水漲，或寬至四、五倍不等。沿溪田園廬舍，常被淹壞。」〔註35〕夏秋二季，下淡水溪因溪水暴漲，常淹至河渠兩岸，沿溪的田園廬房，因此受到損害。但是下淡水溪的美景並沒有因此而受影響，清領時期「淡溪秋月」已是著名的鳳山八景之一，《鳳山縣采訪冊》載：「每逢秋夜月明，則如萬道金蛇，中流蕩漾，故昔人列爲八景之一。」〔註36〕又云：「當秋之夕，泛舟夜遊，則溪中浮一金線，

〔註33〕　《南方》，1942 年 1 月 1 日，第 144 期，頁 42。

〔註34〕　《詩報》，1940 年 2 月 5 日，第 217 期，頁 9。

〔註35〕　盧德嘉：《鳳山縣采訪冊》【臺灣文獻史料叢刊第二輯】（臺北：大通書局，1984年），頁 50。

〔註36〕　盧德嘉：《鳳山縣采訪冊》【臺灣文獻史料叢刊第二輯】（臺北：大通書局，1984年），頁 50。

自此而南，長亙是溪，而他溪獨否，此景尤奇。」〔註 37〕可見，下淡水溪最
爲人稱奇的是在秋季夜晚，於溪中泛舟夜遊，可見金光蕩漾如一金線。如清
領時期文人朱仕玠〈淡溪秋月〉：

> 一片水輪海上生，淡溪秋水寂無聲。長懸碧落何曾異，每到秋期分
> 外清。淺渚惟聞寒蚓吊，疏林時有夜烏驚。國傳龍伯知何處，便欲
> 垂綸趁月明。〔註38〕

開頭點出秋天夜晚的寂靜無聲，月亮的清明皎潔，將整個溪湖上高掛的月亮
與季節搭配得天衣無縫，頸聯則加入聽覺的效果，「寒蚓吊」和「夜烏驚」來
加以凸顯秋夜的寂靜，透過悽悽的景象形成和明朗的明月強烈的對比。同樣
以下淡水溪月亮的明亮作爲開頭，如林夢麟的〈淡溪秋月〉：

> 玉兔娟娟碧水悠，波光萬頃映沙州。聲歸長寂溪原淡，氣有餘清月
> 帶秋。泛棹渾忘身在世，行吟只覺魄吞喉。塵心對此全銷卻，半點
> 繁華更不留。〔註39〕

文中以月亮皎潔清晰的畫面，帶開整著沙洲溪湖的遼闊的景象，頷聯藉由聲
音的寂靜，帶出秋高氣爽的感覺。最後回到詩人的心境上，以秋月的景象寄
託心中的情懷，塵世間的紛擾似乎都已消去，一切的榮華富貴也不執著於心。

在進入各地文人對「下淡水溪」地方印象的書寫前，有必要先釐清下淡
水溪在清領時期及日治時期，文人在取材上的選擇角度。試舉黃石輝〈下淡
水溪即事〉：

> 清流一派望盈盈，入韻溪聲與鳥鳴。最好風輕波影靜，紅沙白石水
> 中明。鐵橋橫水望無涯，綠樹移陰日正斜。一縷似雲煙起處，庭臨
> 溪畔野人家。〔註40〕

作者眼中的下淡水溪是一處景致優美之處。從視覺的角度看溪水流動的變
化，溪聲與鳥鳴起此彼落、相互錯綜營造出聽覺的饗宴；再以觸覺寫出風彿
動搖晃浪波的模樣，水中的紅沙白石清晰可見。頸聯寫到橫跨在溪上的鐵橋

〔註37〕盧德嘉：《鳳山縣采訪冊》【臺灣文獻史料叢刊第二輯】（臺北：大通書局，1984
年），頁50。

〔註38〕盧德嘉：《鳳山縣采訪冊》【臺灣文獻史料叢刊第二輯】（臺北：大通書局，1984
年），頁485。

〔註39〕盧德嘉：《鳳山縣采訪冊》【臺灣文獻史料叢刊第二輯】（臺北：大通書局，1984
年），頁498。

〔註40〕《臺灣日日新報》，1920年5月6日，第7149號。

望眼無際，溪邊茂密的樹影隨著太陽的升起落下產生光影的變化；最後再將鏡頭帶到溪畔邊的盧舍，一縷炊煙從溪畔人家緩緩升起，一幅小村安祥和樂之景，在黃石輝的詩文中活躍了起來。由此可見日治時期文人所記錄的下淡水溪，已和清領時期所寫的〈淡溪秋月〉關照主軸不同。清領時期多著重在皎潔明月和清流溪水的映照上，季節多鎖定在秋季，活動以泛舟居多；但到了日治時期則加入了新時代的建設和人聲氣息的脈動。

　　下述內容主要以「下淡水溪」為空間上的設定，探討外地文人與屏東文人如何構建下淡水溪的「地方」價值。為避免論述角度過於單一，因此在正式進入下淡水溪的詩作前，先略舉屏東下淡水溪以外的空間書寫。

（一）外地文人的屏東空間書寫

　　在前述小節中，談到外地文人至屏東遊玩或拜訪詩友，都能形成一股文人間交流的風氣。西螺詩人廖學昆在遊玩屏東各景點後，有感而發寫下〈旅屏東雜詠〉：

> 不愧東瀛第一橋，四千餘尺駕虹腰。自今無復憂徒涉，此地皇恩寵
> 獨昭。寒流吹不到屏東，常夏花開爛熳紅。春日已無霜雪影，薰人
> 欲醉木瓜風。插秧氣暖小寒天，犁起蕉園播稻田。圳水不多深鑿井，
> 清流源出地中泉。〔註41〕

詩文開頭先稱讚下淡水溪鐵橋的宏觀，再寫到此地之所以可以與外地相接互通，都有賴於「天皇」的恩寵。第二首則對屏東氣候常年如夏以表炎熱，此地「寒流吹不到」，所以「常夏花開爛熳紅」，到了春天，春暖花開之際，已不見霜雪融化的影子。最後描述屏東的物產特色「薰人欲醉木瓜風」，當時屏東為熱帶植物栽培區的重鎮，木瓜也是當時量產的作物之一。第三首寫農村生活的景象，因屏東位於臺灣地區最南端，屬副熱帶氣候，在其它地區還籠罩在寒氣中時，屏東的氣候已逐漸回暖；因此「插秧氣暖小寒天，犁起蕉園播稻田」，稻米與香蕉亦為屏東的特產之一。最後談到此處的灌溉方式，引渠灌溉為近下淡水溪的特定區域才有，所以離水道較遠的地區，則多以鑿深井取地下水，尤在近山區「清流源出地中泉」的情況四處可見。文中描述之景，多以屏東的氣候、特產、農作方式為多，雖內容緊扣日治時期屏東實況，但空間選定少有特色，無法以特定的景觀或空間意象來書寫屏東的地方特色。

〔註41〕《風月報》，1939 年 2 月 15 日，第 80 期，頁 29。

　　若以單一景點來看，試舉屏東孔廟。其原爲屏東書院，籌建於 1815 年（清嘉慶 25 年），1895 年日本領台後，將其改爲屏東孔廟，並於 1937 年直行都市計畫之際，將孔廟遷建至今屏東市勝利路上。試舉屏東孔廟落成相關詩作：

　　　　巍峨魯殿築阿緱，壁峭墙高景色幽。俎豆祭儀留萬古，杏壇化雨仰
　　　　千秋。玉書麟吐尼山地，木鐸鐘鳴泗水洲。海外東山存祀典，大成
　　　　聖德遍全球。（蔡至修〈祝屏東聖廟落成〉）〔註42〕

　　　　巍峩廟宇建屏東，數仞門墻闕里同。絕好春秋陳俎豆，轉欣鄒魯振
　　　　文風。大成至聖留師表，十哲先賢輔世功。禮器重新崇祀典，吾來
　　　　參拜素王宮。（許君山〈屏東聖廟落成恭賦〉）〔註43〕

由上二首詩可見，詩人所注視的主題大多環繞在相同的地方。如寫屏東聖廟落成，「祀典」、「俎豆」、「阿猴」的運用表達上就重複多次，因此若抽換掉詩作內容「屏東」一詞，其描述及稱讚的對象便無法聚焦。只能說，外地文人對於屏東景觀及其背後的文化意義，多抱持著樂觀其成的祝福態度，對於建築或景觀本身，並沒有太多的情感置入，更遑論與它有所互動。

　　在前述的舉例說明下，可看出外地文人對於屏東空間書寫的角度，這角度取決於詩人對於此地景觀的情感置入與經驗累積。屏東並非他們所熟悉的空間，因此初到此地時，會選擇眾所皆知的地點名稱、人文活動、景觀特色，讓人閱讀詩作時，能一目瞭然知道作者所到之處爲何。尤其在「下淡水溪」的選景上，與屏東在地文人的描寫角度與取材比重有明顯的不同。試舉竹山詩人張達修，所寫的〈下淡水溪畔晚眺〉：

　　　　長橋疑是掛長虹，南國川流此□同。溪水自分三縣市，浪花淘盡幾
　　　　英雄。嗷嗷鴻雁依中澤，泛泛鳧鷗逐晚風。雲樹隔江時極目，萬家
　　　　燈火認屏東。〔註44〕

張達修（1906～1983）因幼時隨父居耕北勢溪東畔，別號「篁川」，以「田園詩人」自許，著有《醉草園詩集》，與林邊陳寄生交友甚好，寫有〈次韻送靜園詞兄遊大陸〉等作。其書寫下淡水溪的空間意象主要以下淡水溪著名建築——鐵橋，溪水源流與分界作用，後再描述晚風吹拂、鷗鷺逐群之景，最後「萬家燈火認屏東」點出詩作地點爲屏東。然此首詩作的寫作筆法與張達修

〔註42〕　《風月報》，1940 年 2 月 1 日，第 102 期，頁 25。
〔註43〕　《風月報》，1940 年 4 月 1 日，第 106 期，頁 30。
〔註44〕　張達修：《醉草園詩集》（臺中：張達修自印，1981 年），頁 42。

至各處旅遊時大同小異，如〈蘇州紀遊〉中「花草名都足勝遊」寫蘇州以花草美景爲勝；〈日月潭紀遊〉中「潭水拖青分日月，樓臺涵碧自春秋。」寫日月潭的樓臺潭水。文中雖將地理景觀描繪唯妙唯肖，營造優美的景致，然情感的置入與對「地方」互動的連結性並不強。

再看與屏東文人交往密切的王炳南。王炳南爲北門地區詩人，與王大俊、吳萱草並稱「嶼江吟社」、「白鷗吟社」三臺柱，亦爲「北門三王」之一；曾多次參加高雄州下及屏東聯吟會，與屏東地區文人的互動良好，於唱和詩中多次可見與屏東文人的交流。如陳家駒、薛玉田、周奇楠所寫的〈次韻奉酬並似王炳南先生〉。其所寫的下淡水溪描繪亦較詳細，場景選擇獨特。試舉王炳南〈晚過下淡水溪〉：

> 雨後急流聲勢雄，金波滾滾夕陽中。鐵橋轆轆輾輪過，恍駕長虹度
> 太空。〔註45〕

文中描述下淡水溪大雨過後水勢湍流之景，在夕陽的照射下，滾滾洪水如一道道金波襲捲而來，上方的鐵橋不斷有車流經過，一抹長虹橫跨於晴空中。此首詩作描寫角度很明顯地與張達修觀看的視角不同，主要寫下淡水溪雨後天晴之景，雖無人文的活動與情感的寄託，但就詩人的觀察來說，的確細膩許多。

由此可見，與屏東此一空間互動越頻繁的文人，其觀察的角度會更加細膩。因此，藉由高雄州下、屏東聯吟會與各詩社的擊鉢，讓本地文人及外地文人相互交流，邀集他地文人注視屏東的「空間」景觀，在彼此的互動中，能讓更多非屏東的文人更了解此地的人文特色與風土民情，唯有在「空間」景觀上置入對於當地的情感，才有談論「地方」的可能。

（二）屏東文人的地方印象塑造

在段義孚的理論中，「家的地方充滿了平常的物體我們用它們所以知道他們，我們不注意它們因爲我們沒有把它們當作藝術品，它們幾乎是我們的一部份」〔註46〕人對於熟悉的場所，並非以藝術的角度來看待，而是認爲它屬於生活的一部分。由此可見，屏東的景觀價值在屏東文人的眼中並非只是一

〔註45〕《詩報》，1943 年 7 月 12 日，第 299 期，頁 6。
〔註46〕段義孚（Yi-Fu Tuan）著，潘桂成譯：《經驗透視中的空間與地方》（Space and place：the perspective of experience）（臺北：國家圖書館出版，1998 年 3 月），頁 136。

個「空間」的代表，而是一個日常生活中熟悉的「地方」，因此對於地方所投注的情感，也較外地文人來得深刻。

薛玉田爲屏東聯吟會成員之一，其詩作內容富有深厚的在地情感，詩作題材涉獵廣泛，尤對屏東的地景有相當深刻的描寫，其所寫的屏東八景組詩，分別以〈淡溪垂釣〉、〈長橋步月〉、〈武巒曉望〉、〈東山寺鐘〉、〈崇蘭夕照〉、〈海豐晚眺〉、〈公園納涼〉、〈水源地聽泉〉爲題，以屏東市爲中心，描寫其附近景觀特色。試舉〈屏東八首——長橋步月〉：

> 徘徊千夜過長橋，一白波心月影遙。隔斷紅塵情朗爽，邀朋携酒醉良宵。〔註47〕

第一句描述的長橋爲下淡水溪鐵橋，夜晚於長橋上徘徊走動，橋下的溪流照映著明月，在這良辰美景中邀約好友於此，共醉良宵。文中除有建築——長橋，溪流皓月的映襯外，更透過與好友相聚於此，描寫熟悉而平凡的日常生活。

屏東文人對於在地景觀的書寫，不將重點放置於景色的描寫，而多是透過人文活動來表達與地方的連結性；如段義孚所論，熟悉的場景乃是日常生活的一部分，無法切割。下述內容即以「下淡水溪」的空間設定，論述屏東文人透過何種方式與取材角度，呈現下淡水溪的「地方」印象。

1、運用新式建築，扣緊時代脈動

下淡水溪爲屏東平原的灌溉源頭，河面寬敞、溪水湍急。日治時期屏東地區人口漸增，商業貿易繁榮，加上製糖工廠的生產量足具規模，收益相當可觀，因此日本政府極力於下淡水溪上興建鐵橋。

下淡水溪鐵橋始建於 1911 年，歷經 3 年，於 1914 年完工啓用；爲橫跨高雄、屏東的鐵路橋樑，總長 1526 公尺，曾爲亞洲第一長橋，更是臺灣首冠。〔註48〕鐵橋的興建，阿緱製糖廠的原料、成品得以向外運輸，載運至港口輸往日本；因此，甘蔗產量可觀的屏東平原，於日治時期成爲日本投資家爭相買賣之地。下淡水溪架橋工程完工後，交通日益頻繁，下淡水溪美景更是爲人讚嘆，得以向外推廣。

鐵橋的興建，無疑能加深高雄、屏東兩地文人的交流，試舉高雄州下聯吟會擊鉢〈人道橋〉：

〔註47〕《風月報》，1939 年 3 月 1 日，第 81 期，頁 26。
〔註48〕下淡水溪與下淡水溪鐵橋相關資料參見陳淑娟等編：《屏東市采風錄》（屏東市：屏東市公所，2002 年），頁 33、63。

亦非斑竹亦非楓，鳳嶺緱山路可通。轉笑星河牛女渡，得填烏鵲竟無功。（陳逸民）

文明技術奪天工，淡水溪中跨玉虹。利涉東洋誇第一，往來過客喜行通。（邱水波）

似練長橋欲架空，鳳岡安步到屏東。逆流今欲橫斯代，砥柱難為濟世功。（蘇德興）〔註49〕

此次擊鉢舉辦時間為 1941 年，是下淡水溪鐵橋竣工後 27 年，此時的鐵橋運作已相當純熟，高雄、屏東兩地的文人也透過鐵橋相互聯繫情感。參與擊鉢者有蕭永東、陳家駒、蘇德興、陳逸民、朱凱耀、潘芳菲、鄭坤五、陳文石、邱水秋、許君山、陳寄生、薛玉田等人，聯吟會舉辦範圍為高雄州下，參與者多為屏東地區的文人。文中透露下淡水溪鐵橋的所在位置，為聯結「鳳嶺緱山」，使得兩地的人民得以「鳳岡安步到屏東」。接著說明鐵橋造作的技巧是「文明技術奪天工」。下淡水溪鐵橋當時由日本工程師飯田豐二主持規劃，橋墩由鋼筋水泥及岩板砌成，橋樑以工字鐵鉚接成花樑桁架，造型簡練而優雅。〔註50〕且當時是亞洲第一長橋，「利涉東洋誇第一」，不僅具有交通便捷的優點，其建築特色更為人稱奇讚嘆。

2、與景色互動，塑造地方生命力

「基本性的地方感必須有幾種情況。地方是移動中的停頓，包括人類的動物停在一個地點，因為這一地點滿足生物性的需求，停頓可使該地點變成感覺價值的中心」〔註51〕景觀存在的意義，必須與人有所互動，人在此地有所作為，或於此地獲得滿足，進而留下回憶。這些記憶可以更加凝聚人對於地方的情感，唯有對景觀有所依戀與寄託，「地方」的價值才會被創造。

清領時期，描寫下淡水溪的詩題，主要以「淡溪秋月」為題，內容緊扣下淡水溪的秋色夜景，活動的內容多以單句帶過，如以「泛舟」為主，像是「泛棹渾忘身在世」（林夢麟）；以「垂釣」為題，如卓肇昌「垂釣誤看落半鉤」。但到了日治時期，「泛舟」、「垂釣」、「步月」等活動，則明確的加入詩題中，如新和吟會擊鉢〈淡溪泛舟〉、屏東聯吟會課題〈淡溪垂釣〉等，皆明

〔註49〕《詩報》，1941 年 4 月 18 日，第 246 期，頁 15。

〔註50〕陳淑娟等編：《屏東市采風錄》（屏東市：屏東市公所，2002 年），頁 33。

〔註51〕段義孚（Yi-Fu Tuan）著，潘桂成譯：《經驗透視中的空間和地方》（Space and place : the perspective of experience）（臺北：國立編譯館，1998 年），頁 130。

確的以活動爲主題。先舉 1937 年 09 月新和吟會擊鉢〈淡溪泛舟〉：

> 欲覓桃源趁急湍，拖籃淡水繞江干。蘆花兩岸人双槳，月寫波心一棹寒。（歐子亮）

> 一葉蘭橈擊水湍，長橋衝激向波瀾。邀朋載酒終宵興，對岸秋風陣陣寒。（周明德）

> 淡河波靜水漫漫，舉棹船輕月正圓。願繼坡仙遊赤壁，悠然擊楫挽狂瀾。（周良玉）〔註52〕

此次擊鉢由尤鏡明、張一諾分別擔任左右詞宗，參與者有歐子亮、周良玉、邱慶龍、邱水秋、葉丁有、朱凱耀、邱澄清、蘇耀華、周明德等。文中將下淡水溪比擬爲尋桃花源的必經之路，河流兩岸的沙洲，長滿了隨風搖曳的蘆花，兩岸蘆花滿布，如漫天飛雪，長浪波瀾拍擊著橫跨中央的長橋，在這詩意興濃時，與三五好友同舟共濟，欣賞下淡水溪星月交輝，及微波粼粼的溪流。在日治時期屏東文人的〈淡溪泛舟〉中，與清領時期的〈淡溪秋月〉所描繪的河岸之景與季節選擇大同小異，皆用蘆花象徵秋天，明月高掛上空。但在活動的強調上卻更加明確的指出「泛舟」，屏東文人透過群體擊鉢的方法，將淡溪泛舟的活動如實呈現。另外再看 1941 年 10 月屏東聯吟會課題〈淡溪垂釣〉：

> 學得嚴光趣，投竿向淡溪。名逃煙水外，綸下鐵橋西。

> 貪餌魚爭集，衝波鴨不齊。歸來將換酒，準擬醉如泥。（陳家駒）

> 竿把長橋側，蘆花兩岸迷。直追嚴子也，不讓太公兮。

> 錦鯉來還往，金絲高復低。得魚沽酒好，莫管醉如泥。（周椅楠）

> 九曲通流北，垂綸日欲西。忘機親白鷺，沽酒醉黃鷄。

> 水靜看魚躍，林深聽鳥啼。鐵橋聲轆轆，逐利笑輪蹄。（陳春萍）

> 〔註53〕

此次擊鉢參與者眾多，邀請賀來亨、陳文石爲左右詞宗，參加者多爲屏東街詩社的文人，如陳家駒、王炳南、薛玉田等，也有來自里港的連祖芬，另有周椅楠、陳春萍、李步雲、陳紉香、邱水秋等人，皆爲屏東聯吟會的固定班底。聯吟會將〈淡溪垂釣〉列爲課題，乃是希望文人們於自己的生活空間上

〔註52〕《詩報》，1937 年 9 月 1 日，第 160 期，頁 23。
〔註53〕《詩報》，1941 年 10 月 20 日，第 258 期，頁 9。

取材，也從中加強了文人對於地方景觀的關心。文中多使用「嚴光」的典故，表達坐臥山林，清閒的雅士生活；嚴光爲東漢著名的隱士，曾與光武帝劉秀爲同窗，後隱居山林，披羊裘垂釣於澤中。主要表達了下淡水溪地方的幽靜，甚至不失爲一個「名逃煙水外」脫離凡塵的地方，在這「鐵橋西」下的溪流，魚群相爭貪餌，亂波把江鴨衝得凌亂，兩岸蘆花飛絮，錦鯉於溪中來往優游的環境中，可以「忘機親白鷺，沽酒醉黃鷄」忘卻塵世的心機，親近白鷺沙鷗，即使醉了也不要太在意，所以「莫管醉如泥」，因爲「得魚沽酒好」。此次聯吟會的詩作，詩人多運用岸邊蘆花，溪中魚群穿梭、雞鴨悠游，婉轉的鳥鳴聲，來營造隱居的環境與氛圍；再帶入嚴光的典故與醉酒意象，使得「淡溪垂釣」的活動，呈現一股寧靜安詳、幽靜無憂的氣氛。另舉周精金、薛玉田屏東八景中〈淡溪垂釣〉一題：

> 長竿一把向橋東。踞坐沙堤學釣翁。最是垂綸投餌處。得魚沽酒樂無窮。（周精金）〔註54〕

> 烟簑篛笠趁秋風。水國絲綸興自雄。爲愛初肥鱸膾美。磯頭投餌學漁翁。（薛玉田）〔註55〕

下淡水溪之景於清領時期便選入鳳山八景中，以〈淡溪秋月〉爲題，日治時期周精金、薛玉田所選的屏東八景一有〈淡溪垂釣〉一題，然兩者觀看的視角與取材的角度不盡相同。周精金的詩作中，開頭先點出「垂釣」的動作，接著將長竿放立在岸邊向著鐵橋的另一端；詩文中使用「鐵橋」一詞，鐵橋已納入下淡水溪的一景，自然的與溪邊蘆花、水中魚鴨融爲一體。薛玉田的詩作中，「烟簑篛笠趁秋風」明確的點出垂釣的季節爲秋季，魚線於水中載浮載沉。二首皆有「煙波釣叟」之意，表達於下淡水溪垂釣是一件輕鬆、愉快活動。

　　日治時期除在下淡水溪上興建鐵橋，以利往來溝通外，也在河堤外圍增加了防洪的措施，因此日治時期的下淡水溪已不像過去，每逢大水便氾濫成災，下淡水溪溪流的美景亦更爲人所見。除上述泛舟、垂釣等活動外，於坡題上乘風漫步，欣賞月夜良辰，也是一項同樂的活動。試舉〈淡溪步月〉：

> 三五人來夜色瓏，水輪皎潔現屏東。旗峰聳翠鳳崗碧，兔窟流輝雁齒紅。女浣輕紗敲岸石，客行沙線避山風。停筇雅欲嫦娥問，幾閱滄桑劫火紅。（歐子亮）

〔註54〕《風月報》，1939 年 3 月 1 日，第 81 期，頁 26。
〔註55〕《詩報》，1939 年 12 月 4 日，第 213 期，頁 19。

杖藜隨步淡橋東。擊石溪聲入耳中。月朗星稀憐獨客。天晴雲散認
長虹。空明錦水朱欄濺。掩映奇峰白雪融。一種畫圖勞彩筆。風光
美麗四時同。（墨痴生）

清輝皓魄正玲瓏，信步尋涼興不窮。揮扇徘徊桑野外，携筇俯仰鐵
橋東。武峰月白疑飛雪，淡水流長訝接空。遊盡溪邊觀盡景，詩情
酒意樂融融。（朱凱耀）〔註56〕

此組詩作，並非詩社活動或聯吟會擊鉢而成，而是刊載於《風月報》詩壇專
欄中。可見屏東文人的共作環境，並非一板一眼只存在於擊鉢吟或課題中，
只要有創作的環境，滿腹的騷興，便可小聚，以同詩題創作。在歐子亮的詩
作中寫道「三五人來夜色瓏」，好友三五成群相聚在朦朧的月色下，皎潔的明
月出現於屏東下淡水溪，於此可望見高聳入雲的「旗峰」和碧翠的「鳳崗」，
與溪水營造出山水如畫的景色。墨痴生開頭「杖藜隨步淡橋東」亦是強調漫
步於河堤邊，聽著溪水滾時的聲響，看著月色離迷、月明星隱的星河映照在
溪流上，這樣風光如畫的景象，四季都有，不因季節流轉而消逝。朱凱耀則
寫出在溪旁乘風尋涼，揮舞著手中的扇葉以消白日的暑氣，走在這寂靜的桑
野外，仰頭、俯瞰盡是鐵橋的身影。河傍邊的蘆葦，在月色的照耀下，隨風
起舞，籠罩著眼前大武山的視野，如同漫天飛雪。

　　屏東文人透過聯吟會與詩社活動，不斷的塑造下淡水溪的「地方」印象，
下淡水溪在屏東文人的共作下，運用「泛舟」、「垂釣」、「步月」等活動，呈
現出下淡水溪於人們的生活中，已是一處幽靜的休閒寶地。

3、增加季節書寫，呈現地方多樣性

　　下淡水溪在清領文人的眼中，秋夜美景為取材的大宗，因此外地文人對
於淡溪夜月的印象也多停留在「秋」季。如雲林斗六詩人吳景箕的〈過下淡
水溪〉中「枯蘆十里夕陽中」〔註57〕，所寫季節即為秋天。然在屏東文人的
眼中，下淡水溪的美景不限於秋天單個景色，也不只有「蘆花」可以代表溪
邊沿岸的風光。試舉高雄州下聯吟會擊鉢〈淡溪春暖〉：

時值元宵曉，晴光適淡川。長隄花映日，淺渚水生煙。

氣暖飛橋豁，風和大樹妍。生機方活潑，俯仰看魚鳶。（蕭永東）

〔註56〕《風月報》，1938 年 8 月 1 日，第 69 期，頁 24。
〔註57〕《詩報》，1940 年 4 月 20 日，第 222 期，頁 4。

　　　半江橫九曲，買棹杏花天。纔聽鶯初喚，先知鴨欲眠。

　　　旗山浮碧嶂，里港罩晴煙。自是人如鯽，詩家有鄭虔。（翁澄甫）

　　　流通東港海，浩蕩走長川。平印三竿日，輕籠十里煙。

　　　架橋橫鐵軌，濯足湧春泉。岸畔花舒笑，波光淡淡妍。（吳紉萱）

〔註58〕

此次擊鉢邀請龔顯升、郭紫涵為左右詞宗，雖為高雄州下聯吟會，但詩人來自於南部各縣市；有雲林文人蘇鴻飛、北港文人朱登瀛、學甲文人潘芳菲、旗山文人蕭乾元等，來自屏東的與會者則有溪州文人張觀廷、東港文人蕭永東、潮州文人蔡元亨，另有以屏東街為活動中心的文人，如陳家駒、邱澄波、陳文石、翁澄甫、吳紉萱等。文中「時值元宵曉」點此次擊鉢日期正值元宵，以舊曆來說是入春的時節；此時的下淡水溪春光明媚，眼前盡是花光柳影，長隄邊花叢掩映交錯，大地回暖、萬物爭妍、生機蓬勃，坐臥仰看都可見魚、鳶自在悠遊、翱翔。翁澄甫一詩中帶入「鄭虔」典故，鄭虔為唐朝著名詩人、畫家、書法家，年少在進京取士之時，曾留於長安慈恩寺，其見寺內成堆的柿葉，乃提筆練字；最後將柿葉練完，而成家戶欲曉的人物。吳紉萱一詩則先點出下淡水溪流向東港海的相對位置，再表達溪畔風光，十里輕煙瀰漫籠罩，清澈的春泉源源不絕的湧出，拿來洗滌雙足更是清透涼快，沿岸望去春山如笑，百花舒展。

　　日治時期，下淡水溪的美景已是眾所皆知，然普遍人們的印象主要還是沿留清領時期的「淡溪秋月」，描述的景色莫不出於潺潺溪流中玉輝的皎潔，蘆花飛絮如雪等。但屏東文人給了下淡水溪另一幅如詩如畫的美景，扣緊春天的意象，與屏東地下泉水豐富的特色，描繪出春意盎然，充滿生機的景象。

4、藉景抒情，投射地方情感

　　透過上述的景色分析，屏東文人在下淡水溪空間的書寫上，有日治時期新式建築鐵橋，有下淡水溪的文人活動，有季節上的選擇突破，這些內容都呈現了在地文人書寫的多樣性，且對於屏東的空間意象，有更細膩的觀察角度；材料的選擇、情感的置入，都使得下淡水更有「地方感」。以下即論述，下淡水溪的「地方」印象，如何深值人心，並於細微渺小處生根發芽。試舉薛玉田〈謹和原韻〉：

〔註58〕《詩報》，1941 年 4 月 2 日，第 245 期，頁 12。

> 君是先知覺後知，那堪聚首又分離。淡溪水與東臺月，一樣掌情共
> 賦詩。〔註59〕

文中描述與好友聚首分離，離情別緒於呼哀哉。看著那潺潺溪水，想著未來還能夠與君相逢，一同在那淡水溪邊賞月。「下淡水溪」於文中並非主要描述之物，然詩人將情感寄託於景觀標地上，下淡水溪存在的意義，為帶出內心思緒，若非詩人對此空間賦有「地方感」，為何抒情之詩，仍可見景觀的存在？再看同描寫好友悲歡聚散，詩人次韻以和。歐子亮〈次紉萱詞兄留別原韻〉：

> 吟鞭直指故鄉山，應慰慈親一笑顏。慷慨有詩酬客地，干戈何日息
> 塵寰。魑魅狡詐人情險，鬼蜮澆漓世道艱。想到淡溪蘆荻發，伊人
> 秋水漲清灣。〔註60〕

此首次韻原題為吳紉萱所寫〈欲歸留別屏東諸吟友〉，詩文開頭「那堪分手出屏山，愁為離人迫上顏。」〔註61〕點出吳紉萱將離開屏東，回到自己的故鄉，不捨這裡的詩友。吳紉萱曾多次參與屏東聯吟會，與聯吟會的成員有相當密切的交集，也建立了深厚的情感。詩文末寫道：「比到銷魂橋畔望，夕陽芳草一溪灣」〔註62〕，以鐵橋、溪流象徵屏東與外縣市的分界，一旦跨出了下淡水溪，等於離開了屏東的土地。歐子亮的和詩中，首句「吟鞭直指故鄉山，應慰慈親一笑顏。」說明吳紉萱回到故鄉，與自己的親人團聚，是一件歡喜的事，屏東對於吳紉萱來說應只是客地；但在這裡結交了諸多好友，因此使得吳氏離開時萬分不捨。尾聯提到「想到淡溪蘆荻發」一樣使用了下淡水溪旁蘆葦飛絮飄散，在這蘆花紛飛的季節裡，詩友的心裡也是千愁萬緒。另首和詩為吳紉秋〈次紉萱詞兄留別原韻〉〔註63〕，尾聯處「春水淡溪殘夜月，一寮和尚悟禪繁。」詩中選擇寄託的季節為春天，亦是使用下淡水溪的意象。可見下淡水溪在「懷友」的主題中，除為一個地理的分界外，也是詩人們情感託付的對象。

　　下淡水溪為高雄、屏東兩縣的界河，因此高雄文人對於下淡水溪的印象

〔註59〕《南方》，1944 年 1 月 1 日，第 188 期，頁 37。
〔註60〕《詩報》，1941 年 7 月 4 日，第 251 期，頁 3。
〔註61〕《詩報》，1941 年 6 月 4 日，第 249 期，頁 4。原詩：「那堪分手出屏山。愁
　　　　為離人迫上顏。長抱葵心傾日下。猶如萍跡寄塵寰。可歌可哭情懷悴。思友
　　　　思親去住艱。比到銷魂橋畔望。夕陽芳草一溪灣」。
〔註62〕《詩報》，1941 年 6 月 4 日，第 249 期，頁 4。
〔註63〕《詩報》，1941 年 7 月 4 日，第 251 期，頁 2。

亦不亞於屏東文人，試舉高雄詩人劉聲濤〈送黃明旺君之屏東開業藥房〉：

> 清和時節柳飄絲，送客懸壺大武陵。咸望名方調國脈，更憑仁術起
> 民疲。莽蒼天地無窮感，俯仰江山有所思。疊唱陽關驚別緒，淡溪
> 明月憶人時。〔註64〕

首聯點出送別好友至屏東的時節，如柳絲般的細雨飄散著，有著懸壺濟世理
想的黃明旺將來到大武山腳下的邊陲地帶，診治困苦的民眾，其仁心仁術的
聲望，名聲遠播、威揚四海。尾聯使用「陽關三疊」之典，乃為唐代詩人王
維送別友人到關外服役而作，全曲分三大段，運用曲調作反覆的變化，疊唱
三次，以表離別的悲惻。誰說西出陽關無故人？當看著下淡水溪的流水潺潺、
月懸碧空，便是憶起故人之時。下淡水溪因位於高雄、屏東分界，兩地文人
因鐵橋的興建得以互通自如，因此下淡水溪的景觀，不只擁有地標性的實際
作用，在文人的內心，其代表了「地方」情感，具有強烈的「故鄉」意涵象
徵。

　　日治時期，下淡水溪的地方印象與價值性有了更多元的書寫角度，尤在
屏東文人及外地文人的取材上，也可以很明顯的看出。不僅秋夜美景，也將
春天景象納入書寫，營造出下淡水溪在春暖花開之時的另番風味；也不再僅
限於泛舟、垂釣的活動，「淡溪步月」也是此處特色之一。新和吟會與屏東聯
吟會不僅將「淡溪泛舟」、「淡溪垂釣」列為擊鉢、課題的詩題，更有詩人邀
集三五好友，共步淡溪，而作〈淡溪步月〉一題。下淡水溪對於在地文人來
說，看見的不只是日治時期整治的成果、何渠兩岸的聚落變化，與好友的唱
和詩中亦透露出對於下淡水溪的情感託付。

　　景觀的描寫上，外地文人與屏東文人的歧異性，建立在對該空間的情感、
互動與敏銳度。外地的文人因為處於陌生的環境中，因此比屏東文人多了敏
銳度，對於特殊的事物較有想像的空間。屏東文人對於空間有相對的熟悉，
因此景觀在不知不覺中成為日常生活的一部分，平日的詩文中除點出空間上
的特定物象外，多運用人文活動或場景變化來呈現。但一旦離開此地，「下淡
水溪」的空間印象便成為內心思鄉、寄託的表徵物，因此對空間產生「地方
感」。總括來說，外地文人書寫了大方向的景觀特色，但在這些眾所皆知的景
觀下的特殊性並沒有被表現出來；因此，景觀的注視上，多只停留在表面，
並沒有深刻的地方情感。

〔註64〕《詩報》，1936 年 6 月 15 日，第 131 期，頁 13。

　　由此可見，屏東文人對於當地的空間書寫，不著重於景觀的特色，不字斟句酌地去雕刻以呈現特殊性。對於在地文人來說，並非以藝術的眼光來觀看屏東的空間意象，而是透過經驗中的情感，書寫熟悉的人文脈動。「屏東」對於在地文人來說，並非一個「空間」，而是「地方」。文人們將情感寄託於景觀中，或與景觀互動，在群體效應下，屏東的空間書寫便逐漸能呈現「地方」特色。

小結

　　第五章主要導入人文地理學中探討「空間」與「地方」的概念，彰顯屏東地理景觀上的「地方」價值。主要以時間爲縱軸，討論同一地點在時間的推移下呈現何種「地方」印象的塑造；以空間爲橫軸，分析日本殖民 50 年間，各地文人與屏東文人如何形塑屏東的地理景觀。

　　日治時期的在地文人，對於家鄉空間意象的關懷，味道較清代時期的在地文人濃厚，如運用海景變化，塑造地方特色；運用地景描寫，標示相對位置；運用民俗活動，呈現地方價值，不但加強了人文的氣息活動和時代建設，更在詩文中強烈地寄託生活上的苦悶。而日治的文人在記錄情感的部份則不像清代文人以景託情的手法來得頻繁，反而一語中的的切入主題，在景觀的描寫上更多了許多清代文人所缺少的在地認同。清代時期的中國宦遊文人，在遊覽景觀以及巡視番社的紀錄下，都帶有大朝大國的宣揚意味，對於心境上的描寫，多呈現懷才不遇的感懷，因此對於認同在地文化上較不著墨。而清代的在地文人，雖然少了如宦遊文人般的宣揚意念，但是在感懷中所寄託之情也極爲縹緲不定，即使在鳳山在地的本土文人，對於屏東景觀的描述也多呈現居無定所之感，相較於日治時期的文人來說，清代文人的詩作中，所描繪的空間意象較不強烈。因此東港的空間意識於日治時期具有地方感，也脫離不了時間、經驗上的累積。

　　空間橫軸的討論上，外地文人描述景觀的手法，因與該景缺少互動，沒有屏東文人來得熟悉，在景物的敘述上多以地理位置、特殊的氣候、物產，以及眾所皆知的建築等，來呈現詩作的寫作地點。雖然在景觀的注視上沒有屏東文人來的細膩，卻比在地文人更容易強調該景與其他景色的獨特之處，以下淡水溪爲例，寫出下淡水溪的鐵橋與地理位置及橫跨兩縣的作用，更能凸顯其描寫的對象，因此多了大主題的描寫。而本地文人因爲掌握的地理優

勢，對於熟悉的環境，主要能運用新式建築，扣緊時代脈動；與景色互動，塑造地方生命力；增加季節書寫，呈現地方多樣性；藉景抒情，投射地方情感。因此屏東古典詩作的完整性乃是藉由外地文人強調地理位置、產物特色、建築來建構「空間」的範圍；本地文人則透過描寫該景與人文的互動，來呈現地方印象。

第六章　結　論

　　有鑑於屏東傳統文學尙未有系統的整理，本研究以 1895 年至 1945 年日本統治時期 50 年爲時間範圍，探討屏東古典詩的地方價値與文學史中的地位。張夢機《鷗波詩話》云：「在進行賞析一首詩時，須先將它安置在詩人原先創作此詩的時空背景中。有時，不但要就詩解詩，而且還要考慮到關涉這首詩的外圍文化問題。」〔註1〕故本文在第二章運用外緣研究的方式，先初步整理日治時期屏東地區的地理環境與其影響的產業發展，且與詩作內容相互映照，證實文人在取材的面向上，常因外在環境景觀的特殊性，而產生不同的書寫角度。接著透過屏東各地區的地名源起與歷史沿革，探討屏東地區人民的組成條件與基本因素，最後以文教的發展概況，結合文人在教育的塑形過程中，不同時期有何改變。

　　第三章主要探討日治時期屏東詩社的發展概況，並從中梳理出當時古典文學發展活躍的地區與文人。屏東詩社於日治時期的發展可說各有特色與志向，從詩社的命名性質與建社理念來分，1917 年建立的礪社最初以復興漢學爲使命，到後期的新文化運動，其寫作態度雖有轉變，但在屏東的文學上，都有著披荊斬棘的貢獻。同樣背負著時代使命，於日治末期 1940 年成立的興亞吟社，則肩負日本、中國、臺灣各民族間的交流，其社長林又春擔任日滿華三國書道教授便可知，此時的興亞吟社與礪社的時代使命已全然不同，文人寫作態度也不再是單獨的復興漢文化，反而是將儒學、漢學傳統內化爲自身的底蘊，並與日本文化相互交流、融合，其文人思爲演變的痕跡，實屬必然，也形成日治末期臺灣古典詩社的一大特色，而興亞吟社，正是擁有此一

〔註 1〕 張夢機：《鷗波詩話》（臺北：漢光出版，1984 年），頁 118。

特質的屏東詩社。

此外，尚有不以時代使命爲價值取向的詩社，如以地理之利，極力描寫下淡水溪之美的臨溪吟社、描寫潮水漲聲的潮聲吟社等，這些詩社運用特有的景觀標誌與地理環境，不僅在詩題中融入該地的環境景觀，更從中塑造詩社的獨特價值，不失爲一種宣傳的手法，而形成詩社的特色。另外還有以聯結兩地文人交流爲創社理念，如由東港、林邊兩地文人組成的東林吟社。該社活動主要以輪流主持的方式舉行，從詩題中明顯可見兩地詩人融洽的切磋氣氛，不僅聯繫兩地情感，也透過對比的眼光，看見地方獨特的生活方式、民情景觀等。尤其在社長陳寄生逝世後，詩社的運作並沒有因此停歇，詩社社員融洽氣氛可見一斑，文人間相互砥礪的風氣躍然紙上，表露無疑。最後值得一提的是位於高樹的新和吟社，該社爲單純的吟詠詩社，從社團的命題與活動詩題來看，並沒有特別的寫作態度或理念，只能說是單純讓文人有個賦詩歌詠的場所，爲延續漢文學的命脈；但新和吟社活動頻繁，且參與的詩人多爲屏東街的文人，與屏東聯吟會、屏東吟會的消長有著密切的關係，尤其社長薛玉田，亦爲屏東吟會的籌辦人，因此詩人的活動網絡相互交集重疊。從新和吟社的興衰與詩人流動來看，可推論出以屏東市街爲輻射中心的外圍社團，如九如臨溪吟社、高樹新和吟社，運作時間明顯不長，然這些詩社並非因時代而淘汰，而是詩人的活動範圍移往他處，於另一社團中另起爐灶。

簡言之，日治時期的屏東詩社，都曾在某個時代發光發熱，不論是否消長，其所成就的是文人網絡的密集性，1931 年後，屏東詩社逐漸嶄露頭角，各地文人或社團也以參訪名義到此交流，使得屏東的古典文學視野更加開闊。從區域性的發展來看，最早興起的屏東礪社，顯示了日至初期屏東市街爲屏東地區文學發展的指標，其向外輻射的區域包含了九如、高樹、里港等地，礪社成員也多與 1931 年之後成立的九如臨溪吟社、高樹新和吟社、里港二酉吟社有多處重疊。日治中後期，古典文學的發展主要以東港溪沿岸地區爲主，如東港林邊的東林吟會、潮州的潮聲吟社、林邊的興亞吟社等。由此可見文學的移動性確實與執政者區域規劃、經濟的發展息息相關。另外，從詩社的發展與運作中，亦可梳理出日治時期屏東地區代表性的文人。如礪社社長尤養齋、成員黃石輝、陳家駒、郭芷涵等；或以屏東市街中心活動的文人，如歐子亮、薛玉田等；東港溪沿岸則以陳寄生、蕭永東、林又春等爲代表文人，其各自的書寫特色與生長背景、仕途遭遇各有不同，詩作呈現面向

與關懷角度亦相當多樣，皆爲可各自深究的研究材料。

　　第四章進入內在研究，在寫作動機的分類下，獨抒情志表現了作者個人的思想理念，在「追悼親友」中喪親的心理歷程，從悲傷、尋覓、失落到身分的重新定位，於文中展露無疑。在悼友的詩文中，則看出詩友間心心相惜的不捨。「思鄉情懷」的代表人物可推爲東港詩人蕭永東，雖屏東有不少文人皆移居自外地，但沒有蕭永東思鄉的情懷如此深刻，原因歸咎莫過於澎湖與東港的海景讓他沉浸在故鄉的印象中，因此直到老年看到洶湧的海潮、聽到波濤的浪聲便仍不由自主的憶起家鄉。「旅遊紀勝」的詩文中，因東港、下淡水溪的交通地位，使其景觀備受關注。另有周精金、薛玉田的「屏東八景」，針對屏東市街附近的景觀書寫，加入人文的氣息，呈現了有別於傳統「八景詩」的選材角度。

　　應和酬唱的分類下，「贈答詩」主題雖提筆原因與他人相關，然因贈答對象互動的密切性，因此詩中放置的情感，與彼此間的關係相當密切，不僅可從中觀察文人的交流，在一贈一答間也可看出文人的情志思想。「唱和詩」主題則因日治時期屏東文人活動範圍較小，因此唱和群體多爲平時有所交集詩友們，與傳統的唱和詩內容有所差異。尤其是跨越時空的唱和，如與古人；或與不同階層的唱和，如與君王；或因仰慕詩作而唱和等，此類現象即爲少見，因此在唱和詩的主題中，屏東文人反而形成了群聚的交友圈，在「贈答」主題的交友線上，擴大面積，成爲「面」的交流。「擊鉢、課題、徵詩」的主題中，「詠史」、「詠物」的詩作內容多爲堆砌式的寫作模式，詩文中少有藝術價值，多針對該史、該物陳述事件始末，或針對該對象置入數個相關的辭彙，來扣緊詩題要求。雖在詩文的呈現上，少有價值可論，但文人透過詩社的活動，得以相互交流，志在參與。「記事」主題雖也有上述的毛病所在，但除了活絡交友網絡外，記的「事件」雖爲平日瑣事，然對於後學研究來說，具有相當可貴的史料價值。「寫景」類的內容，雖少有詩人情志的顯現，然在群體創作的氛圍中，詩題與創作材料的選擇，透過文人各自的視角，描寫所見之景，呈現豐富的空間意象；並在人文的互動中，將該空間的景觀塑造爲地景標誌，使得該地獲得更多的關注。

　　第五章主要運用人文地理學的角度，探討日治時期屏東古典詩的「空間」書寫與「地方」印象，並以時間爲縱軸、空間爲橫軸，分別討論。在時間的縱軸下，屏東的古典詩上推至清領時期，下推至本研究的研究範圍——日治，

論述在時間的推移下,「經驗」累積是否讓屏東的空間書寫,更能呈現地方感。空間的橫軸上,探討日治時期屏東文人如何與外地文人交流,外地文人的加入又帶給屏東文人書寫上哪些改變,再論述同一時代的平面上,不同地區的文人如何去建構所看見的「屏東」。

時間的縱軸中,清領時期的文人對於東港的空間書寫主要以卓肇昌為例,在卓肇昌的竹枝詞中可發現漁村的生活形態與海洋漁撈的職業。有漁人驚險搏鬥的畫面,也有漁村安詳和諧的片段,但若剃除「東港」一詞,其所寫的漁港生活其實與他地大同小異。而到了日治時期,東港因貨運開通逐漸繁榮,不只街衢人聲鼎沸,小琉球退居為東港外海的地標之一,民俗活動的置入更加凝聚地方情感。因此,東港的空間書寫,到了日治時期確實呈現其「地方」價值。空間的橫軸上,外地文人對於屏東空間的書寫,偏向於地理上所呈現的特殊之處,屏東文人則重於對景觀所產生的互動與情感,因此在屏東文人的建構下,日治時期的下淡水溪呈現的獨特的「地方」印象。然並非否認外地文人書寫的價值,因屏東文人取材的角度多為人文的氣息,因此若干詩作若失去標題,則無法讓人察明其描繪的地點。故,外地文人透過地理位置、產物特色、建築來建構出「空間」的範圍,而屏東文人則深入探討此空間呈現的「地方」印象;唯有兩者相輔相成的努力,才能更具體地呈現日治時期屏東的地方價值。

綜上所言,屏東傳統文學因資料的散見,蒐羅上的不易,許多研究者因而卻步,時至今日還未能有較全面及統整性的研究論述,期藉由本文引玉之磚,提供未來在屏東區域文學研究上的基礎。在傳統文學史上,屏東文人在日治時期古典詩的耕耘上有不可取代的地位,其保持了傳統詩社的運作形態,又融合了各地文人寫作的技巧,屏東詩社的發展儼然是日治時期古典詩社發展的縮影。就屏東的文學來說,古典詩的創作為日治時期文人寫作的主要工具,尤其在地景的建構上,古典詩運用了詩歌意境的藝術之美、置入了文人寄託之感,以群體共作的方式來呈現日治時期屏東的地方價值,因此日治時期屏東古典詩中的「地方」書寫,確實彰顯了屏東區域文學的特色。本研究透過外緣資料的整理,並以詩而證,初步建構屏東古典詩書寫的材料取向;並藉由內在研究的主題分類,探討屏東古典詩的內容特色;再導入人文地理學中「地方感」的概念,強調其地方書寫的價值性。從古典詩的寫作中,還原了日治時期屏東的自然風光、人文建設;從詩社的創立與沒落中,體現

了傳統文學的移動性與消長。屏東古典詩的研究，是一項大工程，期許往後
能有更多研究資源的投入。

徵引及參考文獻

一、研究文本

（一）日治時期報刊雜誌

1. 《風月・風月報・南方・南方詩集》，臺北，南天出版社，2001年，收錄年代：1935～1944年。
2. 《詩報：日治時期臺灣傳統文學大成1930～1944》，臺北，龍文出版社，2007年，收錄年代：1930～1944年。
3. 《漢文臺灣日日新報》，臺北，漢珍數位圖書股份有限公司，收錄年代：1905～1911年。
4. 《臺南新報》，台南，國立臺灣歷史博物館及台南市立圖書館復刻本，收錄年代：1921～1937年。
5. 《臺灣日日新報》，臺北，漢珍數位圖書股份有限公司，收錄年代：1898～1944年。

（二）古典詩文獻

1. 尤和鳴：《四十歲旦厯溯生平有感手稿》
2. 王松：《臺陽詩話》【臺灣文獻叢刊34種】，臺北：臺灣銀行經濟研究室。
3. 吳德功：《瑞桃齋詩話》，南投：省文獻會，1993年。
4. 林文龍：《臺灣詩錄拾遺》，臺中：臺灣省文獻會，1979年。
5. 連雅堂：《臺灣詩薈雜文鈔》，南投：臺灣省文獻委員會，1992年。
6. 連橫主編：《臺灣詩薈》，臺北：臺灣詩薈發行所，1924年～1925年。
7. 陳漢光：《臺灣詩録》，臺北：臺灣省文獻委員會，1984年。
8. 賴子清：《臺灣詩海》【臺灣先賢詩文集彙刊第五輯】，臺北：龍文出版，2006年。

9. 賴子清：《臺灣詩醇》【臺灣先賢詩文集彙刊第五輯】，臺北：龍文出版，2006 年。

二、方志專書

1. 王瑛曾編纂：《重修鳳山縣志》【臺灣文獻史料叢刊第一輯】，臺北：大通書局，1984 年。
2. 屏東縣政府編：《重修屏東縣志》，屏東：屏東縣政府，2010 年。
3. 張豐緒：《屏東縣志》，屏東：成文出版社，1954 年。
4. 黃耀能總纂，蔣忠益、曾玉昆編纂：《續修高雄市志卷九文化志文獻古蹟篇》，高雄：高雄市文獻委員會，1997 年。
5. 盧德嘉：《鳳山縣采訪冊》【臺灣文獻史料叢刊第二輯】，臺北：大通書局，1984 年。
6. 鍾桂蘭、古福祥：《屏東縣志》，臺北市：成文，1983 年。

三、其他專書

1. （漢）班固：《漢書・李廣蘇建傳》，臺北：二十五史編刊館，1955 年。
2. （清）俞琰：《歷代詠物詩選》，臺北：清流出版社，1976 年。
3. 子安宣邦著、陳瑋芬譯：《東亞儒學：批判與方法》，臺北市：臺大出版中心，2004 年。
4. 王詩琅：《臺灣社會運動史——文化運動》，臺北：稻香，1988 年。
5. 古遠清：《詩歌分類學》，高雄：復文出版社，1991 年 9 月。
6. 伊能嘉矩著，臺灣省文獻委員會翻譯：《臺灣文化志》，臺灣省文獻委員會出版，1985 年。
7. 江寶釵：《嘉義地區古典文學發展史》，嘉義：嘉義市文化中心，1998 年 6 月。
8. 江寶釵：《臺灣古典詩面面觀》，臺北：巨流圖書公司，1999 年。
9. 吳文星：《日據時期臺灣社會領導階層之研究》，臺北：正中書局，1995 年 4 月。
10. 吳毓琪：《南社研究》，臺南：臺南市立文化中心，1999 年。
11. 呂紹理：《水螺響起：日治時期臺灣社會的生活作息》，臺北：遠流，1998 年 3 月。
12. 李世偉：《日據時代臺灣儒教結社與活動》，臺北：文津出版社，1999 年 6 月。
13. 李建盛：《理解事件與文本意義——文學詮釋學》，上海：上海譯文出版社，2002 年 3 月。

14. 周婉窈：《海行兮的年代：日本殖民統治末期臺灣史論集》，臺北：允晨文化，2003 年。

15. 林文龍：《臺灣的書院與科舉》，臺北：常民文化，1999 年。

16. 林淑慧：《禮俗、記憶與啓蒙：臺灣文獻的文化論述及數位典藏》，臺北市：臺灣學生書局，2009 年。

17. 林進發編著：《臺灣官紳年鑑》，臺北：成文出版社覆刻，1999 年 6 月。

18. 林翠鳳主編：《鄭坤五研究》，臺北：文津出版社，2004 年，頁 113～202。

19. 邱春美：《六堆客家古典文學》，臺北：文津出版社，2007 年 7 月。

20. 施懿琳、許俊雅、楊翠著：《台中縣文學發展史》，豐原：臺中縣立文化中心，1995 年 6 月。

21. 施懿琳、楊翠著：《彰化縣文學發展史》，彰化：彰化縣立文化中心，1997 年。

22. 施懿琳：《從沈光文到賴和——臺灣古典文學的發展與特色》，高雄：春暉出版社，2000 年。

23. 施懿琳主編、全臺詩編輯小組編撰：《全臺詩‧卷 11》，臺南市：臺灣文學館，2008 年。

24. 段義孚（Yi-Fu Tuan）著，潘桂成譯：《經驗透視中的空間與地方》(Space and place：the perspective of experience)，臺北：國家圖書館出版，1998 年 3 月。

25. 派翠西亞‧鶴見（E. Patricia Tsurumi）著、林正芳譯：《日治時期臺灣教育史》，宜蘭市：仰山文教基金會，1999 年。

26. 范銘如：《文學地理：臺灣小說的空間閱讀》，臺北：麥田出版社，2008 年。

27. 韋勒克（Wellek，Rene）等著、王夢鷗等譯：《文學論——文學研究方法論》，臺北：志文，1987 年。

28. 夏鑄九、王志弘：《空間的文化形式與社會理論讀本》，臺北：明文出版社，1990 年。

29. 涂麗生：《東港特高事件——生死恨》，高雄：大友書局，1960 年。

30. 翁聖峰：《日據時期臺灣新舊文學論爭新探》，臺北：五南，2007 年。

31. 張正體、張婷婷：《詩學》，臺北：臺灣商務，1985 年 7 月。

32. 張京媛主編：《後殖民理論與文化認同》，臺北：麥田出版社，1995 年。

33. 張達修：《醉草園詩集》，臺中：張達修自印，1981 年。

34. 張夢機：《鷗波詩話》，臺北：漢光出版，1984 年。

35. 曹永和：《臺灣早期歷史研究》，臺北：聯經出版社，2000 年。

36. 許佩賢：《殖民地臺灣的近代學校》，臺北：遠流出版公司，2005 年。

37. 許俊雅：《臺灣文學散論》，台北：文史哲出版社，1995 年。

38. 許俊雅：《臺灣寫實詩作之抗日精神研究一八九五～一九四五之古典詩歌》，臺北市：國立編譯館，1997 年。

39. 許俊雅編：《講座 FORMOSA：臺灣古典文學評論合集》，臺北：萬卷樓，2004 年。

40. 郭大玄：《臺灣地理——自然、社會與空間的圖像》，臺北：五南出版社，2005 年 2 月。

41. 郭怡君、楊永彬編著：《風月・風月報・南方・南方詩集》，臺北：南天書局，2001 年。

42. 陳芳明：《殖民地摩登：現代性與臺灣史觀》，臺北：麥田，2004 年 6 月。

43. 陳建忠：《日據時期臺灣作家論：現代性、本土性、殖民性》，臺北：五南，2004 年 8 月。

44. 陳昭瑛：《臺灣儒學：起源、發展與轉化》，臺北：正中書局，2000 年。

45. 陳培豐著、王興安、鳳氣至純平編譯：《「同化」の同床異夢：日治時期臺灣的語言政策、近代化與認同》，臺北市：麥田出版，2006 年。

46. 陳淑娟等編：《屏東市采風錄》，屏東市：屏東市公所，2002 年。

47. 陳紹馨：《臺灣的人口變遷與社會變遷》，臺北：聯經，1985 年。

48. 陳瑋芬：《近代日本漢學的「關鍵詞」研究：儒學及相關概念的嬗變》，臺北市：臺大出版中心，2005 年。

49. 黃叔璥：《臺海使槎錄》【臺灣文獻史料叢刊第 2 輯】，臺北：大通書局，1987 年。

50. 黃俊傑、何寄澎主編：《臺灣的文化發展：世紀之交的省思》，臺北：臺大出版中心，2002 年。

51. 黃美娥：《日治時期臺北地區文學作品目錄》，臺北市：北市文獻會，2003 年。

52. 黃美娥：《古典臺灣：文學史・詩社・作家論》，臺北：國立編譯館，2007 年。

53. 黃美娥：《重層現代性鏡像：日治時代臺灣傳統文人的文化視域與文學想像》，臺北：麥田，2004 年 12 月。

54. 黃富三等主編：《臺灣史研究一百年：回顧與研究》，臺北市：中研院臺史所籌備處，1997 年。

55. 黃朝進：《清代竹塹地區的家族與地域社會—以鄭、林兩家爲中心》，臺北：國史館，1995 年。

56. 黃慧貞：《日治時期臺灣「上流階層」興趣之探討：以臺灣人士鑑爲分

析樣本》，臺北：稻鄉，2007 年。

57. 楊翠：《日據時期臺灣婦女解放運動：以臺灣民報為分析場域（1920～1932）》，臺北：時報文化，1993 年。

58. 葉石濤：《臺灣文學史綱》，高雄：春暉出版，2010 年。

59. 廖忠俊：《臺灣鄉鎮舊地名考釋》，臺北：允晨文化，2008 年。

60. 廖炳惠：《回顧現代：後現代與後殖民論文集》，臺北：麥田，1994 年 9 月。

61. 廖炳惠：《回顧現代文化想像》，臺北：時報，1995 年 12 月。

62. 廖炳惠編著：《關鍵詞 200：文學與批評研究的通用辭彙編》，臺北市：麥田，2006 年。

63. 廖振富：《臺灣古典文學的時代刻痕：從晚清到二二八》，臺北：國立編譯館，2007 年 7 月。

64. 廖振富：《櫟社研究新論》，臺北：國立編譯館，2006 年 3 月。

65. 林進發：《臺灣官紳年鑑》，臺北：成文出版，1999 年。

66. 臺灣新民報社調查部編：《臺灣人士鑑》，臺北：臺灣新民報社，1934 年 3 月。

67. 臺灣總督府編：《臺灣列紳傳》，臺北：臺灣總督府，1916 年 6 月。

68. 趙康伶：《我的家鄉——屏東》，屏東：屏東縣政府，2002 年。

69. 歐陽光：《宋元詩社研究叢稿》，廣州：廣東高等教育出版社，1998 年。

70. 蔡培火等著：《臺灣民族運動史》，臺北：自立晚報叢書編輯委員會，1971 年。

71. 蔡源煌：《從浪漫主義到後現代主義》，臺北：雅典出版社，1989 年。

72. 蔡龍保：《推動時代的巨輪：日治中期的臺灣國有鐵路（1910～1936）》，臺北：臺灣古籍，2004 年。

73. 鄭汝南、蔡子昭等編：《臺灣文藝叢誌》，臺中：臺灣文社，1919 年～1924 年。

74. 鄭定國：《日治時期雲林縣的古典詩家》，臺北：里仁書局，2005 年。

75. 鄭毓溱：《臺灣產業香蕉研究》，臺中：國立中興大學圖館，數位典藏與學習國家型科技計畫後設資料工作組，2010 年 9 月。

76. 韓震、孟鳴岐：《歷史・理解・意義——歷史詮釋學》，上海：上海譯文出版社，2002 年 3 月。

77. 鍾嶸著，徐達譯注：《詩品全譯》，貴陽：貴州人民出版社，2008 年。

78. 蘇全福：《屏東縣鄉賢傳略》，屏東：屏東縣立文化中心，1997 年 11 月。

79. 蘇義峰：《屏東縣農漁牧百科——屏東風物誌》，屏東：屏東縣屏東市阿

猴城城鄉綜合發展研究協會，2001 年。

80. 顧敏耀、薛建蓉、許惠玟等著：《一線斯文——臺灣日治時期古典文學》，臺南市：臺灣文學館，2012 年 11 月。

81. 龔鵬程：《臺灣文學在臺灣》，臺北：駱駝出版社，1997 年 3 月。

82. 龔顯宗：《台南縣文學史》，臺南：台南縣政府出版，1996 年。

83. 龔顯宗：《安平文學史》，臺北：五南圖書公司，1998 年。

84. Cresswell Tim 著，王志弘等譯：《地方：記憶、想像與認同》，臺北：群學出版社，2006 年。

85. Mike Crang 著，王志弘、余佳玲、方淑惠譯：《文化地理學》，臺北：巨流圖書公司，2003 年。

四、期刊、會議論文

1. 王玉輝：〈屏東礪社的發展始末〉，《臺灣文獻》第 63 卷 1 期，2012 年 3 月 31 日，頁 101～144。

2. 王秋生：〈傷逝——論托馬斯‧哈代的悼亡詩〉，《語文學刊》第 3 期，2010 年，3 月，頁 4～8。

3. 王詩琅：〈日據初期的攏絡政策〉，《臺灣文獻》26 卷 4 期、27 卷 1 期合刊，1976 年 3 月，頁 31～41。

4. 白一瑾：〈清初在京貳臣文人社集唱酬活動探微〉，《上海大學學報》第 18 卷第 2 期，2011 年 3 月，頁 77～86。

5. 江寶釵：〈戀戀鄉城——「區域文學史」撰述經驗談〉，《文訊》第 174 期，2000 年 4 月，頁 45～47。

6. 吳文星：〈日治時期臺灣的教育與社會流動〉，《臺灣文獻》第 51 卷第 2 期，1990 年 6 月，頁 165。

7. 吳文星：〈日據時代臺灣書房之研究〉，《思與言》第 16 卷第 3 期，1978 年 9 月，頁 2～89。

8. 吳文星：〈日據時期臺灣書房教育之再檢討〉，《思與言》第 26 卷第 1 期，1988 年 5 月，頁 2～89。

9. 吳榮發：〈高雄州特高事件概述 1941～1945〉，《高市文獻》第 3 期，2006 年 9 月 19 日，頁 1～33。

10. 吳榮發：〈黎明前的焦慮：高雄陰謀叛亂事件（1941～1945）〉，《高雄中學報》第 8 期，2005 年 11 月 1 日，頁 243～270。

11. 李百容：〈從「群體意識」與「個體意識」論文學史「詩言志」與「詩緣情」之對舉關係——以明代格調、性靈詩學分流起點為論證核心〉，《新竹教育大學人文社會學報》，第 2 卷第 1 期，2009 年 2 月，頁 3～28。

12. 林文龍：〈臺灣早期詩文作品編印述略（1684～1945）〉，《臺灣古典文學與文獻》，臺北：文津出版，1999 年，頁 86～117。

13. 林俊宏：〈津山詩人歐子亮作品初探〉，《屏東文獻》第 15 卷，2011 年 12 月，頁 154～176。

14. 施懿琳：〈台南府城古典文學概述（上）〉，《國文天地》第 187 期，2000 年 12 月，頁 56～60。

15. 施懿琳：〈台南府城古典文學概述（下）〉，《國文天地》第 188 期，2001 年 1 月，頁 57～61。

16. 施懿琳：〈撰寫區域文學史的幾點感想〉，《文訊》第 174 期，2000 年 4 月，頁 40～41。

17. 翁聖峰：〈日據時期（1920～1932）臺灣的儒學與儒教——以《臺灣民報》為分析場域〉，《臺灣文獻》第 51 卷第 4 期，2000 年 12 月，頁 285～307。

18. 許成章：〈蕭永東傳〉，《詩文之友》第 22 卷 4 期，1965 年 8 月，頁 46～47。

19. 許俊雅：〈九○年代臺灣古典文學研究現況評介與反思〉，「九十年代兩岸三地文學現象國際學術研討會」，2000 年 6 月 1、2 日。

20. 陳萬益：〈現階段區域文學史撰寫的意義和問題〉，《文訊》第 174 期，2000 年 4 月，頁 31～36。

21. 郭燦輝：〈論中國贈答詩發展成熟的軌跡〉，《長沙民政職業技術學院學報》第 13 卷第 4 期，2006 年 12 月，頁 99～101。

22. 黃文車：〈尋找地方感的書寫：清代屏東地區古典文學發展概述〉，《屏東文獻》16 期，2012 年 12 月，頁 3～42。

23. 黃美娥：〈臺灣古典文學史概說〉，《臺北文獻》直字第 151 卷，2005 年 3 月，頁 215～269。

24. 楊永彬：〈日本領臺初期日臺官紳詩文唱和〉，《臺灣重層近代化論文集》，臺北：播種者文化，2000 年，頁 105～181。

25. 詹雅能：〈從福建到臺灣——「擊缽吟」的興起、發展與傳播〉，《臺灣文學研究學報》第 16 期，2013 年 4 月，頁 111～165。

26. 劉明華：〈古代文人酬唱詩歌論略——以聯句詩為中心〉，《重慶教育學院學報》第 16 卷第 2 期，2003 年 3 月，頁 46～49。

27. 劉遠智：〈臺灣詩社的淵源與流衍〉，《臺北文獻》第 59、60 期合刊，1982 年 6 月，頁 281～295。

28. 蔡淵絜：〈日據時期臺灣新文化運動中反傳統思想初探〉，《思與言》第 26 卷第 1 期，1988 年，頁 109～132。

29. 鞏本棟：〈關於唱和詩詞研究的幾個問題〉，《江海學刊》，2006 年 3 月，

頁 161～170。

30. 賴子清：〈古今臺灣詩文社（二）〉，《臺灣文獻》11 卷 3 期，1969 年 9 月，頁 74～100。

31. 謝崇耀：〈試比較清日政權於臺灣漢詩發展的成就與影響〉，《臺灣文學評論》3 卷 3 期，2003 年 7 月，頁 107～122。

32. 謝崇耀：〈論日治時期臺灣漢詩組織之建構與作用〉，《臺灣風物》58 卷 3 期，2008 年 9 月，頁 91～134。

33. 謝瑞隆：〈論臺灣傳統漢詩對鄉土文史建構的意義〉，《彰化文獻》6 期，2005 年 3 月，頁 81～97。

34. 羅賢淑：〈唐五代詠史詞類型探論〉，《中國文化大學中文學報》第 24 期，2012 年 4 月，頁 217～229。

35. 蘇碩斌：〈日治時期臺灣文學的讀者想像〉《跨領域的臺灣文學研究學術研討會論文集》，2006 年 3 月，頁 82～115。

五、學位論文

1. 川路祥代：《殖民地臺灣文化統合與臺灣傳統儒學社會》，臺南：國立成功大學中國文學研究所博士論文，2002 年。

2. 王文顏：《臺灣詩社之研究》，臺北：國立政治大學中文所碩士論文，1979 年。

3. 王幼華：《日治時期苗栗縣傳統詩社研究—以栗社為中心》，臺中：國立中興大學中國文學系碩士在職專班碩士論文，2001 年。

4. 王玉輝：《日據時期高雄市詩社和詩人之研究——以旗津吟社為例》，高雄：國立中山大學中國語文研究所碩士論文，2003 年。

5. 王玉輝：《清領時期屏東古典詩研究》，高雄：國立高雄師範大學研究所博士論文，2014 年。

6. 王惠琛：《清代臺灣科舉制度的研究》，臺南：國立成功大學歷史語言研究所碩士論文，1990 年。

7. 吳怡慧：《陳貫《豁軒詩草》析論》，彰化：國立彰化師範大學國文學系碩士論文，2005 年。

8. 吳品賢：《日治時期臺灣女性古典詩作研究》，臺北：國立臺灣師範大學國文所碩士論文，2001 年。

9. 吳淑娟：《臺灣基隆地區古典詩歌研究》，臺北：中國文化大學中國文學研究所碩士論文，2004 年。

10. 吳毓琪：《臺灣南社研究》，臺南：國立成功大學中國文學研究所碩士論文，1997 年。

11. 呂素美：《日治時期的草山地景與漢詩書寫》，臺北：國立臺灣師範大學臺灣文化及語言文學研究所在職進修碩士論文，2009 年。

12. 宋南萱：《臺灣八景從清代到日據時期的轉變》，中壢：國立中央大學藝術學研究所碩士論文，2000 年。

13. 李泰德：《文化變遷下的臺灣傳統文人——黃得時評傳》，臺北：國立臺灣師範大學國文研究所碩士論文，1998 年。

14. 李毓嵐：《世變與時變—日治時期臺灣傳統文人的肆應》，臺北：國立臺灣師範大學歷史學系，2010 年。

15. 林以衡：《日治時期臺灣漢文俠敘事的階段性發展及其文化意涵——以報刊作品爲考察對象》，臺北：國立臺灣師範大學臺灣文化及語言文學研究所碩士論文，2007 年。

16. 林淑華：《日治前期臺灣縱貫鐵路之研究》，臺北：國立臺灣師範大學歷史研究所碩士論文，1999 年。

17. 林蘭芳：《工業化的推手—日治時期的電力事業》，台北：國立政治大學歷史研究所博士論文，2003 年。

18. 武麗芳：《日據時期竹塹地區詩社研究》，新竹：玄奘大學中國語文研究所碩士論文，2004 年。

19. 施懿琳：《日治時期鹿港民族正氣詩研究》，臺北：國立臺灣師範大學國文研究所碩士論文，1986 年。

20. 柯喬文：《《三六九小報》古典小說研究》，嘉義：南華大學文學研究所碩士論文，2003 年。

21. 徐郁縈：《日治前期臺灣漢文印刷報業研究（1895～1912）——以《臺灣日日新報》爲觀察重點》，雲林：雲科大漢學資料整理研究所碩士論文，2008 年。

22. 高雪卿：《臺灣苗栗地區古典詩研究》，臺北：中國文化大學中國文學研究所碩士論文，2005 年。

23. 張作珍：《北港地區傳統詩社研究》，嘉義：南華大學文學研究所碩士論文，2001 年。

24. 張淑玲：《臺灣南投地區傳統詩研究》，臺北：中國文化大學中國文學研究所碩士在職專班碩士論文，2003 年。

25. 張瑞和：《雲林興賢吟社研究》，雲林：國立雲林科技大學漢學資料整理研究所碩士論文，2006 年。

26. 張滿花：《張達修及其詩研究—以《醉草園詩集》爲例》，彰化：國立彰化師範大學國文學系在職進修專班碩士論文，2004 年。

27. 張端然：《日治時期瀛社之研究》，臺北：中國文化大學中國文學研究所碩士在職專班碩士論文，2003 年。

28. 許玉青：《清代臺灣古典詩之地理書寫研究》，桃園：國立中央大學中文研究所碩士論文，2005 年。

29. 許佩賢：《臺灣近代學校的誕生—日本時代初等教育體系的成立（1895～1911）》，臺北：國立臺灣大學歷史學研究所博士論文，2001 年。

30. 許俊雅：《臺灣寫實詩作之抗日精神研究》，臺北：國立臺灣師範大學國文所碩士論文，1987 年。

31. 郭承權：《呂世宜書法研究—兼論與臺灣書壇發展之關係》，臺北：國立臺灣師範大學美術研究所碩士論文，2000 年。

32. 陳芳萍：《彰化應社及其詩作研究》，新竹：國立清華大學中國文學系碩士論文，2002 年。

33. 陳麗蓮：《蘭陽地區傳統文學研究（1800～1945）》，宜蘭：佛光大學文學研究所博士論文，2007 年。

34. 曾絢煜：《栗社研究》，嘉義：南華大學文學研究所碩士論文，2001 年。

35. 黃文車：《黃石輝研究》，嘉義：國立中正大學中國文學研究所碩士論文，2001 年。

36. 黃美娥：《清代臺灣竹塹地區傳統文學研究》，臺北：輔仁大學中文研究所博士論文，1999 年。

37. 楊永彬：《臺灣紳商與早期日本殖民政權的關係 1895～1905 年》，臺北：國立臺灣大學歷史學研究所碩士論文，1996 年。

38. 葉連鵬：《澎湖文學發展之研究》，桃園：國立中央大學中國文學研究所碩士論文，2000 年。

39. 廖振富：《櫟社三家詩研究——林癡仙、林幼春、林獻堂》，臺北：國立臺灣師範大學國文所博士論文，1996 年。

40. 潘玉蘭：《天籟吟社研究》，臺北：國立臺灣師範大學國文學系在職進修碩士班碩士論文，2004 年。

41. 蔡清波：《臺灣古典詩自然寫作研究——明鄭時期至清朝時期》，高雄：國立中山大學中國文學研究所碩士論文，2005 年。

42. 蔡淵絜：《清代臺灣社會的領導階層》，臺北：國立臺灣師範大學歷史研究所碩士論文，1989 年。

43. 戴雅芬：《臺灣天然災害類古典詩歌研究——清代至日據時代》，臺北：國立政治大學，中等學校教師在職進修國文教學學位班碩士論文，2001 年。

44. 謝崇耀：《日治時期臺北州漢詩文化空間之發展與研究》，嘉義：國立中正大學中國文學研究所博士論文，2010 年。

45. 鍾美芳：《日據時代櫟社之研究》，臺中：東海大學歷史研究所碩士論文，1985 年。

46. 顏菊瑩：《蕭永東研究——以《三六九小報》爲探討文本》，台南：國立成功大學臺灣文學系碩士論文，2010 年。

47. 蘇秀鈴：《日治時期崇文社研究》，彰化：國立彰化師範大學中國文學教育研究所碩士論文，2001 年。

六、網站與資料庫

1. 《中央研究院漢籍電子文獻》，網址：〈http://hanji.sinica.edu.tw/〉，檢索日期：2014 年 3 月 25 日。

2. 《中國古代地名大辭典》，網址：〈http://www.gg-art.com:8080/dictionary/〉，檢索日期：2013 年 4 月 5 日。

3. 《文化部國家文化資料庫》，網址：〈http://nrch.moc.gov.tw/ccahome/index.jsp〉，檢索日期：2014 年 4 月 1 日。

4. 《日治時期期刊全文影像系統》，網址：〈http://stfj.ntl.edu.tw/cgi-bin/gs32/gsweb.cgi/login?o=dwebmge〉，檢索日期：2014 年 3 月 25 日。

5. 《全台詩資料庫》，網址〈http://xdcm.nmtl.gov.tw/twp/index.asp〉，檢索日期：2013 年 10 月 15 日。

6. 《成大臺灣古典文學學術研究網》，網址：〈http://www.jctl.com.tw/〉，檢索日期：2014 年 1 月 25 日。

7. 《屏東縣琉球鄉公所》，網址：〈http://www.pthg.gov.tw/liuchiu/index.aspx〉，檢索日期：2014 年 5 月 2 日。

8. 《國立公共資訊圖書館數位典藏服務網》，網址：〈http://stfj.ntl.edu.tw/cgi-bin/gs32/gsweb.cgi/login?o=dwebmge〉，檢索日期：2014 年 3 月 25 日。

9. 《國立臺灣大學圖書館——臺灣研究資源》，網址：〈http://www.lib.ntu.edu.tw/cg/resources/Taiwan/taiwan1.htm〉，檢索日期：2014 年 3 月 3 日。

10. 《教育部重編國語辭典修訂本》，網址：〈http://dict.revised.moe.edu.tw/index.html〉，檢索日期：103 年 5 月 15 日。

11. 《網路展書讀》，網址：〈http://cls.hs.yzu.edu.tw/〉，檢索日期：2014 年 3 月 3 日。

12. 《臺灣日日新報資料庫》，網址：〈http://rrxin.library.ncnu.edu.tw/〉，檢索日期：2014 年 3 月 3 日。

13. 《臺灣民俗文化研究室》，網址：〈http://web.pu.edu.tw/~folktw/prospectus.html〉，檢索日期：2014 年 3 月 3 日。

14. 《臺灣研究資源》，網址：〈http://59.125.121.246/TM/〉，檢索日期：2014 年 3 月 20 日。

15. 《臺灣漢詩數位典藏資料庫》，網址：〈http://140.125.168.74/literaturetaiwan/ poetry/04/04_02/04_02_01.htm〉，檢索日期：2013 年 10 月 15 日。

16. 《聲音紀錄史課程》，網址：〈http://web.ntnu.edu.tw/~697910315/index. html〉，檢索日期：2014 年 5 月 2 日。

附錄一　日治時期屏東詩人列表

筆　劃	姓名（別號）	活動區域	參與詩社
4 尤	尤鏡明	屏東市	礪社、臨溪吟社、新和吟社、潮聲吟社、屏東聯吟會
	尤養齋（尤和鳴）	屏東市	礪社
4 王	王松江	屏東、鳳山	礪社、臨溪吟社、興亞吟社、屏東聯吟會
	王竹客	屏東市	高雄州下聯吟會
6 朱	朱凱耀	屏東市	新和吟社、屏東聯吟會
7 李	李覺幻	東港	東港吟社
	李昭樓	林邊	興亞吟社
8 吳	吳百川	屏東市	未見
	吳百源	屏東市	未見
	吳紉秋	東港、林邊、臺北	新和吟社、東林吟社、興亞吟社
	吳杏齋	林邊	興亞吟社
	吳蔭培	潮州	礪社
8 周	周椅楠	屏東	興亞吟社
	周精金	屏東市	新和吟社
	周良玉	屏東市	臨溪吟社、新和吟社
	周明德	屏東市	新和吟社、屏東聯吟會
8 邱	邱水秋	屏東市	新和吟社、屏東聯吟會
	邱澄波	屏東市	新和吟社、屏東聯吟會
8 林	林又春	林邊	興亞吟社、東林吟社
	林榮祥	林邊	興亞吟社、東林吟社
	林逸樵	林邊	興亞吟社
	林慶龍	九如	臨溪吟社

	林朝宗	內埔	高雄州下聯吟會
	林墨梅（高山明川）	林邊	東林吟社、蕉香吟室
	林延平	潮州	礪社
9 姜	姜林脯	里港	二酉吟社
10 高	高山健一	林邊	東林吟社
10 翁	翁澄甫	屏東市	屏東聯吟會
10 連	連祖芬	里港	二酉吟社
11 陳	陳文石	屏東市	東林吟社、潮聲吟社、二酉吟社、屏東聯吟會
	陳闓仙（陳清海）	林邊	東林吟社、興亞吟社
	陳寄生（陳靜園）	林邊、佳冬、東港	東林吟社、興亞吟社
	陳家駒	屏東市、嘉義、臺南	礪社、臨溪吟社、東林吟社、興亞吟社、屏東聯吟會
	陳志淵	東港	東林吟社、蕉香吟室
	陳春萍	屏東市	潮聲吟社、二酉吟社、屏東聯吟會
	陳步青	里港	二酉吟社
	陳步蟾	里港	二酉吟社
	陳美磐	屏東市	屏東聯吟會
	陳紫亭	里港	二酉吟社
	陳劍雲	屏東市	礪社
	陳逸民（陳添和）	林邊	東林吟社、興亞吟社
	陳竹南	里港	二酉吟社
	陳琴甫	潮州	潮聲吟社
	陳雍堂	潮州	潮聲吟社
	陳秋波	屏東市、里港	臨溪吟社、屏東聯吟會
	陳福清	屏東市	屏東聯吟會
	陳芳元	四溝水	六合吟社
	陳墨痴（墨痴生）	屏東市	屏東聯吟會
	陳月樵	屏東市	礪社、屏東聯吟會
	陳潄菴	屏東市	礪社、屏東聯吟會
	陳天助	九如	臨溪吟社
11 連	連祖芬	里港	二酉吟社
11 曹	曹恒捷	東港	興亞吟社
11 張	張其生	里港	二酉吟社
	張一諾	屏東市	屏東聯吟會
	張觀廷（張連朝）	溪州	東林吟社、潮聲吟社、興亞吟社、屏東聯吟會

	張榮偕	九如	臨溪吟社
	張亨嘉（張冬）	潮州	潮聲吟社、臨溪吟社
	張恭賀	九如	臨溪吟社
11 許	許仙童	屏東市	屏東聯吟會、新和吟會
	許永福	里港	二酉吟社
	許庚墻	九如	臨溪吟社
11 郭	郭叡靜	里港	二酉吟社
	郭芷涵	屏東市	礪社、東山吟社、新和吟會、屏東聯吟會、臨溪吟社
	郭秋炳	屏東市	新和吟會、屏東吟會
	郭錦都	里港	二酉吟社
12 黃	黃嘉源	屏東市	屏東聯吟會
	黃建懷	林邊	興亞吟社
	黃道	里港	二酉吟社
	黃森峰	屏東市	屏東聯吟會
	黃小鬐	林邊	興亞吟社
	黃石輝	屏東市	礪社、屏東聯吟會、臨溪吟社
	黃詠鶴	九如	臨溪吟社
	黃金殿	九如	臨溪吟社
	黃靜軒	東港	東港吟社、東林吟社
	黃永好	九如	臨溪吟社
13 楊	楊華（楊敬亭）	屏東市	礪社、屏東聯吟會
	楊柏顯	屏東市	屏東吟會
	楊萬法	九如	臨溪吟社
	楊朝貴	九如	臨溪吟社
13 葉	葉丁有	屏東市	新和吟會
13 詹	詹五常	九如	臨溪吟社
15 蔡	蔡元亨	潮州	屏東聯吟會、潮聲吟社
	蔡荷生	屏東市	屏東聯吟會、潮聲吟社
15 劉	劉炳坤	東港	東林吟社
	劉臥雲	東港	東林吟社
15 鄭	鄭玉波（鄭水波）	林邊	東林吟社
	鄭庚三	林邊	興亞吟社
	鄭進登	林邊	興亞吟社
15 歐	歐子亮（歐銀票）	屏東市	二酉吟社、屏東聯吟會

17 薛	薛玉田（薛種藍）	屏東市	礪社、臨溪吟社、新和吟社、東林吟社、屏東聯吟會
17 謝	謝拔松	林邊	興亞吟社
17 蕭	蕭永東(冷史、古意堂)	東港	東林吟社、興亞吟社
17 鍾	鍾武德	東港	潮聲吟社
20 蘇	蘇德興（維吾）	屏東市	礪社、屏東聯吟會

附錄二　日治時期屏東詩社活動

一、礪社

年　月	詩　題	參與人員	刊載報刊
1922.07	〈大雨時行〉擊鉢	尤養齋（左）、郭芷涵（右）、陳友漁、黃石輝、蕭永東、陳家駒、施萬山、陳月樵、蘇德興、蘇維吾、王松江、盧子聰、陳騰輝	《台南新報》7325期，頁5。
1922.07	〈星橋〉擊鉢	尤養齋（左）、郭芷涵（右）、蕭永東、王松江、黃石輝、陳友漁、陳家駒、盧子聰、陳騰輝、施萬山、陳月樵、漢皋生、鄭保臣、釣鱸生、蔡興嘉、陳沂軒	《台南新報》7327期，頁5。
1922.08	〈柳眼〉擊鉢	鄭坤五（左）、王松江（右）、許子文、戴鳳軟、蘇德興、蕭永東、郭盆昌、陳騰輝	《台南新報》7190期，頁5。
1922.08	〈苔痕〉擊鉢	許子文（左）、郭沚涵（右）、鄭坤五、王松江、陳家駒、陳春林、黃石輝、蘇維吾、施萬山、蕭永東、陳友漁、鄭保臣	《台南新報》7339期，頁5。
1922.09	〈酒旗〉擊鉢	陳沂軒（左）、陳月樵（右）、施萬山、王松江、黃石輝、蘇維吾、陳騰輝、鄭保臣	《台南新報》7366期，頁5。
1922.09	〈秋燕〉擊鉢	陳友漁（左）、施萬山（右）、黃石輝、蕭永東、王松江、蘇維吾、陳家駒、鄭保臣	《台南新報》7378期，頁5。
1922.09	〈雪花〉擊鉢	黃石輝（左）、陳月樵（右）、蘇維吾、王松江、蕭永東、陳家駒、陳騰輝、盧子聰	《台南新報》7391期，頁5。
1923.03	〈秧鍼〉擊鉢	陳月樵（左）、黃石輝（右）、盧子聰、王松江、蘇維吾、陳騰輝、陳家駒、陳劍雲	《台南新報》7569期，頁5。
1923.05	〈菊枕〉課抄	鄭坤五（詞宗）、陳家駒、謝汝湖、韓承澤、王大俊、陳春林、蔡祖芬、王竹修、吳蔭培	《台南新報》7630期，頁5。
1923.07	〈魚苗〉課題	鄭坤五（詞宗）、黃石輝、陳劍雲、黃式垣、蕭影多、陳家駒、黃彩堂、黃南勳、姚松茂、王竹修、周士衡、陳月樵、吳百樓	《台南新報》7672期，頁5。

1923.07	〈詩鐘體素〉課題	郭涵芷（詞宗）、蔡氏月華、黃石輝、徐氏繡紅、黃逸樵、北瀛寄鴻、謝文彩、翁家和、黃昭明、陳炳煌、陳家駒、郭自成、王松江、林開泰	《台南新報》7673期，頁5。
1923.08	〈樵歌〉擊鉢	蕭永東（左）、陳家駒（右）、黃石輝、王松江、吳玉琛、蘇維吾、和宇慶增芳、尤鏡明、盧子聰	《台南新報》7720期，頁5。
1923.10	〈老妓〉課題	隴西氏、歐陽扶、靈陽子、林延平、蔡祖芬、董景波、吳如玉、王哭濤、吳鑑塘、陳彩灼	《台南新報》7766期，頁5。
1923.12	〈歲暮〉擊鉢	蘇維吾（左）、陳家駒（右）、黃石輝、王松江、楊敬亭、吳玉琛、鄭保臣、尤鏡明	《台南新報》7826期，頁5。
1923.12	〈苦寒〉新聲吟團擊鉢	尤養齋（左）、郭沚涵（右）、楊敬亭、鄭保臣、尤鏡明	《台南新報》7837期，頁5。
1924.01	〈曉春〉擊鉢	陳春林（左）、李曉樓（右）、黃石輝、張晴川、王松江、葉榮春、王永森、蘇維吾、楊敬亭、憂增芳（和宇）	《台南新報》7861期。
1924.01	〈思潮〉擊鉢	張晴川（左）、鄭坤五（右）、楊敬亭、李曉樓、蘇維吾、黃石輝、陳家駒、鄭保臣、葉榮春	《台南新報》7864期。
1924.04	〈種桃〉擊鉢	黃石輝（左）、陳家駒（右）、蕭永東、施萬山、蘇維吾、吳玉琛、薛玉田、王松江、潘煌輝	《台南新報》7945期，頁5。
1924.06	〈柳風〉自勵課題	王松江（詞宗）、黃石輝、陳滌菴、和宇慶增芳、徐瑞雲、陳艷僧、黃怪石	《台南新報》8027期，頁5。
1924.06	〈急雨〉自勵課題	蘇維吾（詞宗）、王松江、黃石輝、張清泉、徐瑞雲、陳瑾堂、陳滌菴、尤鏡明	《台南新報》8027期，頁5。
1924.09	〈義路〉徵詩課題	尤養齋（詞宗）、林開泰、鄭坤五、蔡民旨禪、林山樵、王松江、陳滌菴	《台南新報》8109期，頁5。
1924.10	〈秋寒〉擊鉢	黃石輝（左）、蘇維吾（右）、王松江、施萬山、鄭保臣、楊敬亭、陳滌菴、可泉居士、尤鏡明、蘇德興、蔡興家、釣鱸生	《台南新報》8134期，頁5。
1924.11	〈秋色〉礪社自勵課題	尤養齋（左）、郭涵（右）、黃石輝、和宇慶增芳、張清泉、陳正元、王松江、葉榮春	《台南新報》8160期，頁5。
1924.11	〈鬢雲〉擊鉢	蘇維吾（左）、黃石輝（右）、王松江、吳玉琛、和宇慶增芳、尤鏡明、徐長輝、葉榮春	《台南新報》8165期，頁5。
1924.12	〈孤鴻〉擊鉢	徐慶瀾（左）、竹軒（右）、黃石輝、王永森、尤鏡明、戴鳴山、徐長輝、蔡興家、蘇維吾、陳潰菴、薛玉田、葉榮春	《台南新報》8202期，頁9。
1925.04	〈舌劍〉擊鉢	王松江（左）、吳玉琛（右）、尤鏡明、蘇維吾、黃石輝、蕭永東、鄭保臣、蔡興家	《台南新報》8308期，頁5。
1925.04	〈心花〉社員黃石輝氏令郎週歲紀念擊鉢	蕭影多（左）、施萬山（右）、王松江、陳春林、黃石輝、陳家駒、蕭永東、洪石柱、陳艷僧、葉榮春、尤鏡明、蕭冷史	《台南新報》8329期，頁5。

1925.09	〈秋水〉擊鉢	王丁巧（左）、潘芳菲（右）、黃石輝、楊器人、蘇維吾、鄭保臣、尤鏡明、薛種南、蘇德能、陳艷偵、陳固民	《台南新報》8476期，頁5。
1925.09	〈啞僧〉擊鉢	黃石輝（左）、潘芳菲（右）、蘇維吾、尤鏡明、黃有章、吳成材、鄭保臣、戴瘦仙、尤祖武	《台南新報》8408期，頁5。

二、臨溪吟社

年　月	詩　題	參與人員	刊載報刊
1931.10	〈暮秋〉	黃永好（左）、楊萬法（右）、林慶龍、朱銀票、許庚墻、張榮偕、黃金殿、楊朝貴、張多	《詩報》22 期，頁11。
1931.11	〈溪聲〉	黃石輝（左）、蘇維吾（右）、王松江、薛玉田、陳秋波、郭芷涵、吳成材、朱銀票、黃金殿、周良玉、許庚墻、楊萬法、林慶龍、張榮偕	《詩報》23 期，頁8。
1931.12	〈溪上即景〉第一期課題	尤鏡明（詞宗）、林慶隆、朱銀票、張亨嘉、陳天助、張恭賀	《詩報》25 期，頁9。
1932.01	〈軍艦〉	郭芷涵（左）、王松江（右）、陳秋波、薛玉田、朱銀票、蘇維吾、楊萬發、許庚墻、周良玉、黃石輝、林慶龍、黃金殿、張榮偕	《詩報》27 期，頁12。
1932.10	〈避暑〉擊鉢	蘇維吾（詞宗）、許庚墻、許螺雪、朱文慶、陳天助、張亨嘉、黃登進、張恭賀、楊萬法、好艷生、張多	《詩報》44 期，頁7。

三、新和吟社

年　月	詩　題	參與人員	刊載報刊
1936.05	〈汗珠〉擊鉢	蘇維吾（左）、張庚辛（右）、李明秋、歐子亮、許先堂、盧兩成、歐銀票、周精金、周良玉、周明德、吳炳松、林清原、邱慶良、王進	《詩報》129 期，頁11。
1936.06	〈畫梅〉擊鉢	鄭啓東（左）、蘇維吾（右）、周精金、邱水秋、謝少塘、周明德、尤金城、葉燦雄、許先堂、盧雨成、歐子亮、吳炳松、林新源、王進	《詩報》131 期，頁15。
1936.07	〈雷聲〉擊鉢	薛玉田（左）、蘇維吾（右）、蘇耀華、翁滄亭、吳炳松、歐子亮、邱慶龍、謝少塘、葉燦雄、周精金、許先堂、邱水秋	《詩報》132 期，頁10。
1936.07	〈妬花雨〉擊鉢	薛玉田（左）、蘇維吾（右）、歐子亮、葉燦雄、尤金城、周明徵、周精金、朱凱耀、蘇耀華、林新源、吳炳松、盧雨成、許先堂、邱水秋、王進	《詩報》133 期，頁17。
1936.08	〈愛花〉擊鉢	蘇維吾（左）、薛玉田（右）、歐子亮、朱凱耀、周良玉、許先堂、周精金、謝少唐、盧兩成、邱水秋、邱慶龍、吳炳松	《臺南新報》12449 期，頁8。

1936.10	〈桃臉〉擊鉢	陳福清（左）、周良玉（右）、翁滄亭、邱澄波、葉燦雄、周精金、歐子亮、盧兩成	《臺南新報》12492 期，頁 8。
1936.11	〈文道軒雅集〉擊鉢	尤鏡明（左）、張庚辛（右）、歐子亮、朱凱耀、吳炳松、蘇耀華、邱水秋、郭秋炳、邱澄波、周良玉、吳春草、周金精、邱慶龍	《詩報》140 期，頁 18。
1937.01	〈蓄音器〉擊鉢	薛玉田（左）、尤鏡明（右）、邱水秋、周枝楠、蘇耀文、邱澄波、蘇耀華、黃嘉源、翁滄亭、周良玉、李明秋、許仙童、歐子亮、歐銀票、周明德、許先堂	《詩報》144 期，頁 14。
1937.01	〈秋雁〉擊鉢	薛玉田（左）、張庚辛（右）、歐子亮、朱凱耀、李明秋、周良玉、周精金、謝少唐、蘇耀華、憐香生、翁蕙心、葉燦雄、邱水秋、邱慶龍、王進	《詩報》145 期，頁 14。
1937.02	〈秋晚〉擊鉢	蘇維吾（左）、張庚辛（右）、許仙童、歐子亮、郭秋柄、邱水秋、周精金、朱凱耀、黃湧泉、周良玉、葉燦雄、盧兩成	《詩報》146 期，頁 12。
1937.02	〈新春言志〉擊鉢	薛玉田（左）、尤波氏（右）、歐子亮、周明德、王家進、李明秋、周精金、邱慶龍、許先堂、吳炳松、蘇耀華、郭秋炳、邱水秋、朱凱耀	《詩報》147 期，頁 12。《臺南新報》12601 期，頁 8。
1937.03	〈祝新和一週年記念〉擊鉢	陳家駒（左）、薛玉田（右）、葉燦雄、歐子亮、蘇耀華、許先堂、許仙童、王家進、林新源、朱凱耀、郭秋炳、周明德	《詩報》148 期，頁 11。
1937.03	〈夜市〉擊鉢	尤鏡明（左）、陳福清（右）、吳炳松、李明秋、邱慶龍、歐子亮、吳春草、周明德、王進、謝少塘、盧兩成、邱水秋、周精金、尤鏡明、薛玉田、張庚辛、陳福清	《詩報》149 期，頁 11。
1937.05	〈冰人〉擊鉢	蘇維吾（左）、薛玉田（右）、翁滄亭、黃嘉源、周精金、郭秋炳、歐子亮、邱慶龍、周明德、許先堂、蔡荷生、葉燦雄、吳炳松、王進、周良玉	《詩報》152 期，頁 6。
1937.05	〈問月〉擊鉢	蘇維吾（左）、薛玉田（右）、周精金、周明德、歐子亮、許先堂、朱凱耀、吳炳松、周良玉、邱慶龍、蘇耀華、周古怪、許仙童	《詩報》153 期，頁 19。
1937.06	〈日蝕〉擊鉢	尤鏡明（左）、張庚辛（右）、蘇耀華、歐子亮、謝少塘、邱水秋、許先堂、尤金城、林新源、邱澄波、盧兩成、葉燦雄、周精金、吳春草、王進	《詩報》155 期，頁 18。
1937.07	〈水源地〉擊鉢	黃友章（左）、薛玉田（右）、周良玉、邱水秋、蘇耀華、周精金、吳炳祥、李明秋、邱澄清、尤金城、邱慶龍、周明德、盧兩成、朱凱耀、許先堂、葉燦雄	《詩報》156 期，頁 20。

1937.07	〈流行曲〉擊鉢	吳紉秋（左）、薛玉田（右）、周精金、蘇耀華、周良玉、朱凱耀、歐子亮、周明德、朱必正、周公子、邱水秋、邱澄清、邱慶龍	《詩報》157 期，頁 15。
1937.08	〈月下美人〉擊鉢	郭芷涵（左）、陳家駒（右）、歐子亮、吳炳松、朱凱耀、盧兩成、周明德、周精金、葉燦雄、吳春草、邱慶龍、邱水秋	《詩報》158 期，頁 24。
1937.08	〈雨聲〉擊鉢	薛玉田（左）、尤波氏（右）、歐子亮、蘇耀華、邱水秋、邱慶龍、周明德、郭邱炳、邱澄清	《詩報》159 期，頁 18。
1937.09	〈淡溪泛舟〉擊鉢	尤鏡明（左）、張一諾（右）、歐子亮、歐銀票、周良玉、邱慶龍、邱水秋、葉丁有、朱凱耀、周明德、邱澄清、蘇耀華	《詩報》160 期，頁 23。
1939.07	〈祝會友歐子亮君新婚〉擊鉢	屏東新和吟會會員一同	《詩報》204 期，頁 24。

四、東林吟社

年　月	詩　題	參與人員	刊載報刊
1941.05	〈媚妓〉第一期課題	陳家駒（左）、何雪峰（右）、吳紉秋、陳寄生、陳志淵、林榮祥、陳逸民、蕭冷史、陳閬仙、吳南史、林又春、曹恒捷	《詩報》248 期，頁 9。
1941.06	〈白髮〉課題	鄭坤五（左）、陳文石（右）、蕭永多、吳紉秋、陳寄生、王松江、陳志淵、林榮祥、鐘武德	《詩報》250 期，頁 10。
1942.05	〈酒杯〉歡迎高雄諸吟友於東美園旗亭擊鉢	吳步初（左）、高雲鶴（右）、陳志淵、陳寄生、吳紉秋、黃靜軒、蕭永東、鐘武德、林望南	《詩報》271 期，頁 11。
1942.05	〈春色〉春季例會擊鉢	黃靜軒（左）、陳靜園（右）、陳逸民、張覲廷、林榮祥、蕭冷史、鄭玉波、陳志淵、吳紉秋	《詩報》272 期，頁 18。
1942.06	〈送春〉夏季例會	鄭坤五（左）、王松江（右）、陳志淵、張覲廷、黃靜軒、陳逸民、黃建懷、林榮祥、陳寄生、陳閬仙、曹恒捷、劉炳坤、謝庚三、鄭玉波、青木	《詩報》273 期，頁 18。
1942.06	〈俠腸〉課題	薛玉田（左）、陳寄生（右）、鐘武德、陳志淵、陳逸民、張覲廷、李生時、吳紉秋、鄭玉波、王友梅、何雪峰、蕭永東	《詩報》274 期，頁 15。
1942.07	〈空酒瓶〉例會次唱	黃靜軒（左）、林榮祥（右）、李生時、陳志淵、鄭玉波、張覲廷、陳寄生、何雪鶴、陳逸民、蕭永東、何雪峰、鐘武德	《詩報》276 期，頁 12。
1942.08	〈納涼〉課題	王松仁（左）、鮑樑臣（右）、陳志淵、陳逸民、吳紉秋、王友梅、陳北才、陳雍堂、陳閬仙、林榮祥、鐘武德、謝庚三、林墨梅、王榮華	《詩報》277 期，頁 18。
1942.08	〈意中人〉課題	黃靜軒（左）、陳靜園（右）、陳志淵、鄭玉波、張覲廷、王友梅、蕭冷史、李生時、鍾武德、何雪峰、陳北才	《詩報》278 期，頁 14。

1942.09	〈漁家〉課題	張蒲園（左）、黃森峰（右）、陳志淵、黃靜軒、陳靜園、鄭玉波、王友梅、張覲廷、林榮祥、蕭冷史	《詩報》279 期，頁 14。
1942.10	〈田家〉課題	鄭坤五（左）、陳文石（右）、陳靜園、蕭冷史、陳志淵、黃靜軒、劉臥雲、林榮祥、鄭玉波、陳逸民	《詩報》281 期，頁 18。
1942.11	〈市隱〉課題	賀來亨（左）、吳步初（右）、陳靜園、黃靜軒、劉臥雲、蕭冷史、陳志淵、傅荻川、鍾武德、鄭玉波	《詩報》283 期，頁 14。
1942.12	〈秋聲〉課題	張覲廷（左）、鄭玉波（右）、陳志淵、黃靜軒、陳靜園、蕭冷史、鍾武德、傅荻川、林榮祥	《詩報》285 期，頁 13。
1942.12	〈詩中畫〉課題	蔡說劍（左）、吳紉秋（右）、陳靜園、黃靜軒、陳志淵、陳逸民、鄭玉波、蕭冷史、傅荻川	《詩報》286 期，頁 16。
1943.01	〈驛亭〉課題	蕭冷史（左）、陳志淵（右）、陳靜園、鄭玉波、黃靜軒、陳逸民、傅荻川	《詩報》287 期，頁 30。
1943.02	〈明月前身〉課題	鄭坤五（左）、吳紉秋（右）、龔錫禧、鄭玉波、黃靜軒、陳志淵、陳靜園、張覲廷、傅荻川、何雪峰、蕭冷史	《詩報》289 期，頁 11。
1943.02	〈雲帆〉課題	陳春林（左）、陳家駒（右）、蕭冷史、張覲廷、陳逸民、龔錫禧、陳志淵、鄭玉波、陳靜園、黃靜軒	《詩報》290 期，頁 11。
1943.03	〈貧交〉課題	陳文石（左）、許君山（右）、鄭玉波、陳靜園、陳志淵、陳逸民、吳紉秋、林榮祥、王友梅、鍾武德	《詩報》291 期，頁 23。
1943.03	〈石虎〉歡迎吳步初雲鶴二氏擊鉢	吳步初（左）、高雲鶴（右）、陳志淵、鄭玉波、林榮祥、陳靜園、蕭冷史	《詩報》292 期，頁 21。
1943.04	〈情書〉課題	陳靜園（左）、陳志淵（右）、鐘武德、張覲廷、陳逸民、鄭玉波、蕭冷史、王友梅、林榮祥	《詩報》293 期，頁 15。
1943.04	〈泛月〉課題	黃傳心（左）、蔡元亨（右）、陳志淵、傅荻川、陳寄生、黃靜軒、蕭永東、鄭玉波、陳逸民、林榮祥、鍾武德	《詩報》294 期，頁 12。
1943.08	〈憶友〉課題追悼陳寄生氏	魏清德（左）、陳皆興（右）、陳志淵、黃靜軒、陳春林、陳逸民、鄭玉波、傅荻川、高雲鶴、吳紉秋、鍾武德、鹽本自重、林榮林	《詩報》301 期，頁 18。
1943.09	〈重陽賞菊〉課題	施梅樵（左）、林述三（右）、陳靜園、鄭玉波、黃靜軒、劉臥雲、陳志淵、傅荻川、陳逸民	《詩報》302 期，頁 11。
1943.11	〈月眉〉秋季例會課題	林獻堂（左）、李石鯨（右）、陳志淵、陳碧霞、張覲廷、陳春林、鄭玉波、黃靜軒、曾醉坡、林榮祥、蔡元亨、王中滿、林墨梅	《詩報》305 期，頁 16。
1943.12	〈菊瘦〉課題	王則修（左）、林述三（右）、陳家駒、蔡元亨、陳文石、鄭玉波、林榮祥、陳竹南、蓮沼文藏、陳氏阿霞、顏壽岩、蔡氏雪痕、高山健一	《詩報》307 期，頁 14。

1944.02	〈送秋〉課題	王松江（左）、高雲鶴（右）、陳志淵、鄭玉波、劉臥雲、陳寄生、黃靜軒、林榮祥、龔錫禧、鍾武德	《詩報》310 期，頁 15。
1944.03	〈墨梅〉課題祝會員林墨梅氏改新姓名	林述三（左）、王少濤（右）、小維摩、陳文石、蕭永東、蔡氏雪痕、郭山河、鄭玉波、陳春林、趙椿煌、蓮沼文藏、高山健一、張欽城、陳家駒、薛玉田、林榮祥	《詩報》311 期，頁 21。
1944.04	〈東津垂釣〉課題	鄭坤五（左）、陳文石（右）、陳志淵、林榮祥、鄭玉波、高山健一、趙椿煌、鐘武德	《詩報》314 期，頁 21。
1944.06	〈琉球夕照〉課題	黃森峰（左）、黃景寬（右）、鄭玉波、蔡元亨、陳文石、林柱、周奇楠、趙椿煌、林榮祥、薛玉田、葉貽青、陳春林、陳志淵、蕭永東、許君山、高山健一、蔡氏雪痕	《詩報》316 期，頁 14。
1944.07	〈林邊待月〉課題	林臥雲（左）、楊爾材（右）、薛玉田、周奇楠、王柄南、陳春林、陳家駒、蓮沼文藏、林榮祥、趙春煌、陳志淵、蔡元亨	《詩報》317 期，頁 11。
1944.08	〈魚味〉歡迎步初、春林、芳菲、水波、君山、隆遜、秀瀛、子卿、俊聲諸氏擊鉢	吳步初（左）、水波（右）、許君山、陳春林、施子卿、李秀瀛、陳志淵、陳俊聲、蕭永東、王隆遜、潘芳菲、林榮祥	《詩報》318 期，頁 12。

五、潮聲吟社

年　　月	詩　　題	參與人員	刊載報刊
1940.01	〈問春〉擊鉢	鄭坤五（左）、蔡荷生（右）、蔡元亨、鍾達時、陳琴甫、陳清海、黃福全、劉朝財、陳雍堂、張覲廷、蕭永東、蘇明利	《詩報》216 期，頁 8。
1940.02	〈醉花〉	鄭坤五（左）、蔡元亨（右）、吳紉秋、蔡荷生、蕭永東、何雪峰、青木、蕭永東、陳琴甫、高雲鶴、黃福全、陳雍堂、蘇明利	《詩報》217 期，頁 9。
1940.03	〈病虎〉課題	陳文石（左）、張覲廷（右）、陳雍堂、黃福全、蘇子亮、鍾達時、周連生、蔡元亨、劉朝財、陳琴甫	《詩報》219 期，頁 20。
1940.03	〈潮聲〉	陳文石（左）、張覲廷（右）、陳雍堂、劉朝財、黃福全、蔡元亨、周連生、鍾達時	《詩報》220 期，頁 11。
1940.04	〈踏青鞋〉擊鉢	陳雍堂（左）、蔡元亨（右）、蔡爾昌、黃福全、鍾達時、陳琴甫、蘇子亮	《詩報》221 期，頁 17。
1940.04	〈燈花〉擊鉢	黃福全（左）、陳琴甫（右）、蔡元亨、陳雍堂、鍾達時、周連生、劉朝財、蘇子亮	《詩報》222 期，頁 21。《風月報》108 期，頁 28。

1940.06	〈帆影〉課題	鄭坤五（左）、陳春萍（右）、蔡元亨、黃福全、陳雍堂、蔡爾昌、蘇子亮、陳琴甫、周連生、劉朝財、鍾武德	《詩報》225 期，頁 14。《風月報》112 期，頁 29。
1940.08	〈石麟〉擊鉢	黃福全（左）、陳琴甫（右）、蘇子亮、劉朝財、陳雍堂、蘇明利、周連生、周逸堂、鍾達時	《詩報》229 期，頁 17。
1940.09	〈梅雨〉課題	陳春林（左）、尤鏡明（右）、陳雍堂、黃福全、蘇子亮、鍾達時、周連生、劉朝財、蔡元亨、蘇明利、陳琴甫、周逸堂、鍾武德、鍾仲銘、洪福星	《詩報》231 期，頁 9。
1940.10	〈蟾影〉課題	陳文石（左）、薛玉田（右）、蘇子亮、蔡元亨、陳雍堂、黃福全、鍾達時、周連生、劉朝財、周逸堂、鍾武德	《詩報》234 期，頁 15。
1940.11	〈塞鴻〉課題	陳文石（左）、薛玉田（右）、劉朝財、蔡元亨、鍾達時、黃福全、陳雍堂、周連生、蘇逸子、鍾武德、蘇子亮	《詩報》235 期，頁 15。
1940.11	〈酒甕〉課題	鮑樑臣（左）、林山樵（右）、尤鏡明、陳雍堂、陳琴甫、黃福全、鍾達時、周連生、鍾武德、蘇逸子、蔡爾昌、劉朝財	《詩報》236 期，頁 11。
1940.12	〈掌珠〉擊鉢	黃福全（左）、尤鏡明（右）、陳雍堂、周連生、蘇明利、劉朝財、鍾達時、陳琴甫、蔡元亨	《詩報》238 期，頁 15。
1941.04	〈蓄音機〉擊鉢	黃福全（左）、尤鏡明（右）、陳雍堂、鍾達時、蘇明利、周連生、蔡元亨、劉朝財、鍾武德	《詩報》246 期，頁 19。《南方》133 期，頁 70。
1941.05	〈鴛鴦枕〉祝羅亨增先生令郎新婚	羅亨增（左）、陳雍堂（右）、周連生、鍾達時、蘇子亮、黃福全、周逸堂、劉朝財、陳琴甫	《詩報》248 期，頁 15。《風月報》130 期，頁 30。
1941.07	〈秋月〉擊鉢	黃福全（左）、尤鏡明（右）、陳雍堂、周連生、張景峰、周逸堂、蘇明利、鍾達時、陳琴甫、劉朝財、鍾武德、愛蘭家、蔡元亨	《詩報》251 期，頁 20。《南方》133 期，頁 70。
1942.01	〈壺氷玉〉島都聯吟擊鉢	石厓（左）、劍窗（右）、承順、逸生、登玉、樹銘、伯樵、蘊藍、子珊、筱村、秋煌	《南方》144 期，頁 42。
1942.01	〈旭日東昇〉新春擊鉢	陳琴甫（左）、蘇子亮（右）、陳雍堂、周連生、黃福金、鐘達時	《南方》147 期，頁 35。《詩報》264 期，頁 7。
1942.01	〈秋蝶〉擊鉢	陳雍堂（左）、蔡元亨（右）、尤鏡明、黃福全、周連生、陳琴甫、洪福星、劉朝財、鍾達時	《詩報》263 期，頁 25。《南方》144 期，頁 42。

年　月	詩　題	參與人員	刊載報刊
1942.02	〈踏月〉	鍾達時（左）、周連生（右）、周逸堂、尤鏡明、蔡元亨、黃福全	《詩報》265 期，頁 20。
1942.03	〈春帆〉擊鉢	陳琴甫（左）、蘇明利（右）、陳雍堂、鍾達時、黃福全、尤鏡明、周連生、蔡元亨、劉朝財、洪福星	《詩報》267 期，頁 19。
1943.01	〈下山虎〉	鄭坤五（左）、陳考廷（右）、黃福全、鍾達時、陳雍堂、周連生、尤鏡明、劉朝財、張多、陳琴甫、蔡元亨、蘇明利	《南方》166 期，頁 54。《詩報》282 期，頁 16。

六、興亞吟社

年　月	詩　題	參與人員	刊載報刊
1940.02	〈興亞吟社創立紀念〉擊鉢	鄭坤五（左）、蕭永東（右）、張覲廷、許青木、陳靜園、鄭進登、黃建懷、林榮祥、林又春	《詩報》218 期，頁 6。
1940.03	〈迎春〉第一期課題	鄭坤五（左）、蕭冷史（右）、陳雲汀、林逸樵、鄭靜峰、陳靜園、黃建懷、陳逸民、陳清海、林又春、鄭進登	《詩報》219 期，頁 7。
1940.04	〈春日小集〉擊鉢	許君山（左）、鮑樑臣（右）、吳紉秋、陳寄生、林榮祥、林逸樵、蔡玉修、鄭靜峰、黃小髯	《詩報》221 期，頁 10。
1940.04	〈春雨〉第三期課題	許君山（左）、張達修（右）、陳靜園、鄭靜峰、林逸樵、林又春、洪敏中、陳逸民、黃小髯、張望宮、林榮祥、李昭樓	《詩報》222 期，頁 22。
1940.05	〈畫梅〉第二期課題	施梅樵（左）、曾笑雲（右）、陳靜園、王惠卿、謝援松、林又春、黃小髯、陳清海、林逸樵、林榮祥、陳逸民、鄭進登、鄭靜峰、黃建懷、曹恒捷、黃雲亭、洪敏中	《詩報》223 期，頁 18。
1940.05	〈送春〉	張覲廷（左）、陳靜園（右）、林又春、鄭進登、陳逸民、林逸樵、黃小髯、陳闓仙、林榮祥、張望宮、李昭樓、鄭靜峰、黃雲亭	《詩報》224 期，頁 20。
1940.05	〈蟾蜍〉	陳靜園（詞宗）、黃小髯、陳逸民、林逸樵、林又春、鄭靜峰、陳清海、林榮祥、謝拔松	《風月報》108 期，頁 32。《詩報》224 期，頁 21。
1940.06	〈明妃出塞〉	陳靜園（詞宗）、林逸樵、陳逸民、林榮祥、鄭靜峰、陳闓仙、林又春、黃建懷、曹恒捷	《風月報》109 期，頁 31。《詩報》225 期，頁 19。
1940.06	〈月鏡〉	陳靜園（詞宗）、林逸樵、林又春、陳逸民、謝拔松、黃小髯、鄭靜峰、林榮祥	《詩報》225 期，頁 19。

1940.06	〈夏蘭〉第四期課題	黃靜軒（左）、鮑樑臣（右）、陳逸民、鄭靜峰、林又春、洪敏中、林逸樵、黃小髯、謝拔松、陳寄生	《風月報》109期，頁30。《詩報》226期，頁14。
1940.07	〈聽蟬〉	王炳南（左）、吳萱草（右）、陳寄生、陳逸民、李昭樓、鄭進登、曹恒捷、林榮祥、陳闇仙、林又春、黃雲亭、李天階、謝拔松、林逸樵	《風月報》111期，頁40。《詩報》227期，頁10。
1940.07	〈白蓮〉	何夢酣（左）、盧懋清（右）、林榮祥、陳逸民、黃建懷、林又春、陳寄生、陳闇仙、謝拔松、鄭進登、林逸樵、洪敏中	《風月報》111期，頁40。《詩報》228期，頁12。
1940.08	〈泥痕〉擊鉢	吳絅秋（左）、陳寄生（右）、陳逸民、林又春、鄭靜峰、陳闇仙、林逸樵、林榮祥、黃小髯、黃建懷	《風月報》109期，頁30。《詩報》229期，頁19。
1940.08	〈學詩〉擊鉢	楊元胡（左）、陳寄生（右）、林逸樵、吳幸齋、黃小髯、林又春、林榮祥、陳闇仙、鄭進登、黃建懷	《詩報》229期，頁19。
1940.09	〈藏書樓〉社長又春氏披露擊鉢	鄭坤五（左）、陳家駒（右）、薛玉田、吳絅秋、黃小髯、黃登彩、陳靜園、蕭冷史、陳闇仙、林又春、許君山、黃建懷、張覲廷、何雪峰、林榮祥、謝拔松	《詩報》231期，頁12。
1940.09	〈畫蝶〉第七期課題	張純甫（左）、林述三（右）、陳寄生、謝援松、林逸樵、黃小髯、鄭靜峰、楊錦川、李天階、林榮祥、李昭樓、陳逸民、林又春、鄭進登	《詩報》232期，頁19。
1940.10	〈夏雲〉歡迎陳釣璜何夢酣盧懋清三氏擊鉢	何夢酣（左）、盧懋清（右）、陳寄生、陳釣璜、林又春、吳絅秋、林榮祥、黃小髯、鄭進登、謝援松	《詩報》233期，頁12。
1940.11	〈書道〉祝陳寄生氏中部書道展新聞賞擊鉢吟會	陳寄生（左）、林榮祥（右）、林逸樵、陳逸民、黃建懷、黃小髯、陳闇仙、鄭靜峰、鄭進登、曹恒捷、林又春、吳絅秋	《詩報》235期，頁16。
1940.11	〈酒星〉詩鐘	吳子宏（左）、張蒲園（右）、謝拔松、陳寄生、鍾武德、陳闇仙、林又春、鄭進登、林逸樵、曹恒捷、黃建懷、林榮祥、黃小髯	《詩報》236期，頁11。
1940.12	〈祝行酒〉送別林逸樵鄭靜峰擊鉢	林逸樵（左）、鄭靜峰（右）、吳杏參、陳寄生、陳闇仙、林榮祥、鄭進登、鄭慶順、黃建懷、曹恒捷、林又春、黃小髯	《詩報》237期，頁16。
1941.01	〈詩興〉擊鉢	林又春（左）、陳闇仙（右）、吳杏參、陳寄生、陳逸民、黃建懷、鄭慶順、林逸樵、謝拔松、林祥榮、曹恒捷	《風月報》132期，頁28。《詩報》239期，頁43。

1941.01	〈蛙鼓〉	陳家駒（左）、蔡元亨（右）、陳闐仙、黃建懷、陳逸民、林逸樵、林又春、黃小髯、曹恒捷、陳寄生、林榮祥、謝拔松、鄭進登、鄭靜峰、洪敏中	《詩報》240期，頁24。
1941.02	〈種茱〉課題	王松江（左）、蔡元亨（右）、林榮祥、陳寄生、陳逸民、洪敏中、謝拔松、黃小髯、張望宮、林逸樵、黃建懷、陳闐仙、林又春、鄭進登、黃雲亭	《詩報》241期，頁18。
1941.02	〈銷夏詞〉課題	許君山（左）、許成章（右）、黃建懷、陳闐仙、林榮祥、陳寄生、陳逸民、林逸樵、洪敏中、鄭靜峰、林又春、黃雲亭、李昭樓、洪敏中、鄭進登、黃小髯	《風月報》132期，頁26。《詩報》242期，頁14。
1941.03	〈祝壽詞〉社員陳闐仙氏徵詩	高華袞（左）、林述三（右）、高泰山、王竹修、鄒子襄、陳寄生、薛玉田、吳杏齋、吳紉萱、李慶賢、許遂園、陳紫亭、陳清潭、周椅楠、鄭鷹秋	《風月報》126期，頁32。《詩報》243期，頁24。
1941.03	〈楷書〉興亞吟社長林又春氏徵詩	魏潤庵（左）、鄭蘊石（右）、吳紉秋、薛咸中、朱登瀛、陳寄生、黃登彩、蘇鴻飛、鄒子襄、王則修、龔顯升、翠筠樓主人、陳家駒、逸客、劉曉邨	《南方》133期，頁71。《詩報》244期，頁18。
1941.04	〈暴風蕉〉擊鉢	楊元胡（左）、陳寄生（右）、吳紉秋、林又春、黃小髯、黃建懷、陳闐仙、林逸樵、曹恒捷	《詩報》246期，頁18。
1941.04	〈竹樓〉擊鉢	陳寄生（詞宗）、林逸樵、陳逸民、黃建懷、陳闐仙、黃靜峰、楊元胡、曹恒捷、林榮祥、黃小髯、鍾武德	《詩報》246期，頁18。
1941.05	〈煙草〉歡迎陳志淵鍾武德二氏擊鉢	陳志淵（左）、陳寄生（右）、吳紉秋、曹恒捷、陳闐仙、黃建懷、吳榮祥、林又春、鄭進登、黃小髯、鄭靜峰、雲亭、謝援松	《詩報》247期，頁19。
1941.06	〈秋望〉課題	陳文石（左）、薛玉田（右）、陳寄生、陳逸民、陳闐仙、吳杏齋、林又春、林逸樵、鄭進登、鄭靜峰、曹恒捷、黃建懷、謝援松、林榮祥	《詩報》249期，頁17。
1941.07	〈婺星〉副社長陳寄生氏徵	施梅樵（左）、林述三（右）、陳家駒、吳紉秋、陳逸民、陳春萍、陳文石、若木生、吳萱草、劉臥雲、陳紉香、曾省三、張氏絨、曾省吾、高雲鶴、楊子淵、鮑樑臣、許君山、林逸樵、王惠卿、鄭庚三	《南方》140期，頁43。《詩報》251期，頁14。
1941.07	〈遠遊〉陳寄生曹恒捷黃建懷三氏將赴大陸壯仃擊鉢	陳寄生（左）、陳志淵（右）、林逸樵、吳紉秋、陳逸民、鄭靜峰、曹恒捷、庚三道人、黃建懷、林榮祥	《南方》136期，頁36。《詩報》252期，頁14。
1941.08	〈花草〉課題	郭芷涵（左）、黃森峰（右）、陳寄生、吳杏齋、林榮祥、陳闐仙、林逸樵、李昭樓、陳逸民、鄭靜峰、林又春、鄭進登、雲亭、黃建懷、洪敏中	《詩報》254期，頁23。

1941.09	〈慰問劇〉擊鉢	陳靜園（詞宗）、林又春、陳闓仙、李昭樓、林榮祥、黃建懷、林逸樵、謝拔松	《詩報》255 期，頁 10。
1941.09	〈雲箋〉長林又春氏榮任東京泰東書道院參事祝賀擊鉢	陳寄生（左）、張覲廷（右）、吳紉秋、陳志淵、林又春、陳逸民、曹恒捷、黃建懷、林榮祥、林逸樵、庚三道人	《南方》152 期，頁 36。《詩報》256 期，頁 16。
1941.10	〈鬼門關〉擊鉢	陳靜園（詞宗）、林逸樵、吳杏齋、黃小髯、謝拔松、陳闓仙、林又春、黃建懷、曹恒捷	《詩報》258 期，頁 20。
1941.11	〈玉人〉月課	施梅樵（左）、魏潤菴（右）、高雲鶴、陳志淵、林又春、陳逸民、鍾武德、陳寄生、劉臥雲、林逸樵、吳紉秋、林榮祥、陳闓仙、鄭進登	《詩報》260 期，頁 18。
1942.01	〈漁父〉課題	薛玉田（左）、高雲鶴（右）、林榮祥、陳寄生、慶順、陳逸民、陳闓仙、吳杏齋、李昭樓、林逸樵、錦川、黃小髯、洪敏中、曹恒捷、鄭進登	《詩報》263 期，頁 24。
1942.02	〈未婚妻〉	薛玉田（左）、陳寄生（右）、陳逸民、林榮祥、黃小髯、林又春、林逸樵、鄭靜峰、黃建懷、鄭進登、李昭樓、謝拔松	《詩報》266 期，頁 19。
1942.03	〈瘦詩〉課題	黃南勳（左）、盧史雲（右）、陳志淵、吳紉秋、陳寄生、陳逸民、高雲鶴、林又春、陳闓仙、林逸樵	《詩報》267 期，頁 16。《南方》149 期，頁 34。
1942.03	〈諫筍〉課題	陳春林（左）、曾笑雲（右）、鄭玉波、陳寄生、林逸樵、吳紉秋、高雲鶴、林又春、陳逸民、劉臥雲、林榮祥	《詩報》268 期，頁 12。

七、二酉吟社

年　月	詩　題	參與人員	刊載報刊
1941.07	〈雛鳳〉社長張其生氏生女紀念徵詩	陳劍雲（左）、陳芸舫（右）、王則修、陳文石、醉人、莊芳池、狎鷗、陳春萍、笨鶴、陳雲翔、黃幼惠	《詩報》251 期，頁 16。
1941.08	〈雁字〉擊鉢	陳文石（詞宗）、連祖芬、陳步蟾、黃道、張其生、郭叡靜、陳步青	《詩報》253 期，頁 18。
1941.09	〈訪梅〉擊鉢	陳家駒（詞宗）、陳步青、黃道、郭叡靜、張其生、連祖芬、陳步蟾、許永福	《詩報》255 期，頁 13。
1941.09	〈藝菊〉擊鉢	黃森峯（左）、歐子亮（右）、郭叡靜、陳步蟾、連祖芬、陳步青、張其生、黃道、許永福、蓮沼文藏、姜林脯、吳松	《詩報》256 期，頁 17。
1941.10	〈奉公會〉擊鉢	陳家駒（左）、薛玉田（右）、連祖芬、陳步青、郭叡靜、黃道、陳步蟾、許永福、張其生、連氏蕙蘭	《詩報》258 期，頁 11。

1941.12	〈護岸觀潮〉擊鉢	薛玉田（詞宗）、連祖芬、郭叡靜、黃道、陳步青、陳步蟾、許永福、張其生	《詩報》261 期，頁 11。
1942.06	〈憶征夫〉擊鉢	陳文石（詞宗）、陳步青、連祖芬、陳芸舫、張其生、連慧淨禪師、許永福、郭叡靜	《詩報》273 期，頁 17。
1942.07	〈寄征衣〉擊鉢	陳文石（詞宗）、連祖芬、陳步青、許永福、許夢熊、郭叡靜、陳南薰、張其生	《詩報》276 期，頁 22。
1942.09	〈寶鏡寺話舊〉歡迎歐子亮先生擊鉢	歐子亮（左）、陳南薰（右）、連祖芬、郭叡靜、許夢熊、羗林脯、張其生、許永福、廣澤穎道	《詩報》280 期，頁 23。
1942.10	〈義渡〉擊鉢	陳文石（左）、薛玉田（右）、連祖芬、郭叡靜、陳步青、許永福、張其生、許夢熊、姜林腑、郭龍樹、廣澤穎道、陳步蟾	《詩報》282 期，頁 15。
1942.12	〈參禪〉擊鉢	陳文石（詞宗）、連祖芬、陳步青、許夢熊、張其生、許永福、陳南薰、羗林脯、郭叡靜	《詩報》285 期，頁 15。
1943.04	〈雪景〉歡迎北園郭燕檀先生擊鉢	莊悅梅（詞宗）、郭燕檀（北園）、張其生、連祖芬、姜林啓榮、郭叡靜、許熊一、廣澤穎道	《詩報》293 期，頁 21。

八、屏東聯吟會

年　月	詩　題	參與人員	刊載報刊
1931.09	〈秋蝶〉歡迎張覲廷先生擊鉢	黃石輝（左）、張覲廷（右）、陳福清、陳秋波、陳月樵、楊敬亭、楊柏顯、陳潨菴、薛玉田	《詩報》20 期，頁 8。
1933.08	〈當頭棒〉擊鉢	陳春林（左）、王松江（右）、周椅楠、陳瑾堂、周良玉、薛玉田、吳成材、陳家駒、陳福清	《詩報》64 期，頁 11。
1933.10	〈世相〉第六期課題	洪清雲（左）、陳福清（右）、黃石輝、周良玉、周椅楠、薛玉田、尤鏡明、徐道慶、王松江、陳家駒	《詩報》68 期，頁 10。
1933.11	〈千歲鶴〉祝周枝南周良玉兩昆仲令祖母八秩華誕擊鉢	郭芷涵（左）、陳家駒（右）、薛玉田、陳瑾堂、王永森、尤鏡明、洪清雲、周奇男、王松江、周枝添	《詩報》69 期，頁 9。
1933.11	〈避暑〉擊鉢	郭芷涵（左）、薛玉田（右）、周良玉、周枝南、陳家駒、尤鏡明、王松江、吳成材、陳福清	《詩報》70 期，頁 5。
1934.01	〈合歡杯〉祝聯吟會友周枝南周良玉兩賢從昆仲新婚紀念擊鉢	郭芷涵（左）、陳家駒（右）、尤鏡明、蘇維吾、洪清雲、陳明馨、周崑崗、薛玉田、周枝添、陳福清	《詩報》73 期，頁 6。
1934.11	〈落葉聲〉擊鉢	郭芷涵（左）、陳家駒（右）、楊敬亭、盧超偉、尤鏡明、周良玉、吳百川、劉生、潘芳菲、薛玉田	《詩報》93 期，頁 6。
1934.12	〈醉花〉歡迎倪登玉君擊鉢	倪登玉（左）、姚松茂（右）、郭芷涵、黃森峰、楊敬亭、周良玉、蘇維吾、陳家駒、薛玉田、尤鏡明	《詩報》95 期，頁 7。

1936.04	〈濡毫〉歡迎李逸樵郭仙舟二先生擊鉢	李逸樵（左）、郭仙舟（右）、薛玉田、黃森峰、周椅楠、張庚辛、吳炳松、李明秋、陳家駒、尤鏡明、吳春草、蘇維吾、釋慧珠	《詩報》126 期，頁 16。
1936.09	〈訪僧〉歡迎施梅樵先生擊鉢	施梅樵（左）、郭芷涵（右）、周良玉、朱凱耀、陳福清、尤鏡明、蘇維吾、張庚辛、薛玉田、邱水秋、周精金	《詩報》137 期，頁 14。
1936.12	〈喜晴〉歡迎陳文石先生擊鉢	陳文石（左）、郭芷涵（右）、黃森峰、歐子亮、陳家駒、尤鏡明、薛玉田、朱凱耀、周枝楠、陳福生、蘇維吾、張庚辛	《詩報》143 期，頁 4。
1937.06	〈盆松〉擊鉢	鄭啓東（左）、陳家駒（右）、薛玉田、歐子亮、陳福清、吳炳松、陳雲沙、墨痴生、張庚辛、尤鏡明、艷僧、豔秋、	《詩報》154 期，頁 12。
1937.10	〈畫松〉歡迎翁梅溪蔡元亨氏擊鉢	翁梅溪（左）、蔡元亨（右）、翁騰蚊、薛玉田、周良玉、郭秋炳、周枝楠、邱水秋、蔡荷生、張庚辛、加源	《詩報》163 期，頁 18。
1937.11	〈秋扇〉擊鉢	黃嘉源（左）、翁騰蚊（右）、蔡元亨、歐子亮、薛玉田、蔡荷生、翁梅溪、邱水秋、周明德、許仙童、鯤池	《風月報》52 期，頁 34。
1937.11	〈柳巷〉	吳紉秋（左）、蔡元亨（右）、周良玉、周奇楠、翁騰蚊、薛玉田、挑松茂、蔡荷生、歐子亮、黃嘉源	《風月報》53 期，頁 27。
1937.12	〈嫁線〉擊鉢	薛玉田（左）、翁梅溪（右）、歐子亮、周枝楠、周明德、邱水秋、翁汀甫、許仙童、周良玉、黃必善、翁澄甫、張庚辛	《詩報》166 期，頁 8。
1937.12	〈梅妻〉歡迎施子卿先生擊鉢	施子卿（左）、蔡元亨（右）、歐子亮、鄭再添、邱澄波、黃嘉源、吳柄祥、周明德、周良玉、周枝南、郭秋炳、歐陽清泮、邱水秋、薛種藍、索心聲、朱凱耀	《風月報》55 期，頁 45。《詩報》166 期，頁 8。
1937.12	〈農場女〉擊鉢	施献忠（左）、歐子亮（右）、黃嘉源、蔡元亨、薛玉田、周明德、周枝楠、翁滄亭、鄭再添、薛種藍	《詩報》167 期，頁 8。
1938.01	〈冬雨〉擊鉢	黃嘉源（左）、蔡元亨（右）、薛玉田、周枝楠、蔡荷生、歐子亮、邱水秋、歐銀票、周明德、黃必善、鄭再添	《詩報》168 期，頁 16。
1938.02	〈水車〉歡迎陳春林先生擊鉢	陳春林（左）、蔡元亨（右）、翁澄甫、尤鏡明、張一諾、周良玉、歐子亮、薛玉田、蔡荷生、邱水秋、周枝楠	《詩報》170 期，頁 16。
1938.03	〈春酒〉擊鉢	潘芳菲（左）、蔡元亨（右）、周旗南、薛玉田、蔡荷生、郭秋炳、歐子亮	《詩報》173 期，頁 18。
1938.03	〈畫眉〉祝社友翁滄亭君新婚擊鉢	黃嘉源（左）、周旗南（右）、周明德、張庚辛、薛玉田、周精金、郭秋炳、歐子亮	《詩報》173 期，頁 18。

1938.04	〈愛林〉擊鉢	薛種藍（左）、翁澄甫（右）、歐子亮、周椅楠、周良玉、索心聲、朱凱耀、郭秋炳、許先堂、邱水秋	《風月報》61 期，頁 33。《詩報》174 期，頁 14。
1938.11	〈女辯護士〉擊鉢	郭芷涵（左）、蔡荷生（右）、薛玉田、張庚辛、周明德、邱水秋、黃嘉源、周椅楠、周精金、鄭禹臣、歐子亮、吳柏元、邱澄波、楊元胡	《詩報》189 期，頁 10。
1939.01	〈情海風波〉擊鉢	蔡元亨（左）、施獻忠（右）、黃嘉源、歐子亮、翁汀浦、薛玉田、邱水秋、周枝楠、許仙童、周明德	《詩報》193 期，頁 12。《風月報》80 期，頁 35。
1939.02	〈屏東春晴〉擊鉢	陳文石（左）、薛玉田（右）、黃嘉源、周枝楠、陳明馨、陳福清、陳春萍、翁澄甫、邱水秋、施獻忠	《詩報》194 期，頁 14。
1939.02	〈牛衣〉擊鉢	郭芷涵（左）、陳文石（右）、周枝楠、黃嘉源、薛玉田、周明德、邱水秋、蔡荷生	《詩報》195 期，頁 12。
1939.03	〈待兔〉歡迎吳國卿先生擊鉢	吳國卿（左）、蔡元亨（右）、黃嘉源、薛玉田、許仙童、周明德、邱澄波、邱水秋、周奇楠、施獻忠、陳文石	《詩報》196 期，頁 6。
1939.03	〈原件缺題名〉祝社友蘇耀華君新婚紀念擊鉢	郭芷涵（左）、陳家駒（右）、黃嘉源、陳春萍、薛玉田、周椅楠、周良玉、歐子亮、尤鏡明、周明德、陳明馨、許仙童	《詩報》197 期，頁 8。
1939.04	〈春夢〉歡迎林紫珊先生擊鉢	林紫珊（左）、郭芷涵（右）、薛玉田、陳春萍、蔡荷生、吳柏元、周精金、周椅楠、黃嘉源、翁澄甫、邱澄波	《詩報》198 期，頁 19。
1939.04	〈洞房春〉祝周精金君新婚紀念擊鉢	郭芷涵（左）、陳文石（右）、尤鏡明、黃嘉源、陳家駒、黃森峰、邱水秋、陳春萍、張庚辛、翁澄甫、陳明馨、蔡荷生	《風月報》84 期，頁 30。《詩報》198 期，頁 19。
1939.05	〈蜜月〉祝社友歐子亮君新婚記念	郭芷涵（左）、陳文石（右）、陳家駒、陳春萍、周椅楠、蘇德興、陳明馨、黃嘉源、邱澄波、蔡元亨、尤鏡明	《詩報》201 期，頁 10。
1939.06	〈春蠶〉歡迎臺北星光新劇團歐劍窗先生於屏東劇場	歐劍窗（左）、陳家駒（右）、蔡元亨、陳春萍、陳文石、薛玉田、蘇維吾、周奇楠、黃嘉源、朱凱耀、陳明馨	《詩報》202 期，頁 12。
1939.06	〈鋪裝路〉擊鉢	尤鏡明（左）、黃嘉源（右）、陳文石、邱澄波、陳春萍、陳明馨、翁澄甫、陳家駒、蔡荷生、周椅楠、薛玉田、張庚辛、朱凱耀	《詩報》203 期，頁 9。
1939.07	〈逸園讀畫〉擊鉢	鄭坤五（左）、郭芷涵（右）陳家駒、黃嘉源、薛玉田、秋澄波、陳文石、周椅楠、周明德	《風月報》89 期，頁 36。

1939.09	〈故鄉月〉擊鉢	陳文石（左）、黃嘉源（右）、薛玉田、陳家駒、翁澄甫、蔡荷生、朱凱耀、周奇楠、周明德	《詩報》208 期，頁 8。
1939.09	〈觀潮〉擊鉢	郭子涵（左）、薛玉田（右）、蔡荷生、陳家駒、翁澄甫、陳文石、陳春萍、邱澄波、朱凱耀、邱水秋、周椅楠、歐子亮、鄭再添	《詩報》209 期，頁 8。
1939.11	〈接吻〉擊鉢	薛玉田（左）、陳家駒（右）、陳文石、陳春萍、吳林泉、郭芷涵、黃嘉源、周椅楠、周明德	《詩報》211 期，頁 14。
1939.11	〈攀桂客〉中秋擊鉢（首唱）	郭芷涵（左）、黃森峰（右）、陳家駒、陳文石、周椅楠、朱凱耀、陳明馨、周良玉、周明德、蘇維吾、鄭再添、陳春萍、薛玉田、張庚辛	《詩報》212 期，頁 14。
1939.12	〈邀月〉	陳家駒（左）、黃嘉源（右）、陳春萍、陳文石、郭芷涵、鄭再添、朱凱耀、蘇維吾、翁澄甫、周椅楠、邱水秋、吳林泉、薛玉田	《詩報》213 期，頁 9。
1940.01	〈慈母心〉擊鉢	陳家駒（左）、陳文石（右）、黃嘉源、陳春萍、周良玉、薛玉田、周椅楠、邱水秋	《詩報》215 期，頁 17。
1940.02	〈慳囊〉擊鉢	陳文石（左）、薛玉田（右）、郭芷涵、陳家駒、陳春萍、黃嘉源、張庚辛、周明德、邱水秋、尤鏡明、周椅楠	《詩報》218 期，頁 12。
1940.03	〈試周〉祝社友張庚辛兄令郎週歲紀念擊鉢	陳家駒（左）、黃嘉源（右）、邱水秋、薛玉田、周奇楠、尤鏡明、黃森峰	《詩報》219 期，頁 10。
1940.03	〈相撲〉舊曆元旦擊鉢錄	王炳南（左）、許君山（右）、吳萱草、周奇楠、陳春萍、施獻忠、黃森峰、張庚辛、薛玉田、陳家駒、鄭禹臣、李長庚、歐子亮、蔡元亨、吳林泉	《詩報》220 期，頁 16。
1940.04	〈春色〉歡迎王炳南吳萱草兩先生擊鉢	王炳南（左）、吳萱草（右）、周奇楠、陳家駒、翁澄甫、鄭再添、陳文石、翁文天、王炳南、尤鏡明、黃嘉源、鄭禹臣	《詩報》221 期，頁 16。
1940.05	〈尋詩〉歡迎蔡笑峰先生擊鉢	蔡笑峰（左）、王炳南（右）、歐子亮、陳家駒、黃森峰、陳春萍、周奇楠、吳萱草、周明德、鄭再添、許仙童、周良玉、張庚辛	《詩報》223 期，頁 11。
1941.05	〈屏東〉課題	郭芷涵（左）、陳文石（右）、黃嘉源、吳紉秋、陳春萍、吳紉萱、薛玉田、陳家駒、郭天賜、陳寄生	《詩報》247 期，頁 10。
1941.06	〈曉窗〉課題	陳文石（左）、陳家駒（右）、陳春萍、薛玉田、陳紉香、吳紉萱	《詩報》249 期，頁 10。
1941.07	〈花月〉課題	陳文石（左）、黃嘉源（右）、陳美馨、陳家駒、陳春萍、吳紉秋、歐子亮、翁澄甫、秋澄波、張一諾、蔡元亨、邱水秋、薛玉田、周椅楠	《詩報》251 期，頁 17。
1941.07	〈蘇秦〉課題	陳春萍（左）、陳家駒（右）、劉聯璧、陳文石、吳紉萱、朱凱耀、郭芷涵	《詩報》252 期，頁 20。

1941.08	〈志願兵〉歡迎麻豆綠社友擊鉢	羅聯璧（左）、郭芷涵（右）、周椅楠、黃森峰、吳紉萱、陳文石、薛玉田、陳美馨、陳家駒、黃嘉源、呂左淇、賀來亨、李老盈、周良玉、劉聯璧	《詩報》253 期，頁 12。
1941.09	〈採蓮船〉課題	陳春萍（左）、陳文石（右）、翁澄甫、薛玉田、陳家駒、劉聯璧、周椅楠、黃嘉源	《詩報》255 期，頁 10。
1941.09	〈重圓月〉祝社友朱凱耀君吉席擊鉢	郭芷涵（左）、鄭坤五（右）、陳家駒、薛玉田、周椅楠、周良玉、黃森峰、黃嘉源、邱澄波、陳文石、蘇維吾、邱水秋、許仙童、周明德、翁澄甫	《詩報》256 期，頁 12。
1941.10	〈淡溪垂釣〉課題	賀來亨（左）、陳文石（右）、陳家駒、王炳南、薛玉田、周椅楠、陳春萍、李步雲、陳紉香、連祖芬、邱水秋	《詩報》258 期，頁 9。
1941.11	〈武巒曉翠〉課題	王炳南（左）、陳家駒（右）、陳文石、薛玉田、李步雲、郭芷涵、陳春萍、連祖芬、周椅楠、陳美馨	《詩報》259 期，頁 16。
1941.11	〈鐵橋夕照〉	薛玉田（左）、陳文石（右）、陳家駒、陳春萍、吳紉秋、黃嘉源、邱澄波、周椅楠、王炳南、李步雲、郭芷涵	《詩報》260 期，頁 14。
1942.05	〈待雨〉歡迎吳步初、高雲鶴、吳紉秋、蔡玉修、李國琳、林望南、諸兄擊鉢	吳步初（左）、賀來亨（右）、陳春萍、薛玉田、周椅楠、邱南華、陳文石、黃森峰、高雲鶴、劉瓊笙、連祖芬、黃嘉源、陳嘉源、林望南、德富中平、陳家駒、長脇弘	《詩報》271 期，頁 12。
1942.10	〈戰場月〉中秋擊鉢錄	鄭坤五（左）、陳春林（右）、周椅楠、陳文石、許仙童、邱水秋、薛玉田、賀來亨、連祖芬、邱澄波、陳春萍、朱凱耀、周明德、黃嘉源、王定國、中山敦三	《詩報》282 期，頁 5。
1944.04	〈待清明〉歡迎鄭坤五、陳春林、吳步初、王隆遜諸先生擊鉢錄	王隆遜（左）、吳步初（右）、周奇楠、黃嘉源、陳文石、陳春林、薛玉田、陳家駒	《詩報》314 期，頁 22。

九、高雄州下聯吟會

年　月	詩　題	參與人員	刊載報刊
1931.06	〈情緒〉擊鉢	吳蔭培（左）、鮑樑臣（右）、蕭永東、鄭煥新、李秀瀛、黃石輝、蔡爾昌、姚松茂、許成章、黃福全、陳月樵、陳國樑、許景熙	《詩報》14 期，頁 9。
1937.07	〈選舉戰〉	蘇維吾（左）、朱阿華（右）、黃石輝、范國清、薛玉田、鄭坤五、尤鏡明、郭韻琛、游讚芳、陳艷僧、蕭乾源、陳天然、魏錦標、陳文舉、許君山、阮文仁	《詩報》156 期，頁 9。

1942.07	〈愛國心〉	吳紉秋（左）、鹽本自重（右）、鄭玉波、薛玉田、陳文石、望南、鄭坤五、蔡爾昌、劉順安、連祖芬、金童道人、劉慶雲（龍肚）、陳靜園、朱阿華	《詩報》276 期，頁 16。
1932.08	〈破廟〉首唱	鄭坤五（左）、陳春林（右）、陳月樵、黃石輝、蕭冷史、陳家駒、蕭古源、王松江、鮑樑臣、薛玉田、陳秋波、葉榮春、林庚祥	《詩報》40 期，頁 1。
1932.08	〈血花〉次唱	陳春林（左）、陳月樵（右）、鄭坤五、鮑樑臣、逢時、黃石輝、王松江、陳家駒、林榮春、陳志淵、國林	《詩報》41 期，頁 8。
1932.10	〈山路〉擊鉢	陳定國（左）、陳春林（右）、鄭坤五、陳月樵、陳考亭、李芳痴、蕭永東、薛玉田、黃石輝、陳岸溪、歐烱庵、黃福全、王松江、蔡爾昌、許君山	《詩報》45 期，頁 6。
1932.11	〈臨流〉擊鉢	鄭坤五（左）、陳月樵（右）、陳春林、姚松茂、黃石輝、許君山、鮑樑臣、王松江、陳可亭、歐烱庵、黃福全	《詩報》46 期，頁 7。
1933.02	〈雲山〉次唱	林其美（左）、許君山（右）、陳春林、宋義勇、陳國樑、黃占魁、鮑樑臣、吳國輝	《詩報》52 期，頁 11。
1933.10	〈法網〉擊鉢	林其美（左）、許君山（右）、陳春林、宋義勇、陳國樑、黃占魁、鮑樑臣、吳國輝	《詩報》68 期，頁 6。
1933.11	〈飛行士〉擊鉢	鄭坤五（左）、蕭永東（右）、陳春林、許成章、郭芷涵、薛玉田、王松江、尤鏡明、郭松茂、黃石輝、陳家駒、陳明馨、陳春萍、黃森峰	《詩報》69 期，頁 5。
1933.11	〈露珠〉擊鉢	陳春林（左）、潘芳菲（右）、尤鏡明、鮑樑臣、王松江、黃石輝、郭芷涵、蔡爾昌、張覲廷、鄭坤五	《詩報》70 期，頁 7。
1933.12	次首〈拇戰〉擊鉢	陳家駒（左）、黃森峰（右）、蕭永東、陳瑾堂、薛玉田、許成章、陳國樑、鄭坤五、姚松茂、吳國輝、鮑樑臣、林山樵、李秀瀛、謝藜甫、施子卿、洪耕南、許成章、劉靜濤、清雲、宋維六、周枝楠、陳春林、陳子雲	《詩報》71 期，頁 5。
1934.06	〈荷錢〉首唱	鄭香圃（天）、郭芷涵（地）、陳春林（人）、丁靜湖、黃森峰、許成章、李步雲、蔡爾昌、鮑樑臣、鄭坤五、王松江、黃福全、姚松茂、施子卿、尤鏡明、張覲廷、洪耕南、許君山	《詩報》83 期，頁 3。
1934.07	〈雲衣〉次唱	李步雲（天）、鮑樑臣（地）、黃森峰（人）、許君山、陳春林、鄭坤五、洪青雲、宋義勇、尤鏡明、郭芷涵、許景綿、張覲廷、劉靜濤、薛玉田、黃福全、李秀瀛、許成章、姚松茂、陳家駒、蔡爾昌	《詩報》84 期，頁 3。

1934.10	〈九皋鶴〉擊鉢	郭芷涵（天）、黃森峰（地）、陳家駒（人）、蕭永東、陳春林、鮑樏臣、耀亭、鄭坤五、丁鏡湖、天祿、國林、觀潮、李秀瀛、施子卿、洪耕南	《詩報》90 期，頁4。
1934.10	〈書滛〉擊鉢	鄭坤五（天）、蕭永東（地）、尤鏡明（人）、陳家駒、施子卿、蒲園、李秀瀛、鮑樏臣、國輝、許君山、薛玉田、國樑、耀廷、鎮海龍、郭芷涵	《詩報》91 期，頁4。
1934.11	〈壺天買醉〉擊鉢	鄭坤五（左）、鮑樏臣（左）、蕭永東（右）、陳春林（右）、周良玉、張觀廷、陳家駒、施子卿、郭芷涵、黃森峰、薛玉田、尤鏡明	《詩報》92 期，頁3。
1934.11	〈待重陽〉擊鉢	芳菲（左）、義勇（左）、觀廷（右）、松茂（右）、樑臣、景綿、芷涵、家駒、永東、君山、敬亭、春林、森峰、觀堂、玉田、坤五、庚申	《詩報》93 期，頁6。
1935.02	〈新年宴〉擊鉢	蕭永東（左）、陳春林（右）、蘇維吾、郭芷涵、尤鏡明、陳家駒、洪清雲、黃森峰、陳明馨、楊敬亭、鮑樏臣、薛玉田、蕭冷史、宋義勇、張觀廷、王松江	《詩報》98 期，頁3。
1935.06	〈義捐金〉擊鉢	鄭坤五（左）、黃森峰（右）、蕭永東、陳春林、鮑樏臣、薛玉田、劉少濤、許君山	《詩報》106 期，頁3。
1935.06	〈詩興〉擊鉢	蕭永東（左）、薛玉田（右）、陳春林、盧耀亭、鮑樏臣、劉靜濤、黃占魁、洪少川、張蒲園、黃森峰、莊安卿、洪耕南	《詩報》107 期，頁3。
1935.08	〈雨箭〉夏季大會	郭芷涵（左）、陳春林（右）、黃石輝、尤鏡明、鄭坤五、陳家駒、黃森峰、蔡瘦梅、姚松茂、鮑樏臣	《詩報》110 期，頁3。
1936.02	〈旗峰曉翠〉擊鉢	鄭坤五（左）、陳春林（右）、森峰、子卿、陳登科、尤鏡明、鏡湖、薛玉田、許君山、蕭乾元、黃石輝、蘇維吾、阮文仁、魏錦標	《詩報》123 期，頁3。
1936.05	〈茶船〉擊鉢	鄭坤五（左）、郭芷涵（右）、秀瀛、靜軒、玉田、家駒、石輝、維吾、樑臣、芳菲、考亭、汝垣、春林、炳松、耀廷、森峰、讚芳	《詩報》129 期，頁10。
1936.06	〈蔗苗〉擊鉢	養源（左）、景寬（右）、君山、芳菲、家駒、良玉、芷涵、森峰、精金、庚辛、春林、水秋、子亮、乾元	《詩報》130 期，頁11。
1936.10	〈老俠〉首唱	鄭坤五（左）、陳文石（右）、盧耀廷、陳家駒、許成章、鮑樏臣、鎮海龍、山樵、陳春林、姚松茂、陳其祥、宋維六、許君山、莊振邦、李秀瀛、薛桂友、施子卿、尤鏡明、洪耕南、潘煌輝、蔡元亨、蕭永東、文仁、黃森峰	《詩報》139 期，頁6。

1936.11	〈種菊〉次唱	黃景寬（左）、黃森峰（右）、許景綿、陳家駒、莊振邦、許成章、潘煌輝、李逢時、文仁、陳文石、鮑樑臣、盧耀廷、尤敬明、蘇維吾、鄭坤五、薛玉田、許君山、張蒲園、宜南、子雲、宋義勇、錦標、施子卿、陳玦琳、青雲、陳考庭	《詩報》140 期，頁 13。
1937.01	〈競泳〉次唱	陳文石（左）、鮑樑臣（右）、李生時、黃森峰、蔡荷生、尤鏡明、蔡元亨、黃靜軒、蕭冷史、周良玉、王松江、姚松茂、郭芷涵、吳炳松、許君山、吳顯宗、養泉、何悟生、何只輕	《詩報》144 期，頁 19。
1937.02	〈東津秋色〉擊鉢	郭芷涵（左）、鄭坤五（右）、黃嘉源、黃槎仙、張覲廷、林山樵、許君山、林尊三、吳炳松、陳文石、王松江、周良玉、何只經、鄭多本、黃景寬、茂青	《詩報》147 期，頁 8。
1937.03	〈塵芥箱〉詩錄	洪鐵濤（左）、郭芷涵（右）、陳文石、邱澄波、施子卿、陳家駒、周枝楠、陳文舉、蕭永東、黃森峰、蔡元亨、陳可亭、鮑樑臣、薛玉田、蘇維吾、洪清雲、鄭坤五、歐陽維謀、周良玉、王榮達	《詩報》149 期，頁 18。
1937.04	〈注射針〉詩錄	鮑樑臣（左）、黃石輝（右）、森峰、維吾、鐵濤、承東、澄波、家駒、墨濃、山樵、芷涵、凱耀、貴鋒、良玉、碩展、青雲、福全	《詩報》150 期，頁 7。
1937.05	〈觀競馬〉擊鉢	吳子宏（左）、陳文石（右）、陳玦琳、洪鐵濤、盧耀廷、白劍瀾、清雲、葉占梅、陳昌言、鮑樑臣、陳雲汀、李秀榮、鄭坤五、蔡荷生	《詩報》153 期，頁 6。
1939.12	〈文風〉屏東孔子廟落成紀念首唱	吳萱草（左）、鄭坤五（右）、陳家駒、鮑樑臣、施子卿、吳紉秋、周奇楠、薛玉田、蔡元亨、潘芳菲、歐炯庵、郭芷涵、陳春萍、蕭冷史、陳文石、邱澄波、黃嘉源、徐道慶、黃森峰	《詩報》214 期，頁 10。
1940.01	〈木鐸〉次唱	李步雲（左）、吳紉秋（右）、景綿、邱澄波、張覲廷、歐陽維謀、周奇楠、徐道慶、鄭坤五、黃森峰、長庚、玉修、許君山、王松江、何雪峰、高源、鮑樑臣、吳萱草	《詩報》215 期，頁 19。
1940.03	〈遊春〉	鄭坤五（左）、陳家駒（右）、黃登彩、森峰、許景綿、郭萬得、靜園、春萍、水秋、吳紉秋、王惠卿、青海、鮑樑臣、李秀瀛、潘芳菲、王鑑英	《詩報》220 期，頁 12。
1940.04	〈畫龍〉	蕭永東（左）、薛玉田（右）、高雲鶴、國樑、奇楠、鎮海龍、森峰、芳菲、覲廷、坤五、李長庚、聲濤、義勇、黃登彩、靜園、元亨、樑臣、建華、萬得、嘉源	《詩報》221 期，頁 14。
1941.01	〈眉語〉	陳春林（左）、陳文石（右）、坤五、許成章、陳家駒、張蒲園、高雲鶴、吳紉萱、施子卿、南豐後人、王松江、紉秋	《詩報》240 期，頁 20。

1941.02	〈錢孔〉	鮑樑臣（左）、許君山（右）、吳紉萱、陳家駒、坤五、陳靜園、王子煌、紉秋、文石、南豐後人、施子卿、雲鶴	《詩報》241 期，頁 12。
1941.04	〈高雄州下聯吟會祝詩〉	龔顯升、蘇鴻飛、陳培坤、朱登瀛	《詩報》245 期，頁 12。
1941.04	〈淡溪春暖〉擊鉢	龔顯升（左）、郭芷涵（右）、朱登瀛、家駒、冷史、澄波、鴻飛、燕卿、乾元、芳菲、瑾廷、森峯、文石、澄甫、元亨、樑臣、紉萱、笑虎	《詩報》245 期，頁 12。
1941.04	〈人道橋〉擊鉢	蘇鴻飛（左）、鮑樑臣（右）、蕭永東、陳家駒、蘇德興、陳逸民、朱凱耀、潘芳菲、鄭坤五、陳文石、邱水秋、許君山、陳寄生、薛玉田、笑虎、維吾、玉修、蒲園、水波、君山、志淵、買牛翁	《詩報》246 期，頁 14。
1941.07	〈墨浪〉擊鉢	王炳南（左）、李步雲（右）、黃石輝、張蒲園、陳家駒、許君山、陳靜園、翁澄甫、黃嘉源、郭芷涵、陳文石、黃森峰、邱澄波、陳可亭、施子卿、高雲鶴、張覲廷	《詩報》251 期，頁 10。
1941.07	〈仙草永〉	吳子宏（左）、陳可亭（右）、吳萱草、涂一統、吳紉秋、鄭坤五、翁澄甫、王博卿、潘芳菲、郭芷涵、王炳南、周椅楠、何愼生、薛玉田、林榮祥、庚三、陳靜園、黃石輝、劉瓊笙、尤鏡明、陳紫亭、何悟生、施子卿、周明德、張覲廷、許仙童	《詩報》252 期，頁 8。
1941.08	〈觀蓮〉首唱	陳文石（左）、王松江（右）、吳紉秋、陳家駒、鄭坤五、陳寄生、高雲鶴、蔡爾昌、劉臥雲、南豐後人	《詩報》253 期，頁 14。
1941.08	〈障扇〉課題	張蒲園（左）、蔡元亨（右）、高雲鶴、吳紉秋、吳步初、鄭坤五、陳文石、劉臥雲、陳春萍、陳家駒、陳雍堂、王竹客、周連生	《詩報》254 期，頁 22。
1941.09	〈瑞竹〉第二期課題	鄭坤五（左）、蕭永東（右）、陳寄生、李玉輝、林又春、周椅楠、許君山、陳家駒、涂三同、陳文石、志淵、陳春萍、吳紉萱	《詩報》255 期，頁 12。
1941.09	〈木瓜〉課題	黃石輝（左）、高雲鶴（右）、南豐後人、陳寄生、呂金璧、許君山、陳紫亭、周椅楠、蔡玉修、陳家駒、涂三同、薛玉田、吳紉秋、陳文石、鄭坤五	《詩報》256 期，頁 12。
1941.11	〈東津海市〉擊鉢	賀來亨（左）、鄭坤五（右）、連祖芬、黃嘉源、張覲廷、吳步初、陳寄生、鮑樑臣、南華、陳逸民、德富中平、陳家駒、林朝宗、薛玉田、黃森峰、陳保貴、翁澄甫	《詩報》260 期，頁 20。
1941.12	〈掬水月〉擊鉢	吳步初（左）、蔡元亨（右）、黃森峯、陳春林、張覲廷、陳文石、陳春萍、呂金璧、山河雪峯、葉俊明、邱澄波、劉瓊笙、連祖芬、賀來亨、陳考廷、施子卿、潘芳菲、許君山	《詩報》261 期，頁 20。

1942.03	〈待魚〉課題	賀來亨（左）、陳寄生（右）、鮑樑臣、吳紉秋、曾醉坡、呂金璧、薛玉田、蔡玉修、塩本自重、陳志淵、蔡爾昌、鄭玉波、葉俊明、吳步初、陳逸民、連祖芬、鄭坤五、南豐後人	《詩報》267期，頁10。
1942.03	〈畫佛〉課題	鄭坤五（左）、黃森峰（右）、吳步初、陳逸民、蔡元亨、鹽本自重、林望南、吳紉秋、曾醉坡、許君山、黃漱泉、陳文石、鐘武德、南豐後人	《詩報》268期，頁10。
1942.07	〈愛國心〉九曲堂值東課題	吳紉秋（左）、鹽本自重（右）、鄭玉波、薛玉田、陳文石、望南、鄭坤五、蔡爾昌、劉順安、連祖芬、李春生、金童道人、劉慶雲、陳寄生、朱阿華	《詩報》276期，頁16。

附錄三　日治時期屏東重要詩人活動與創作年表

一、林又春

參與屏東詩社	參與他地詩社	其他
※1940／04 興亞吟社〈春雨〉	※1941／09 高雄州下第二期課題〈瑞竹〉	※1940／08〈因小兒有病不赴屏東州下聯吟呈靜園兄（次韻）〉
※1940／05 興亞吟社〈畫梅〉		※1940／08〈學詩〉
※1940／05 興亞吟社〈送春〉		※1940／11〈席上賦呈楊元胡（和韻）〉
※1940／05 興亞吟社〈蟾蜍〉		※1940／11〈春夢〉
※1940／06 興亞吟社〈明妃出塞〉		※1940／12〈次靜園詞兄賦歸韻〉
※1940／06 興亞吟社〈月鏡〉		※1941／03〈情場〉
※1940／06 興亞吟社〈夏蘭〉		※1941／03〈和春梅女士見示瑤韻〉
※1940／06 興亞吟社〈泥痕〉		※1941／03〈和春梅女士見示瑤韻（疊前韻）〉
※1940／07 興亞吟社〈聽蟬〉		※1941／03〈和春梅女士見示瑤韻（三疊前韻）〉
※1940／07 興亞吟社〈白蓮〉		※1941／03〈和春梅女士見示瑤韻（四疊前韻）〉
※1940／08 興亞吟社〈泥痕〉		※1941／03〈和春梅女士賦呈瑤韻〉
※1940／08 興亞吟社〈學詩〉		※1941／03〈和春梅女士見示瑤韻〉
※1940／09 興亞吟社〈藏書樓〉		※1941／07〈和高雲鶴先生有呈瑤韻〉
※1940／09 興亞吟社〈畫蝶〉		
※1940／10 興亞吟社〈夏雲〉		
※1940／11 興亞吟社〈書道〉		
※1941／01 興亞吟社〈詩興〉		
※1941／01 興亞吟社〈蛙鼓〉		
※1941／02 興亞吟社〈種荣〉		
※1941／02 興亞吟社〈銷夏詞〉		

※1941／04 興亞吟社〈暴風蕉〉	※1941／07〈謹次陳家駒先生〉（二首）
※1941／05 興亞吟社〈煙草〉	※1941／08〈和高雲鶴先生見贈韻〉
※1941／05 東林吟會〈媚妓〉	※1941／08〈次陳家駒先生韻〉
※1941／06 興亞吟社〈秋望〉	※1941／09〈瑞竹〉
※1941／08 興亞吟社〈花章〉	※1941／11〈嬰聲〉
※1941／09 興亞吟社〈慰問劇〉	※1941／12〈四十書懷〉
※1941／09 興亞吟社〈雲箋〉	※1941／12〈祝逸民社友令堂壽辰〉
※昭和 16.9 興亞吟社社長林又春榮任東京	※1941／12〈綵衣〉
※1941／10 興亞吟社〈鬼門關〉	※1942／09〈次鄭玉波詞友見贈韻〉
※1941／11 興亞吟社〈玉人〉	
※昭和 16.11 培士園主人陳逸民氏弄璋擊鉢〈嬰聲〉	
※1942／02 興亞吟社〈未婚妻〉	
※1942／03 興亞吟社〈諫筍〉	
※1942／03 興亞吟社〈瘦詩〉	

二、陳寄生

參與屏東詩社	參與他地詩社	其 他
※1940／02 興亞吟社〈興亞吟社創立紀念〉（二首）	※1940／04 高雄州下聯吟大會〈畫龍〉	※1938／12〈自寓〉
※1940／03 興亞吟社〈迎春〉（三首）	※1940／11 高雄市吟會〈茶味〉	※1938／12〈重九日登高寄懷出征中黃桂霖君〉
※1940／04 興亞吟社〈春日小集〉（三首）	※1940／11 鯤島同吟第六期課題〈酒旗風〉	※1938／12〈重九日登高〉
※1940／04 興亞吟社〈春雨〉	※1940／12 鯤島同吟第四期課題〈玉連環〉	※1938／12〈和爵五誼叔感懷韻〉
※1940／05 興亞吟社〈送春〉（二首）	※1941／02 高雄州下聯吟〈錢孔〉（二首）	※1938／12〈秋盡〉（二首）
※1940／05 興亞吟社〈蟾蜍〉	※1941／04 天籟吟社〈春雨〉	※1938／12〈蕭恩鄉君榮任庄長二拾週年紀念賦此祝之〉
※1940／05 興亞吟社〈畫梅〉	※1941／07 高雄州下聯吟會〈墨浪〉	※1939／01〈歲暮感作〉
※1940／06 興亞吟社詞宗〈明妃出塞〉	※1941／07 高雄州下聯吟會〈仙草冰〉	※1939／01〈爵五鑑堂景寬諸先生過訪賦呈〉
※1940／06 興亞吟社詞宗〈月鏡〉	※1941／08 高雄州下課題〈觀蓮〉	※1939／01〈隨爵五鑑堂兩先生訪寄生兄於羌園（和前韻）〉
※1940／06 興亞吟社〈夏蘭〉（四首）	※1941／09 高雄州下第二期課題〈瑞竹〉（三首）	※1939／01〈八月十六夜紅毛港泛月〉
※1940／07 興亞吟社〈聽蟬〉（二首）		※1939／01〈遊紅毛港呈洪敏中君〉

※1940／07 興亞吟社〈白蓮〉（二首）	※1941／09 瀨南吟社〈三鷗圖〉	※1939／01〈仝呈張望宮君〉
※1940／08 興亞吟社〈泥痕〉（二首）	※1941／09 高雄州下聯吟會〈木瓜〉（三首）	※1939／01〈留別諸君子〉
※1940／08 興亞吟社〈學詩〉（二首）	※1941／10 臺南集芸吟會〈培士園春望〉	※1939／01〈喜陳森林宗兄過訪即呈郢正〉
※1940／09 興亞吟社〈畫蝶〉（二首）	※1941／11 高雄州下聯吟會〈東津海市〉	※1939／01〈祝漢口陷落〉
※1940／10 興亞吟社〈夏雲〉	※1942／03 集芸吟社〈戀遷〉	※1939／01〈和景寬兄訪寄生韻（和前韻）〉
※1940／11 興亞吟社〈書道〉	※1942／04 集芸吟社〈松茂〉	※1939／01〈喜誼叔爵五惠詩賦此以謝〉（二首）
※1940／12 主催雄州聯吟會〈蕉絲〉	※1942／09 鯤島同吟徵詩〈照膽鏡〉	※1939／02〈和元胡詞兄原韻〉
※1941／01 興亞吟社〈詩興〉（二首）		※1939／02〈元旦感作〉
※1941／01 興亞吟社〈蛙鼓〉		※1939／03〈遊霧社即景〉
※1941／02 興亞吟社〈種菜〉		※1939／03〈遊羌園賦寄生詞兄（和前韻）〉
※1941／02 興亞吟社〈銷夏詞〉		※1939／04〈祝楊連基氏赴大陸發揮〉
※1941／03 興亞吟社〈祝壽詞〉		※1939／04〈重會元胡詞兄賦此〉
※1941／03 興亞吟社〈楷書〉		※1939／04〈贈古月山人〉
※1941／04 興亞吟社〈暴風蕉〉（四首）		※1939／04〈鯉魚潭泛月〉
※1941／04 興亞吟社（陳寄生選）〈竹樓〉		※1939／05〈呈靜園主人〉
※1941／05 屏東聯吟會〈屏東〉		※1939／05〈和遊水源地〉
※1941／05 興亞吟社〈煙草〉（三首）		※1939／05〈同遊水源地（和原韻）〉
※1941／05 東林吟會〈媚妓〉（二首）		※1939／06〈次韻寄景寬詞兄〉
※1941／06 興亞吟社〈秋望〉（二首）		※1939／06〈憶南京景寬兄〉
※1941／06 東林吟社〈白髮〉（四首）		※1939／06〈賦呈寄生詞長晒正（次韻）〉
※1941／07 興亞吟社〈楷書〉		※1939／06〈紫珊先生招宴壽芳樓賦呈〉
※1941／07 興亞吟社〈遠遊〉（三首）		※1939／11〈喜達修兄過訪賦呈〉
※1941／08 興亞吟社〈花章〉		※1939／11〈次達修兄見示原韻〉
※1941／09 興亞吟社靜園氏選〈慰問劇〉		※1939／11〈新秋寄故國靜園詞兄（次韻）〉
※1941／09 興亞吟社〈木瓜〉（三首）		※1939／12〈中秋旅次南崗（次韻）〉
※1941／09 興亞吟社〈雲箋〉（二首）		※1939／12〈四重溪夜泊〉
		※1939／12〈臺南謁孔聖廟有感〉

※1941／10 興亞吟社詞宗〈鬼門關〉		※1940／01〈訪洪鐵濤先生賦呈〉
※1941／11 興亞吟社〈玉人〉		※1940／01〈遊東港呈永東先生（次韻）〉
※1942／02 興亞吟社〈未婚妻〉（二首）		※1940／01〈喜靜園詞友書道入選（和韻）〉
※1942／03 興亞吟社〈瘦詩〉（三首）		※1940／01〈遊林邊蒙靜園主人招飲賦似（次韻）〉
※1942／03 興亞吟社〈諫筍〉（二首）		※1940／01〈哭鑑堂夫子〉
※1942／05 東林吟會〈酒杯〉（二首）		※1940／02〈感懷〉（三首）
※1942／05 東林吟社〈春色〉（二首）		※1940／02〈次韻酬篁川詞兄〉
※1942／06 東林吟會〈送春〉		※1940／02〈朝發東墩車中賦寄篁川兄〉
※1942／07 東林吟會〈空酒瓶〉		※1940／02〈夜泊靜園有作（次韻）〉
※1942／08 東林吟會〈意中人〉		※1940／02〈歲暮旅北有作〉
※1942／09 東林吟會〈漁家〉		※1940／02〈遊四重溪山上〉
※1942／10 東林吟會〈田家〉		※1940／03〈和梅樵先生七十述懷韵〉（四首）
※1942／11 東林吟會〈市隱〉		※1940／03〈慰鑑堂夫子病足〉
※1942／12 東林吟會〈秋聲〉		※1940／03〈訪蕭永東先生（次韻）〉
※1942／12 東林吟會〈詩中畫〉		※1940／03〈林邊旅次蒙寄生詞長招飲於朝日樓賦謝（次韻）〉
※1943／02 東林吟會〈明月前身〉		※1940／04〈戲贈靜園（次韻）〉
※1943／02 東林吟會〈雲帆〉		※1940／04〈合巹酒〉
※1943／03 東林吟會〈貧交〉		※1940／04〈又春社長榮受日滿華三國教授賦呈〉
※1943／03 東林吟會〈石虎〉		※1940／04〈上章執徐〉
※1943／04 東林吟會〈情書〉		※1940／04〈不睡龍〉
※1943／04 東林吟會〈泛月〉		※1940／05〈吳南史先生嘉義鴉社書道展入褒狀賦祝〉
※1943／04 蕉香吟室〈春郊遠眺〉		※1940／05〈和梅樵先生春日感賦韵〉（二首）
		※1940／07〈又春社長榮受日滿華三國教授賦呈〉
		※1940／07〈和梅樵先生韻〉
		※1940／07〈次韻和萱草先生〉

		※1940／07〈送景寬詞兄重遊大陸〉
		※1940／07〈次韶送景寬詞兄〉
		※1940／07〈航海中詠寄靜園扔秋吟友（次韻）〉
		※1940／08〈和梅樵先生南遊記事韵〉
		※1940／08〈因小兒有病不赴屏東州下聯吟呈靜園兄（次韻）〉
		※1940／08〈學詩〉（二首）
		※1940／09〈病中寄黃景寬兄〉
		※1940／09〈步元胡兄韻賦呈天鶴先生〉
		※1940／10〈賦歸詞〉
		※1940／10〈和覬廷兄原韻〉（二首）
		※1940／10〈和元胡兄賦呈施梅樵先生韻〉
		※1940／11〈春夢〉
		※1940／11〈席上賦呈楊元胡（和韻）〉
		※1940／11〈有感賦呈紉秋先生〉
		※1940／11〈紉秋詞兄中部書道入選褒狀賦祝〉
		※1940／11〈題臺灣詩人名鑑〉
		※1940／11〈酒旗風〉
		※1940／11〈書懷（次韻）〉（二首）
		※1940／12〈玉連環〉
		※1940／12〈祝行酒〉（二首）
		※1940／12〈和君山詞兄四六書懷瑤韻〉（七首）
		※1940／12〈於高雄受諸詞友招宴銅雀樓謹此誌謝〉
		※1940／12〈渡南留別興亞吟社諸先生〉
		※1940／12〈和榮祥詞兄雅韵〉
		※1940／12〈和耀堂詞兄斷煙韻〉

		※1941／01〈謝一軒先生賜名賦歸韻〉
		※1941／01〈和靜軒詞兄寄懷韵〉
		※1941／01〈酒旗風〉
		※1941／02〈漁村曙色〉
		※1941／02〈韓愈馬〉
		※1941／02〈種茶〉
		※1941／03〈接天寺曩日所徵詩落成紀念律師二百餘首經詞宗李步雲氏選取三十名共十名內贈品不日發送茲將前茅詩列左〉
		※1941／03〈原件缺題名〉
		※1941／03〈勸農詩〉
		※1941／03〈和靜軒兄除歲寄懷韻〉（二首）
		※1941／04〈和雲鶴女公子晬盤韻〉
		※1941／05〈除歲有感〉
		※1941／05〈儒峰頹〉
		※1941／06〈無題（次韻）〉
		※1941／06〈次嘯濤獄中吟韻〉
		※1941／07〈將遊大陸留別諸君子〉（二首）
		※1941／07〈墨浪〉
		※1941／08〈遊四重溪雜詠〉
		※1941／08〈晨行山腳〉
		※1941／08〈四重溪畔〉
		※1941／08〈夜逢謝賴寬郎老兄即詠〉
		※1941／08〈夜多風雨〉
		※1941／08〈培士園春望〉
		※1941／08〈重遊石門〉
		※1941／08〈謹和乃占詞長韻〉
		※1941／08〈乃占先生歸自大陸賦此〉
		※1941／09〈觀蓮〉（二首）
		※1941／09〈瑞竹〉（三首）
		※1941／09〈舟發基隆〉
		※1941／09〈入釜山〉

		※1941／09〈京城道上〉
		※1941／09〈遊金剛山〉
		※1941／09〈長安寺〉
		※1941／09〈問仙橋〉
		※1941／09〈望軍台〉
		※1941／09〈明鏡台〉
		※1941／09〈釋迦峯〉
		※1941／09〈箕子陵〉
		※1941／09〈牡丹亭泛舟〉
		※1941／09〈於奉天謁北陵〉
		※1941／09〈木瓜〉（三首）
		※1941／09〈次笑蜂宗先生五十初度書懷韻〉（四首）
		※1941／10〈病中有感〉
		※1941／11〈嬰聲〉（三首）
		※1941／11〈家母古稀晉二壽辰感賦〉（二首）
		※1941／12〈綵衣〉
		※1941／12〈蟠桃宴〉（三首）
		※1942／01〈元旦試筆〉
		※1942／01 興亞吟社〈漁父〉（二首）
		※1942／01〈祝寶桑吟社社長洪特授翁六秩晉一〉
		※1942／01〈筆鋒〉
		※1942／01〈薄命花〉
		※1942／03〈祝洪特授先生六旬晉一〉
		※1942／03〈懋遷〉
		※1942／04〈村意〉（二首）
		※1942／04〈迎燕〉（三首）
		※1942／04〈松茂〉
		※1942／06〈和玉書老茂才感懷瑤韻〉
		※1942／06〈鳳山東光眼科醫院開業紀念〉（二首）
		※1942／06〈和靜峯君寓中支述懷韻〉
		※1942／06〈次玉坡君賦呈少濤說劍兩先生韻〉
		※1942／07〈席上晤寄生先生並似玉波詞兄（次韻)〉

		※1942／09〈照膽鏡〉
		※1942／11〈謹次玉波君秋思瑤韻〉（三首）
		※1943／03〈林清敦先生隱趣得元韵〉
		※1943／03〈寄玉波君〉
		※1943／03〈祝元胡君開業今井商會〉
		※1943／03〈病中有作〉（二首）
		※1943／04〈呈東林吟社諸先生（次韻奉酬）〉
		※1943／04〈輓張國珍君令萱堂彭太孺人〉
		※1943／07〈謹次梅樵先生秋日書感原玉〉（四首）
		※1943／09〈重陽賞菊〉（二首）

三、陳家駒

參與屏東詩社	參與他地詩社	其　他
※1922／07 屏東礪社〈大雨時行〉	※1922／04 南社〈英賢社兄內地觀光賦此呈贈〉	※1922／05〈偕靖安君訪芸兄月樵家駒二氏賦此兼呈蕭君永東王君松江〉
※1922／07 礪社〈星橋〉	※1922／06 南社〈炳燿兒湯餅會席上呈及尤郭二詞宗並似社友一同晒政乞賜和章〉	※1922／07〈多家詞兄將遊大陸賦此呈贈〉
※1922／09 礪社〈秋燕〉	※1922／07 南社〈哭亡兒炳燿〉（四首）	※1922／08〈贈萬山詞兄乞賜和章〉
※1923／03 礪社〈秋鍼〉（二首）	※1922／12 鳳崗吟社〈催詩雨〉	※1922／08〈寄懷清陰老詞伯〉
※1923／05 礪社〈菊枕〉	※1923／04 三友吟會〈春豔〉	※1922／08〈題李學樵先生百蟹圖〉
※1923／07 礪社〈魚苗〉	※1923／04 三友吟會〈梅花鹿〉	※1922／10〈秋扇〉
※1923／07 礪社〈詩鐘體素〉	※1923／05 三友吟會〈蓮塘〉	※1922／12〈祝欽量社兄醫師及第〉
※1923／08 礪社〈樵歌〉	※1923／09 三友吟會〈題石〉	※1923／01〈元旦後一日訪爾材詞兄賦此　政並呈樸雅吟社諸君子〉
※1924／04 礪社〈種桃〉（二首）	※1923／09 三友吟會〈聽鐘〉	※1923／02〈原件缺題名〉
※1925／04 礪社〈心花〉	※1924／10 三友吟會〈漁歌〉（二首）	※1923／02〈和留別原韻〉
※1925／08 東山吟社〈雪美人〉（三首）	※1925／02 全臺詩社〈舞龍燈〉	※1923／02〈和月樵除夕感作瑤韻〉
※1925／08 東山吟社〈題蕉〉	※1925／02 三友會〈心地〉	
※1933／04 屏東聯吟會〈待月〉		
※1933／08 屏東聯吟會〈當頭棒〉		

※1933／10 屏東聯吟會〈世相〉（二首）	※1925／10 四美吟會〈秋山〉（二首）	※1923／02〈輓雲年詞長〉
※1933／11 屏東聯吟會〈千歲鶴〉（二首）	※1932／05 高雄州聯吟會〈壽山曉翠〉	※1923／03〈呈洪以倫先生並和瑤韻〉
※1933／11 屏東聯吟會〈避暑〉（三首）	※1932／08 高雄州聯吟會〈破廟〉	※1923／03〈呈許存德先生並和芳韻〉
※1934／01 屏東聯吟會〈合歡杯〉（二首）	※1932／08 高雄州下聯吟會〈血花〉（三首）	※1923／03〈祝南社十五週年紀念大會〉
※1934／08 屏東東山禪寺〈東山寺〉	※1933／10 高雄州下聯吟會〈法網〉（二首）	※1923／04〈奉迎皇太子殿下恭賦〉（二首）
※1934／09 屏東東山禪寺〈禪房聽雨〉（二首）	※1933／11 高雄州下聯吟會〈飛行士〉	※1923／08〈送月樵社兄歸梓〉
※1934／09 屏東東山禪寺〈雙星會〉（二首）	※1933／12 高雄州下聯吟會〈拇戰〉	※1923／09〈寄文石弟〉
※1934／11 屏東聯吟會〈落葉聲〉	※1934／07 高雄州下聯吟會〈雲衣〉	※1923／09〈榮春詞兄設帳屏東賦此贈呈〉
※1934／12 屏東聯吟會〈醉花〉（二首）	※1934／10 高雄州下聯吟會〈九皋鶴〉	※1923／11〈祝郭一清詞兄書院開業〉
※1935／02 高雄州下聯吟會〈新年宴〉	※1934／10 高雄州下聯吟會〈書滛〉（二首）	※1923／12〈賀搖梅女史于歸〉
※1936／04 屏東聯吟會〈濡毫〉	※1934／11 高雄州下聯吟會〈壺天買醉〉	※1923／12〈祝林漳先生新婚〉（二首）
※1936／11 屏東書院〈儒林〉（二首）	※1934／11 高雄州下聯吟會〈待重陽〉	※1924／01〈敬步晴川君來屏見示瑤韻〉
※1936／12 屏東聯吟會〈喜晴〉（二首）	※1935／08 高雄州下聯吟會〈雨箭〉（二首）	※1924／01〈張晴川君以詩見示敬步瑤韻奉答〉
※1937／03 新和吟會左詞宗〈祝新和一週年記念〉	※1936／05 高雄州下聯吟會〈茶船〉	※1924／08〈喜文石侄見過次原韻以答〉
※1939／03 屏東聯吟會〈原件缺題名〉	※1936／10 高雄州下聯吟會〈老俠〉	※1924／09〈敬步瑤韻奉送錫勳詞兄旋梓〉
※1937／06 屏東詩會〈盆松〉（二首）	※1936／11 高雄州下聯吟會〈種菊〉	※1924／12〈敬步萱草詞兄見示瑤韻〉
※1937／08 新和吟會〈月下美人〉	※1937／04 高雄州下聯吟會〈注射針〉	※1924／12〈次文潛宗兄原韻〉
※1939／04 屏東聯吟會〈洞房春〉（二首）	※1939／09 高雄州聯吟會〈傳書鳩〉	※1925／02〈舟發高雄港賦寄礪社〉
※1939／05 屏東聯吟會〈蜜月〉（二首）	※1940／01 高雄州下聯吟〈眉語〉（三首）	※1925／04〈贈家駒君令寵香□女史〉
※1939／06 屏東聯吟會〈春蠶〉	※1940／11 高雄市吟會〈茶味〉（三首）	※1925／04〈南遊屏東再呈諸君子（和韻）〉
※1939／06 屏東聯吟會〈鋪裝路〉	※1940／11 鯤島同吟第六期課題〈酒旗風〉	※1925／10〈祝高拔菴先生七秩榮壽〉
※1939／09 屏東聯吟會〈故鄉月〉（二首）	※1940／12 鯤島同吟第四期課題〈玉連環〉	※1927／05〈東閣雅集席上敬攀蔗庵遙憲瑤韻〉
		※1931／08〈簾影〉

※1939／11 屏東聯吟會〈接吻〉（三首）	※1941／02 〈錢孔〉（二首）	※1934／06 〈森峰家駒二君招飲天國咖啡館席上口占（次韻）〉
※1939／11 屏東聯吟會〈攀桂客〉	※1941／02 文峰吟社〈知更雀〉	※1935／06 〈戒旦雞〉
※1939／12 屏東聯吟會〈邀月〉	※1941／03 高雄州下聯吟〈淡溪春暖〉	※1935／06 〈依玉韻祝令郎維仁君新婚〉
※1940／01 屏東聯吟會〈慈母心〉（二首）	※1941／04 高雄州下聯吟會〈人道橋〉	※1935／08 〈雨箭〉（二首）
※1940／02 屏東聯吟會〈慳囊〉（二首）	※1941／04 心社潛盧讀舍〈憶舊衫〉（二首）	※1936／06 〈謹次瑤韻〉（二首）
※1940／03 屏東聯吟會〈試周〉	※1941／05 麻豆綠社〈問媒〉（二首）	※1936／10 〈老俠〉
※1940／03 屏東聯吟會〈相撲〉	※1941／05 麻豆綠社（左詞宗）〈買花錢〉	※1937／03 〈塵芥箱〉
※1940／04 屏東聯吟會〈春色〉（三首）	※1941／06 臺南市聯吟會左詞宗〈筆權〉	※1937／06 〈盆松〉（二首）
※1940／09 興亞吟社〈藏書樓〉	※1941／06 鷺洲吟社〈詩味〉	※1937／10 〈屏東江山樓席上偶成（次韻）〉
※1940／12 主催雄州聯吟會〈蕉絲〉	※1941／07 高雄州下聯吟會〈墨浪〉	※1939／10 〈亡兒愛珠患病入屏東醫院治療僅一週間竟然不起愴而賦此〉
※1941／01 主催雄州聯吟會〈十四夜月〉	※1941／08 高雄州下課題〈觀蓮〉（三首）	※1939／11 〈次張達修兄見贈原韻〉
※1941／01 興亞吟社左詞宗〈蛙鼓〉	※1941／08 麻豆綠社〈五彩虹〉	※1939／12 〈次榮煌詞兄韻〉
※1941／02 屏東書店（陳家駒氏選）〈春日書懷〉	※1941／08 高雄州下課題〈障扇〉（二首）	※1939／12 〈文風〉
※1941／03 興亞吟社〈楷書〉	※1941／08 高雄市吟會右詞宗〈詩陣〉	※1940／01 〈次古月山人見贈韻〉
※1941／05 屏東聯吟會〈屏東〉（三首）	※1941／09 高雄州下第二期課題〈瑞竹〉（二首）	※1940／01 〈謹次古月山人見贈瑤韻〉
※1941／07 興亞吟社〈婺星〉（二首）	※1941／09 瀨南吟社〈三鷗圖〉（二首）	※1940／04 〈次韻奉酬並似王炳南先生〉
※1941／07 二酋吟社〈雛鳳〉	※1941／09 高雄州下聯吟會〈木瓜〉	※1940／05 〈江山樓席上賦似元胡詞兄〉
※1941／07 屏東聯吟會〈花月〉	※1941／10 麻豆綠社〈白蓮〉	※1940／05 〈尋詩〉
※1941／07 屏東聯吟會選者〈蘇秦〉	※1941／11 麻豆綠社〈繁華夢〉	※1940／06 〈林邊興亞吟社長林又春詞兄榮任日滿華三國書道教授賦此致祝〉（二首）
※1941／08 屏東聯吟會〈志願兵〉（二首）	※1941／11 高雄州下聯吟會〈東津海市〉	※1940／07 〈壺天酒場席上贈元胡詞兄〉
※1941／09 二酋吟社詞宗〈訪梅〉	※1942／01 寶桑吟社〈九如圖〉	※1940／07 〈林又春詞兄榮任日滿華三國書道教授賦祝〉
※1941／09 屏東聯吟會〈採蓮船〉	※1942／01 麻豆綠社〈春服〉	※1940／07 〈贈林又春詞兄〉
※1941／09 屏東聯吟會〈重圓月〉（二首）	※1942／04 高雄州聯吟會〈南方戰捷〉	※1940／08 〈防風林〉（二首）
	※1942／04 高雄州聯吟會右詞宗〈鞋痕〉	※1940／09 〈合歡扇〉（二首）
		※1940／09 〈村女〉
		※1940／09 〈悼內用屬鴞韻十二首錄一依韻以慰〉

※1941／10 屏東聯吟會〈淡溪垂釣〉（三首）	※1942／07〈補情天〉	※1940／10〈和靜園詞兄賦歸韻〉
※1941／10 二酋吟社左詞宗〈奉公會〉	※1942／09 鯤島同吟徵詩〈照膽鏡〉	※1940／11〈乘槎路〉（三首）
※1941／11 興亞吟社〈婺星〉（二首）	※1942／09 在山吟社〈風流癖〉（二首）	※1940／11〈酒旗風〉
※1941／11 屏東聯吟會〈武巒曉翠〉（二首）	※1942／10 集芸吟社〈秋山訪僧〉	※1940／11〈鯤島同吟第五期課題〉
※1941／11 屏東聯吟會〈鐵橋夕照〉	※1942／11 土曜吟會〈論詩〉	※1940／12〈畫眉橋〉（二首）
※1942／05 屏東聯吟會〈待雨〉	※1942／11 螺溪土曜吟會〈春寒〉	※1941／01〈武士血〉
※1942／11 里港吟社〈屏東木瓜〉	※1942／12 王志聰氏徵詩發表〈皇國民〉	※1941／01〈玉連環〉（二首）
※1943／12 東林吟會〈菊瘦〉	※1943／01 集萍吟社〈新高覽勝〉（二首）	※1941／01〈酒旗風〉（二首）
※1944／03 東林吟會〈墨梅〉（二首）	※1943／02 新雅吟社〈盲人評象〉（二首）	※1941／02〈韓愈馬〉（二首）
※1944／04 屏東聯吟會〈待清明〉	※1943／03 羅山小集〈鶯聲〉	※1941／02〈知更雀〉
※1944／07 東林吟會〈林邊待月〉（二首）	※1943／05 螺溪土曜吟會〈春寒〉	※1941／03（陳寄生氏選）〈情場〉
	※1943／07 拓林商會歐子亮徵詩發表〈送炭〉	※1941／03 右詞宗〈諸葛鍋〉
	※1943／08 高山文社〈多子育成表彰紀念〉	※1941／04〈和雲鶴女公子晬盤韻〉
	※1943／11 高山文社〈鴻鵠志〉	※1941／06〈畫眉橋〉（二首）
	※1943／11 寶桑吟社歡迎陳家駒先生〈秋月〉	※1941／07〈次紉萱詞兄留別原韻〉（二首）
	※1943／11 左營黃逸村氏徵詩發表〈黃梅〉	※1941／07〈詩味〉
	※1943／12 東林吟會課題〈菊瘦〉	※1941／07 左詞宗〈畫蟹〉
	※1944／04 新聲吟社〈塭魚〉	※1941／07〈贈家駒詞長〉
	※1944／04 祝宮島虎雄校長先生榮昇高等官五等紀念	※1941／07〈呈詞長林又春先生〉（二首）
	※1944／04 大城胡氏金枝徵詩〈雨夜花〉	※1941／08〈觀蓮〉（三首）
	※1944／05 集萍吟社蕭紹弓氏長男受室徵詩發表〈鳳枕〉	※1941／08〈呈林又春先生〉（二首）
	※1944／07 新聲吟社〈品茶〉	※1941／08〈長生果〉
	※1944／09 古鳳城第壹期徵詩榜〈花花世界〉	※1941／08〈障扇〉
		※1941／09〈木瓜〉
		※1941／09〈觀蓮〉（三首）
		※1941／09〈破愁城〉（二首）
		※1941／10〈障扇〉（二首）
		※1942〈顏笏山先生以七十壽詩分示次韻祝之〉
		※1942／01〈偕陳王二友上東亞嘉會即吟〉
		※1942／01〈席上再吟〉
		※1942／01〈席上即成〉
		※1942／01〈祝寶桑吟社社長洪特授翁六秩晉一〉

		※1942／01〈遊屏東公園（次韻）〉
		※1942／01〈薄命花〉
		※1942／01〈月鏡〉
		※1942／02〈九如圖〉
		※1942／03〈祝洪特授詞伯六十晋一榮壽〉
		※1942／06〈鳳山東光眼科醫院開業紀念〉（二首）
		※1942／07〈東亞嘉會席上聯吟〉（四首）
		※1942／09〈照膽鏡〉
		※1942／09〈謹和楊爾材先生還曆書懷瑤韻〉
		※1942／10〈再和爾材先生還曆書懷瑤韻〉
		※1942／12〈梅樵詞長秋日書感次韻奉呈〉
		※1942／12〈皇國民〉
		※1943〈奉祝皇紀二千六百年〉
		※1943／01〈殘冬與家駒玉田二君在瑞松屋 小酌（次韻）〉
		※1943／01〈席上再賦一首（次韻）〉
		※1943／03〈壬午除夕漫興〉（二首）
		※1943／03〈蘭川喚渡〉
		※1943／03〈輓寄生詞兄〉（二首）
		※1943／03〈次景南生閒居韻〉
		※1943／05〈謹步玉田社友書懷瑤韻〉（二首）
		※1943／05〈賀中山瓊笙生孫之喜〉
		※1943／06〈蘭川喚渡〉
		※1943／07〈左營梅村克隆氏徵詩發表〉
		※1943／07〈送炭〉（二首）
		※1943／08〈和久雨寄懷原玉〉
		※1943／09〈敬和君山先生書懷瑤韻〉

		※1943／10〈枋寮口占〉
		※1943／10〈東臺灣途上偶成〉（二首）
		※1943／10〈壽星、並蒂蓮〉
		※1943／11〈黃梅〉
		※1943／11〈夜半不寐卒成二絕寄紉秋兄〉（二首）
		※1944／01〈謹和原韻〉
		※1944／01〈敬和君山先生書懷瑤韻〉（二首）
		※1944／02〈漫興〉
		※1944／02〈新春蒙奇楠詞弟招飲席上賦此〉
		※1944／02〈殘冬在屏東書店小集即吟（次韻）〉
		※1944／03〈偶成〉
		※1944／03〈閑咏敬呈玉田詞兄〉
		※1944／04〈謹和霞仙遣嫁崑玉新婚瑤韻〉
		※1944／04〈原件缺題名〉（二首）
		※1944／04〈雨夜花〉
		※1944／04〈漫興〉
		※1944／05〈倪登玉詞兄長令郎仁傑君同月雲女士花燭典禮賦此誌慶〉
		※1944／05〈鳳枕〉（二首）
		※1944／06〈祝國民貯蓄獎勵功勞者受督府表彰紀念〉
		※1944／07〈勗文華兒乘飛機之比島（次韻）〉
		※1951〈新高山〉
		※1951〈和鳥松閣韻〉（二首）
		※1951〈遊徐氏獅岡族葬地〉
		※1951〈新竹慧修貞女詩〉
		※1951〈六一初度自述〉（五首）
		※1968〈附題新居諸作〉

四、薛玉田

參與屏東詩社	參與他地詩社	其他
※1931／09 屏東吟會〈秋蝶〉	※1932／04 高雄州下聯吟會〈春意〉	※1925／05〈清明道上口占〉
※1931／11 臨溪吟社〈溪聲〉（二首）	※1932／05 高雄州聯吟會〈壽山曉翠〉	※1931／04〈古劍〉
※1932／01 臨溪吟社〈軍艦〉（二首）	※1932／06 高雄州聯吟會〈防波堤〉	※1931／06〈春宴〉
※1933／08 屏東聯吟會〈當頭棒〉（二首）	※1932／08 高雄州下聯吟會〈破廟〉	※1931／09〈漁火〉
※1933／10 屏東聯吟會〈世相〉（三首）	※1932／10 高雄州下聯吟會〈山路〉	※1931／09〈榴火〉
※1933／11 屏東聯吟會〈千歲鶴〉（三首）	※1933／10 高雄州下聯吟會〈法網〉（二首）	※1931／11〈祝九塊臨溪吟社創立紀念〉
※1933／11 屏東聯吟會（詞宗）〈避暑〉	※1933／11 高雄州下聯吟會〈飛行士〉（二首）	※1932／04〈春意〉
※1934／01 屏東聯吟會〈合歡杯〉（三首）	※1934／07 高雄州下聯吟會〈雲衣〉	※1932／05〈送鏡明赴內地並步留別瑤韻〉
※1934／08 屏東東山禪寺〈東山寺〉（二首）	※1934／09 東山禪寺〈雙星會〉	※1933／01〈元旦書懷〉
※1934／09 屏東東山禪寺〈禪房聽雨〉	※1934／10 高雄州下聯吟會〈書滛〉	※1933／12〈拇戰〉
※1934／09 屏東東山禪寺〈雙星會〉	※1934／11 高雄州下聯吟會〈壺天買醉〉	※1934／02〈薄暮同松江詞友過荒塚聯吟〉（二首）
※1934／11 屏東聯吟會〈落葉聲〉	※1934／11 高雄州下聯吟會〈待重陽〉	※1934／04〈憤懣〉
※1934／12 屏東聯吟會〈醉花〉（二首）	※1935／02 高雄州下聯吟會〈新年宴〉	※1934／05〈呈林財誼弟〉
※1936／02 溪山吟社〈溪山〉	※1935／06 高雄州下聯吟會〈義捐金〉	※1934／05〈春日遊臺南〉
※1936／04 屏東聯吟會〈濡毫〉（二首）	※1935／06 高雄州下聯吟會〈詩興〉	※1934／05〈銀座通道上口占〉
※1936／04 屏東聯吟會〈呈李逸樵先生〉	※1936／02 高雄州下聯吟會〈旗峰曉翠〉	※1934／09〈偶成〉
※1936／07 新和吟會左詞宗〈雷聲〉	※1936／05 高雄州下聯吟會〈茶船〉	※1934／11〈洞房樂〉
※1936／07 新和吟會〈妬花雨〉	※1936／11 高雄州下聯吟會〈種菊〉	※1934／11〈懷友（八首）〉
※1936／09 屏東聯吟會〈訪僧〉	※1937／03 高雄州下聯吟會〈塵芥箱〉	※1935／04〈往溪州呈溪山吟社諸友〉
※1936／11 屏東書院〈儒林〉（二首）	※1937／07 高雄州下聯吟會〈選舉戰〉	※1935／06〈戒旦雞〉（二首）
※1936／12 屏東聯吟會〈喜晴〉（二首）		※1935／06〈依玉韵祝令郎維仁君新婚〉
		※1936／04〈呈李逸樵先生〉
		※1936／04〈呈郭仙舟先生〉
		※1936／04〈招飲席上口占次韻〉
		※1936／06〈謹次瑤韻〉（二首）
		※1937／05〈書懷〉
		※1937／08〈解舘書懷〉
		※1937／10〈示仙童學弟〉
		※1938／01〈冬雨〉
		※1938／01〈留別玉田子亮二鄉友〉

※1937／01 新和吟會左詞宗〈秋雁〉	※1939／08 高雄州聯吟會〈聖戰〉（二首）	※1938／09〈次歐子亮鄉友原韻並似玉田窗兄（次韻）〉
※1937／02 新和吟會詞宗〈新春言志〉	※1940／04 高雄州下聯吟大會〈畫龍〉	※1938／11〈秋懷寄屏東薛玉田詞友〉
※1937／03 新和吟會右詞宗〈祝新和一週年記念）〉	※1940／10 鯤島同吟第二期課題〈凌雲筆〉	※1938／11〈秋懷呈諸吟友〉
※1937／03 新和吟會〈夜市〉	※1941／04 高雄州下聯吟會〈人道橋〉	※1938／11〈次子亮賢契瑤韻〉
※1937／05 新和吟會〈冰人〉	※1941／05 麻豆綠社〈買花錢〉	※1939／01〈次咸中宗兄寄懷韻〉
※1937／05 新和吟會右詞宗〈問月〉	※1941／07 高雄州下聯吟會〈仙草冰〉	※1939／02〈秋懷（次韻）〉
※1937／06 屏東詩會〈盆松〉（二首）	※1941／09 麻豆綠社〈未婚妻〉	※1939／03〈謹和子亮君原玉〉
※1937／07 新和吟會右詞宗〈水源地〉	※1941／09 高雄州下聯吟會〈木瓜〉	※1939／04〈春日新營東石兩郡下紀遊（到新營）〉
※1937／07 新和吟會右詞宗〈流行曲〉	※1941／09 屏東聯吟會〈重圓月〉（三首）	※1939／04〈春日新營東石兩郡下紀遊（入鹽水）〉
※1937／08 新和吟會〈畫松〉（二首）	※1941／10 麻豆綠社〈白蓮〉	※1939／04〈春日新營東石兩郡下紀遊（到義竹）〉
※1937／10 屏東聯吟會〈秋扇〉	※1941／11 麻豆綠社〈含羞淚〉	※1939／04〈春日新營東石兩郡下紀遊（望崩山）〉
※1937／11 屏東詩友會〈秋扇〉（二首）	※1941／11 麻豆綠社〈繁華夢〉	※1939／04〈春日新營東石兩郡下紀遊（入大寮）〉
※1937／11 屏東詩友會〈憶菊〉（二首）	※1941／11 高雄州下聯吟會〈東津海市〉	※1939／04〈春日新營東石兩郡下紀遊（到布袋）〉
※1937／12 屏東聯吟會〈柳巷〉（二首）	※1942／01 麻豆綠社〈老處女〉	※1939／04〈春日新營東石兩郡下紀遊（呈鷺社岱江竹音諸吟友）〉
※1937／12 屏東聯吟會〈嫁線〉（二首）	※1942／01 嘉義彩雲徵詩〈薄命花〉	※1939／04〈春日新營東石兩郡下紀遊（呈吳澄三老先生）〉
※1937／12 屏東吟會〈農場女〉（三首）	※1942／01 麻豆綠社〈春服〉	※1939／04〈春日新營東石兩郡下紀遊（醉花樓席上口占）〉
※1938／02 屏東聯吟會〈水車〉（二首）	※1942／03 高雄州下聯吟會〈待魚〉	※1939／05〈同遊水源地（和原韻）〉
※1938／03 屏東聯吟會〈春酒〉（三首）	※1942／04 高雄州聯吟會〈鞋痕〉	※1939／07〈逸園讀書〉
※1938／03 屏東聯吟會〈畫眉〉	※1942／04 高雄州聯吟會〈南方戰捷〉	※1939／10〈呈何雪峰先生〉
※1938／04 屏東聯吟會〈愛林〉（二首）	※1942／05 在山吟社右詞宗〈水亭觀螢〉	※1939／10〈呈張覲廷詞兄〉
※1938／07 屏東詩友會〈晨鐘〉	※1942／06 麻豆綠社〈假山〉	※1939／10〈贈嬌娥女士〉
※1938／11 屏東聯吟會〈女辯護士〉（二首）	※1942／07 在山吟社〈補衣〉	※1939／10〈贈麗妹、碧蓮、月嬌、阿蘭、美女、五女校書〉
※1939／01 屏東吟會〈情海風波〉（三首）	※1942／07 師元樓小集〈退閒〉	※1939／11〈夜泊東港〉
	※1943／07 拓林商會歐子亮徵詩發表〈送炭〉	※1939／11〈呈永東詞兄〉

※1939／02 屏東聯吟會〈牛衣〉（三首）	※1942／09 在山吟社〈風流癖〉（二首）	※1939／11〈次張達修兄見贈原韻〉
※1939／02 屏東聯吟會〈屏東春曉〉	※1943／01 左營鵬社第三回課題〈冬帽〉	※1939／12〈屏東八景（淡溪垂釣）〉
※1939／03 屏東聯吟會〈待兔〉（二首）	※1943／02 臺灣麗澤書畫會成立十週年記念張國珍徵詩〈題蘭〉	※1939／12〈屏東八景（長橋步月）〉
※1939／03 屏東聯吟會〈原件缺題名〉（三首）	※1943／11 左營黃逸村氏徵詩發表〈黃梅〉	※1939／12〈屏東八景（武巒曉望）〉
※1939／04 屏東聯吟會〈春夢〉	※1943／12 灘音吟社〈蓬年知非〉	※1939／12〈屏東八景（東山寺鐘）〉
※1939／06 屏東聯吟會〈春蠶〉	※1944／04 祝宮島虎雄校長先生榮昇高等官五等紀念〈原件缺題名〉	※1939／12〈屏東八景（崇蘭夕照）〉
※1939／06 屏東聯吟會〈鋪裝路〉	※1944／04 大城胡氏金枝徵詩〈雨夜花〉	※1939／12〈屏東八景（海豐晚眺）〉
※1939／09 屏東聯吟會〈故鄉月〉（二首）	※1944／04 新聲吟社〈塭魚〉	※1939／12〈屏東八景（公園納涼）〉
※1939／11 屏東聯吟會左詞宗〈接吻〉	※1944／05 集萍吟社蕭紹弓氏長男受室徵詩發表〈鳳枕〉	※1939／12〈屏東八景（水源地聽泉）〉
※1939／11 屏東聯吟會〈攀桂客〉	※1944／09 詩報課題〈產業戰士〉	※1939／12〈文風〉
※1939／12 屏東聯吟會〈邀月〉		※1940／02〈過溪洲呈張觀廷弟〉
※1940／01 屏東聯吟會〈慈母心〉（三首）		※1940／04〈次韻奉酬並似王炳南先生〉
※1940／02 屏東聯吟會右詞宗〈慳囊〉		※1940／05〈送吳林泉君之鳳山〉
※1940／03 屏東聯吟會〈試周〉（二首）		※1940／06〈林邊興亞吟社長林又春詞兄榮任日滿華三國書道教授賦此致祝〉
※1940／03 屏東聯吟會〈相撲〉		※1940／06〈次見惠韻〉
※1940／09 興亞吟社〈藏書樓〉（二首）		※1940／07〈林又春詞兄榮任日滿華三國書道教授賦祝〉
※1940／12 主催雄州聯吟會〈蕉絲〉		※1940／09〈合歡扇〉
※1941／01 主催雄州聯吟會〈十四夜月〉		※1940／09〈悼內用屬鸚韵十二首錄一依韻以慰〉
※1941／03 興亞吟社〈祝壽詞〉（二首）		※1940／10〈凌雲筆〉
※1941／05 屏東聯吟會〈屏東〉（二首）		※1941／01〈高陞樓席上賦呈高雄市內諸吟友〉
※1941／06 興亞吟社右詞宗〈秋望〉		※1941／06〈寄懷薛玉田先生次遊芦溪原玉〉
※1941／07 屏東聯吟會〈花月〉		※1941／07〈次紉萱詞兄留別原韻〉（二首）
		※1941／08〈謹次爾材先生六十自訟原韻〉

※1941／08 屏東聯吟會〈志願兵〉（三首）		※1941／08〈送寄生詞友之大陸即次留別〉
※1941／09 屏東聯吟會〈採蓮船〉（二首）		※1941／09〈遊芦溪釣磯有懷寄李漁史先生〉
※1941／10 屏東聯吟會〈淡溪垂釣〉（二首）		※1941／09〈次笑蜂宗先生五十初度書懷韻其1〉
※1941／10 二酋吟社右詞宗〈奉公會〉		※1941／09〈次笑蜂宗先生五十初度書懷韻其2〉
※1941／11 屏東聯吟會〈武巒曉翠〉（二首）		※1941／09〈次笑蜂宗先生五十初度書懷韻其3〉
※1941／11 屏東聯吟會左詞宗〈鐵橋夕照〉		※1941／09〈次笑蜂宗先生五十初度書懷韻其4〉
※1941／12 二酋吟社詞宗〈護岸觀潮〉		※1941／11〈於潮州驛遇琴甫詞弟口占〉
※1942／01 興亞吟社左詞宗〈漁父〉		※1942／01〈壽洪特授先生六十晋一〉
※1942／02 興亞吟社左詞宗〈未婚妻〉		※1942／01〈遊屏東公園（次韻）〉
※1942／05 屏東聯吟會〈待雨〉		※1942／01〈薄命花〉
※1942／10 屏東聯吟會〈戰場月〉		※1942／03〈書懷〉
※1942／11 里港吟社〈屏東木瓜〉（三首）		※1942／04〈敬和芸舫先生瑤韻〉（二首）
※1943／07 拓林商會歐子亮徵詩發表〈送炭〉（二首）		※1942／04〈謹次子亮賢契原韻〉
※1944／03 東林吟會〈墨梅〉（二首）		※1942／05〈贈屏東聯吟會諸友（次韻奉酬）〉
※1944／04 屏東聯吟會〈待清明〉		※1942／06〈壺文席上呈文石玉田兩先生（次韻）〉
※1944／06 東林吟會〈琉球夕照〉		※1942／06〈鳳山東光眼科醫院開業紀念〉
※1944／07 東林吟會〈林邊待月〉		※1942／07〈子亮弟過訪偶成〉
		※1942／08〈敬和楊爾材先生還曆書懷原〉
		※1942／09〈再和楊爾材先生還曆書懷瑤韻〉
		※1942／10〈呈文石先生一粲〉
		※1943／01〈敬和梅樵先生秋日書感瑤韻〉（四首）
		※1943／01〈殘冬與家駒玉田二君在瑞松屋小酌（次韻）〉
		※1943／01〈席上再賦一首（次韻）〉

		※1943／02〈送中山一夫君入陸軍兵訓練所〉
		※1943／02〈謹和劍雲先生訓令郎雲程君入陸軍志願兵訓練〉
		※1943／02〈送中山一夫君進入陸軍兵訓練所〉
		※1943／03〈春日過屏東訪玉田如懷弟却賦（謹和原玉）〉
		※1943／03〈壬午除夕漫興〉（二首）
		※1943／04〈輓陳寄生詞兄仙逝〉
		※1943／04〈敬和劍雲先生退思瑤韻〉
		※1943／05〈賀中山瓊笙生孫之喜〉
		※1943／05〈書懷〉
		※1943／06〈謹次子亮弟書懷原韻〉
		※1943／07〈和百川聚會詞友還曆書感芳韻並祝之〉
		※1943／08〈和久雨寄懷原玉〉
		※1943／10〈敬和王則修詞長七七述懷佳咏並次瑤韻〉（四首）
		※1943／11〈黃梅〉
		※1943／11〈謹和劍雲前輩過恩師樓追悼陳梅峰先生瑤韻〉
		※1944／01〈謹和劍雲前輩改姓名有作原韻〉
		※1944／01〈新春玉田夫子過訪賦呈〉
		※1944／02〈漫興（謹次原玉）〉
		※1944／02〈敬和炳南先生玉韻〉
		※1944／02〈新春蒙奇楠詞弟招飲席上賦此〉
		※1944／03〈偶成（謹次瑤韻）〉

		※1944／03〈閑咏敬呈玉田詞兄〉
		※1944／04〈謹和霞仙遺嫁崑玉新婚瑤韻〉
		※1944／04〈清明日祭先母墓有感〉
		※1944／05〈倪登玉詞兄長令郎仁傑君同月雲女士花燭典禮賦此誌慶〉
		※1944／06〈蔡元亨薛玉田二君枉顧〉
		※1944／06〈余年來患眼病雙瞳日味近就鳳山東光眼科治療始告光明爰賦七律以誌所懷〉
		※1944／07〈勗文華兒乘飛機之比島（次韻）〉

五、歐子亮

參與屏東詩社	參與他地詩社	其　他
※1936／05 新和吟會〈汗珠〉	※1936／03 淡如吟社〈遊南州勝景〉	※1936／07〈輓詞兄周枝添〉
※1936／06 新和吟會〈畫梅〉	※1941／10 臺南集芸吟會〈培士園春望〉	※1936／07〈十五夜送吳清池之高雄〉
※1936／07 新和吟會〈雷聲〉（二首）	※1941／11 高雄州下聯吟會〈東津海市〉	※1936／08〈月夜寄懷棋柏君〉
※1936／10 新和自勵會〈桃臉〉（二首）	※1942／03 集芸吟社〈戀遷〉	※1936／08〈感懷〉
※1936／11 新和吟會〈文道軒雅集〉	※1942／04 集芸吟社〈松茂〉	※1936／08〈愛花〉（二首）
※1936／12 屏東聯吟會〈喜晴〉（二首）		※1936／09〈新秋夜感〉
※1937／01 新和吟會〈蓄音器〉		※1936／09〈秋信〉
※1937／01 新和吟會〈秋雁〉		※1936／10〈桃臉〉
※1937／02 新和吟會〈新春言志〉		※1936／10〈謹和原韻〉
※1937／02 新和吟會〈秋晚〉（二首）		※1937／01〈新春書懷〉
※1937／03 新和吟會總會〈祝新和一週年記念〉（二首）		※1937／04〈春日感懷寄故園諸兄弟〉
※1937／03 新和吟會〈夜市〉		※1937／04〈春日呈燦雄兄〉
※1937／05 新和吟會〈冰人〉		※1937／05〈謹和玉田夫子原玉〉
※1937／05 新和吟會〈問月〉		※1937／06〈盆松〉
		※1937／10〈送家姊返里〉
		※1937／10〈書懷〉
		※1937／11〈秋日旅愛寮偶感〉
		※1937／11〈秋日書懷呈燦雄詞兄〉

※1937／06 屏東詩會〈盆松〉		※1937／12〈農場女〉（二首）
※1937／06 新和吟會〈日蝕〉		※1938／01〈冬雨〉
※1937／07 新和吟會〈流行曲〉		※1938／01〈留別玉田子亮二鄉友〉
※1937／08 新和吟會〈月下美人〉（二首）		※1938／01〈回鄉謁先慈墓〉
※1937／08 新和吟會〈雨聲〉（二首）		※1938／02〈泊漁村〉
※1937／09 新和吟會〈淡溪泛舟〉		※1938／05〈春日寄懷施子卿鄉友〉
※1937／11 屏東詩友會〈憶菊〉		※1938／06〈謁延平郡王祠〉
※1937／11 屏東詩友會〈秋扇〉		※1938／06〈赤崁樓懷古〉
※1937／12 屏東聯吟會〈柳巷〉		※1938／06〈月夜防衛下淡水溪鐵橋偶成〉
※1937／12 屏東吟社〈嫁線〉（二首）		※1938／07〈旅鹽水港〉
※1937／12 屏東吟社〈梅妻〉（二首）		※1938／07〈泊漁村〉
※1937／12 屏東吟會〈農場女〉（二首）		※1938／08〈淡溪步月〉
※1938／02 屏東聯吟會〈水車〉（二首）		※1938／08〈旅鹽水〉
※1938／03 屏東聯吟會〈春酒〉（二首）		※1938／10〈旅高雄喜晤子卿鄉友〉
※1938／03 屏東聯吟會〈畫眉〉		※1938／11〈秋懷呈諸吟友〉
※1938／04 屏東吟會〈愛林〉		※1939／01〈寄懷翁滄亭詞兄〉
※1938／11 屏東聯吟會〈女辯護士〉		※1939／01〈情海風波〉
※1939／01 屏東吟會〈情海風波〉		※1939／02〈將入岡山留別諸吟友〉
※1939／03 屏東聯吟會〈原件缺題名〉		※1939／03〈祝社友蘇耀華君新婚紀念〉
※1940／03 屏東聯吟會〈相撲〉		※1939／05〈呈黃添壽益友〉
※1941／01 主催雄州聯吟會〈十四夜月〉		※1939／06〈呈益友黃添壽先生〉
※1941／07 屏東聯吟會〈花月〉		※1939／06〈泊舊城寄子卿〉
※1941／09 二酉吟社右詞宗〈藝菊〉		※1939／09〈哭亡甥俊騰〉
		※1939／12〈鳳山喜晤前新和吟會員李明秋舊友〉
		※1940／03〈高雄別子卿鄉友〉
		※1940／05〈尋詩〉
		※1940／07〈寄南京燦雄詞兄〉（二首）
		※1940／09〈新秋重遊臺東偶感〉
		※1940／09〈蒙友人邀飲東海樓席上贈阿雲校書〉（二首）

※1942／09 二酉吟社〈寶鏡寺 　　　話舊〉 ※1942／11 里港吟社〈屏東木 　　　瓜〉		※1940／10〈讀花情月意有感 　　　吊〔弔〕慧仙女士〉（六首） ※1941／02〈超峰寺龍湖庵呈 　　　心益法師〉 ※1941／02〈龍湖庵呈心益法 　　　師〉 ※1941／04〈新春同子卿鄉友 　　　登壽感作並似景綿先生〉 ※1941／06〈寄金陵燦雄兄〉 ※1941／07〈次紉萱詞兄留別 　　　原韻〉（二首） ※1941／09〈遊里港喜晤連祖 　　　芬詞兄竝似二酉吟社諸先 　　　生〉 ※1941／11〈遊里港喜晤連祖 　　　芬詞兄並呈二酉吟社諸先 　　　生〉 ※1942／01〈謁臺南孔子廟〉 ※1942／01〈拜開山神社〉 ※1942／01〈過五妃塚〉 ※1942／03〈寄懷子卿鄉友〉 ※1942／03〈新春回梓蒙諸鄉 　　　友邀飲有感席上賦呈〉 ※1942／03〈新春回鄉有感呈 　　　故園兄弟竝似諸鄉友〉 ※1942／04〈蕃地書懷寄諸詞 　　　友〉 ※1942／06〈壺文席上呈文石 　　　玉田兩先生〉 ※1942／07〈謹次玉田夫子原 　　　玉〉 ※1942／08〈有感〉（二首） ※1942／09〈四重溪石門吊 　　　古〉（二首） ※1943〈奉祝皇紀二千六百 　　　年〉 ※1943／04〈輓陳寄生詞兄仙 　　　逝〉 ※1943／05〈弔陳寄生詞兄〉 ※1943／05〈寶美樓席上呈連 　　　祖芬先生阿蜜女士〉 ※1943／05〈謹和玉田夫子書 　　　懷瑤韻〉

		※1943／06〈蕃地書懷寄玉田夫子文石先生〉
		※1943／08〈寄懷燦雄兄〉（三首）
		※1944／01〈新春玉田夫子過訪賦呈〉
		※1944／08〈過里港懷祖芬詞兄〉（三首）
		※1944／09〈滯尾寮山上寄內〉（三首）

附錄四　日治時期屏東各詩社詩題總表

年代	礪 社	臨溪吟社	新和吟社	東林吟會	潮聲吟社	興亞吟社	其 它
1922	〈柳眼〉 〈雪花〉 〈星橋〉 〈苔痕〉 〈酒旗〉 〈秋燕〉 〈大雨時行〉						
1923	〈秧鍼〉 〈菊枕〉 〈魚苗〉 〈樵歌〉 〈老妓〉 〈歲暮〉 〈苦寒〉 〈詩鐘體素〉						
1924	〈曉春〉 〈思潮〉 〈種桃〉 〈柳風〉 〈急雨〉 〈義路〉 〈秋寒〉 〈秋色〉 〈鬢雲〉 〈孤鴻〉						
1925	〈舌劍〉 〈心花〉 〈秋水〉 〈啞僧〉						

1926						
1927						
1928						
1929						
1930						
1931	〈暮秋〉 〈溪聲〉 〈溪上即景〉					屏東吟會 〈秋蝶〉
1932	〈軍艦〉 〈避暑〉					
1933						屏東聯吟會 〈當頭棒〉 〈世相〉 〈千歲鶴〉 〈避暑〉
1934						屏東聯吟會 〈合歡杯〉 〈落葉聲〉 〈醉花〉
1935						東港詩會 〈蛛網〉
1936		〈汗珠〉 〈畫梅〉 〈雷聲〉 〈妬花雨〉 〈愛花〉 〈桃臉〉 〈文道軒雅集〉				溪山吟社 〈溪山〉 〈溪聲〉 東港詩會 〈嚴子陵〉 〈紙鳶〉 屏東書院 〈儒林〉 屏東聯吟會 〈濡毫〉 〈訪僧〉 〈喜晴〉
1937		〈蓄音器〉 〈秋雁〉 〈秋晚〉 〈新春言志〉 〈祝新和一週年記念〉 〈夜市〉 〈冰人〉 〈問月〉 〈日蝕〉 〈水源地〉				溪山吟社 〈溪山〉 屏東吟會 〈憶菊〉 〈盆松〉 〈嫁線〉 〈梅妻〉 〈農場女〉 屏東聯吟會 〈畫松〉 〈秋扇〉

			〈雨聲〉〈流行曲〉〈月下美人〉〈淡溪泛舟〉			〈柳巷〉
1938						屏東吟會〈晨鐘〉〈冬雨〉〈愛林〉屏東聯吟會〈水車〉〈春酒〉〈畫眉〉〈女辯護士〉
1939			〈祝會友歐子亮君新婚〉			屏東吟會〈情海風波〉屏東聯吟會〈屏東春晴〉〈牛衣〉〈待兔〉〈原件缺題名〉〈春夢〉〈洞房春〉〈蜜月〉〈春蠶〉〈鋪裝路〉〈逸園讀畫〉〈故鄉月〉〈觀潮〉〈接吻〉〈攀桂客〉〈邀月〉
1940				〈問春〉〈醉花〉〈病虎〉〈潮聲〉〈踏青鞋〉〈燈花〉〈帆影〉〈石麟〉〈梅雨〉〈蟾影〉〈塞鴻〉〈酒甕〉〈掌珠〉	〈興亞吟社創立紀念〉〈迎春〉〈春日小集〉〈春雨〉〈畫梅〉〈送春〉〈蟾蜍〉〈明妃出塞〉〈月鏡〉〈夏蘭〉〈聽蟬〉〈白蓮〉〈泥痕〉	靜園小課〈冰旗〉〈春夢〉東港大津館小集〈竹橋〉屏東聯吟會〈慈母心〉〈慳囊〉〈試周〉〈相撲〉〈春色〉〈尋詩〉

						〈學詩〉 〈藏書樓〉 〈畫蝶〉 〈夏雲〉 〈書道〉 〈酒星〉 〈祝行酒〉	
1941				〈媚妓〉 〈白髮〉	〈鴛鴦枕〉 〈秋月〉 〈蓄音機〉	〈詩興〉 〈蛙鼓〉 〈種菜〉 〈銷夏詞〉 〈祝壽詞〉 〈楷書〉 〈暴風蕉〉 〈竹樓〉 〈煙草〉 〈秋望〉 〈婺星〉 〈遠遊〉 〈花草〉 〈慰問劇〉 〈雲箋〉 〈鬼門關〉 〈玉人〉	屏東書店 〈春日書懷〉 陳逸民氏 培士園 〈培士園春望〉 屏東聯吟會 〈屏東〉 〈曉窗〉 〈花月〉 〈蘇秦〉 〈志願兵〉 〈採蓮船〉 〈重圓月〉 〈淡溪垂釣〉 〈武巒曉翠〉 〈鐵橋夕照〉
1942				〈酒杯〉 〈送春〉 〈俠腸〉 〈空酒瓶〉 〈納涼〉 〈意中人〉 〈漁家〉 〈田家〉 〈市隱〉 〈秋聲〉 〈詩中畫〉	〈壺冰玉〉 〈旭日東昇〉 〈秋蝶〉 〈踏月〉 〈春帆〉	〈漁父〉 〈未婚妻〉 〈瘦詩〉 〈諫筍〉	屏東聯吟會 〈待雨〉 〈戰場月〉
1943				〈驛亭〉 〈明月前身〉 〈雲帆〉 〈貧交〉 〈石虎〉 〈情書〉 〈泛月〉 〈憶友〉 〈月眉〉 〈菊瘦〉	〈下山虎〉		蕉香吟室 〈陳清海令萱堂鄭太孺人輓詩〉 〈蕉雨〉 〈林柱〉 〈出閣〉 〈春郊遠眺〉 〈山頹〉 〈蕉香〉 〈征馬〉

1944				〈送秋〉 〈墨梅〉 〈東津垂釣〉 〈琉球夕照〉 〈林邊待月〉 〈魚味〉			屏東聯吟會 〈待清明〉